农业保险大灾风险分散机制研究

南开大学农业保险研究中心
上海太安农业保险研究院 著

南闹大學出版社

天　津

图书在版编目(CIP)数据

农业保险大灾风险分散机制研究 / 南开大学农业保险研究中心，上海太安农业保险研究院著. — 天津：南开大学出版社，2024.7. — ISBN 978-7-310-06613-1

Ⅰ.F842.66

中国国家版本馆 CIP 数据核字第 2024U5F573 号

农业保险大灾风险分散机制研究
NONGYE BAOXIAN DAZAI FENGXIAN FENSAN JIZHI YANJIU

南开大学出版社出版发行
出版人:刘文华
地址:天津市南开区卫津路 94 号　　邮政编码:300071
营销部电话:(022)23508339　营销部传真:(022)23508542
https://nkup.nankai.edu.cn

天津午阳印刷股份有限公司印刷　全国各地新华书店经销
2024 年 7 月第 1 版　　2024 年 7 月第 1 次印刷
240×170 毫米　16 开本　17 印张　2 插页　276 千字
定价:78.00 元

如遇图书印装质量问题,请与本社营销部联系调换,电话:(022)23508339

本书为南开大学农业保险研究中心与上海太安农业保险研究院共同支持的课题成果

课题组成员

江生忠　南开大学农业保险研究中心教授、博士生导师

宋建国　上海太安农业保险研究院院长

陈元良　上海太安农业保险研究院副院长

饶伟民　上海太安农业保险研究院副院长

陈孝伟　南开大学金融学院教授

邵全权　南开大学金融学院副教授

赵　洋　南开大学金融学院副教授

宋淑婷　上海太安农业保险研究院综合管理部主任

李嘉良　上海太安农业保险研究院研究员

崔　翔　上海太安农业保险研究院研究员

李立达　南开大学农业保险研究中心博士生

郭修琪　南开大学农业保险研究中心博士生

贺玉聪　南开大学农业保险研究中心博士生

罗雪琴　南开大学农业保险研究中心硕士生

刘　宇　南开大学农业保险研究中心硕士生

王泽平　南开大学农业保险研究中心硕士生

赵新宇　南开大学农业保险研究中心硕士生

焦雨欣　南开大学农业保险研究中心硕士生

白照君　南开大学农业保险研究中心硕士生

杨筱丽　南开大学农业保险研究中心硕士生

李慧琳　南开大学农业保险研究中心硕士生

前　言

在全面推进乡村振兴战略的时代背景下，农业保险作为国家农业风险管理体系的重要工具之一，在保证国家粮食安全、维护农户收入方面发挥着不可替代的支持作用。2021年，我国农业保险保费收入增速达18.4%，提供风险保障4.72万亿元，较上年提高15.73%，农业保险的覆盖面和承保水平显著提升，取得了瞩目的发展成果。然而农业保险在实现跨越式发展的同时，农业保险经营也受到农业风险系统性特征的影响。近年来，受极端恶劣天气频发、国际粮食危机及新冠疫情冲击的影响，不但使我国的农业生产与经营面临多重挑战，影响农产品的有效供给和农户的稳定收入，而且严重威胁农业保险的可持续经营和高质量发展。此外，从现实看，现阶段我国农业保险大灾分散机制还不健全，规模大、波动高的潜在风险赔付无疑将给农业保险经营机构带来更大的风险冲击，一旦发生大规模农业灾害损失，农业保险经营机构将面临巨大的集中偿付压力。因此，建立健全农业保险大灾风险分散制度是农业保险实现可持续发展的重要保障，也是我国农业保险制度建设亟待解决的重要问题。

随着农业保险的恢复与发展，我国在农业保险大灾风险分散机制建设和推进上已取得一定成果，初步建立起中央和地方财政支持的农业保险大灾分散机制，农业再保险体系建设和改革取得有效经验，农业保险机构农业大灾准备金制度也基本建立。但在农业保险大灾风险的敞口和压力下，与建立有效的、可持续的农业保险大灾的风险分散机制的要求，或其他农险发达国家的先进经验相比，我国的农业保险大灾风险分散体系建设仍然处于较初期的发展阶段。其中，顶层制度和机制设计缺失、市场化分散手段欠缺、政府在体系内的角色功能定位模糊及各参与主体协同管理难等问题直接影响了我国农业大灾风险分散机制的效用发挥。

为此，2007—2019年，中央一号文件均对农业保险风险管理提出指导性意见。2016年中央一号文件明确提出"进一步完善农业保险大灾风险分散机制"；2019年5月25日，中央全面深化改革委员会第八次会议审议并原则同意《关于加快农业保险高质量发展的指导意见》，明确提出要"完善大灾风险分散机制。加快建立财政支持的多方参与、风险共担、多层分散的农业保险大灾风险分散机制"。2020 年中国农业再保险公司正式成立，标志着我国大灾风险分散制度建设有了重要的突破性进展。在上述国家政策的支持和制度建设上，促进农业保险发展、研究建立符合我国国情的农业保险大灾风险分散机制成为农业保险领域的重要方向。

基于以上背景，2021 年 9 月南开大学农业保险研究中心接受上海太安农业保险研究院委托，开展"农业保险大灾风险分散机制"的课题研究。在南开大学金融学院江生忠教授的带领下，课题组的邵全权副教授、陈孝伟教授、赵洋副教授和其他成员共同努力，经过近十个月的撰写、讨论和修改，顺利完成课题研究任务。本书就是在上述课题的基础上经修改完成的。

在课题研究过程中，课题组与委托单位进行了密切合作。上海太安农业保险研究院对课题高度重视，为课题研究提供了有力的支持，在此表示感谢。

本书共九章，江生忠负责全书的大纲制定、编写、统稿等工作，具体分工如下：第一章由郭修琪编写，第二章、第四章和第五章由贺玉聪编写，第三章由邵全权和刘宇编写，第六章由陈孝伟编写，第七章由李立达、王泽平、杨筱丽、白照君和李慧琳编写，第八章由赵洋编写，第九章及有关资料整理及后期的修改由罗雪琴、焦雨欣和赵新宇等完成。

由衷感谢上海太安农业保险研究院对本课题给予的全方位支持，以及研究院各位专家对课题报告提出的中肯且富有建设性的意见！

在本书的编写过程中，参考和借鉴了国内外诸多专家学者的相关论著和研究成果，在此致以诚挚的谢意！

基于主观能力和客观条件有限，本书存在诸多不尽如人意之处，恳请读者给予批评指正。

目　录

第一章　农业保险大灾风险分散机制相关概念的界定与理论基础

第一节　农业保险大灾风险相关概念的界定与辨析

一、农业风险和农业保险

（一）农业风险的界定

关于风险的定义大致可以分为两种：一种强调风险表现的不确定性，另一种则强调风险表现为损失的不确定性。若风险表现为不确定性，说明风险发生后的结果可能带来损失，也有可能获利或既无损失也无获利，金融风险属于此类风险，即属于广义上的风险。而风险表现为损失的不确定性，说明风险发生后只可能带来损失，而没有从风险中获利的可能性，属于狭义上的风险。农业风险属于第二种风险，只有损失的可能性，而没有获利的可能性。

农业风险可以理解为人们在农业生产经营过程中，一些不确定性因素导致农业生产经营活动出现经济损失的现象。不确定性因素多种多样，常见的农业风险主要包括四类：第一类是自然风险，主要是指自然因素、动物病虫害等给农业生产带来的危害；第二类是市场风险，通常指由外部环境变化造成农产品价格变化，给农民收入带来不确定性的影响；第三类是社会风险，专指人为因素，主要包括战争、恐怖袭击等政治因素，或人为渎职、管理不善等管理因素，抑或出现火灾、污染等不道德行为，这些都会对农业生产经营造成不利影响；第四类是技术风险，科学技术的进步是一把"双刃剑"，带来农业生产效率提高的同时，技术运用不当也有可能会对农业生产造成不利影响。以上四种常见的农业风险都会给农业生产经营带来严重影响，相对而言，自然灾害发生所带来的自然风险更容易给农业生产经营造成巨大的损失。

（二）农业保险的界定

农业风险不仅会影响农业生产经营活动，也会对人民生活和国家经济稳定发展产生不利影响。农业风险的客观存在是农业保险产生的自然基础，利用农业保险来防范化解农业风险是世界各国的通常做法。农业保险是指保险机构根据农业保险合同，对被保险人在种植业、林业、畜牧业和渔业生产过程中因标的遭受约定的自然灾害、意外事故、疫病、疾病等保险事故所造成的财产损失，承担赔偿保险金责任的保险活动，是保险经营机构通过向农户收取保费，当农业生产遭受灾害时保险经营机构向被保险人赔付保险金的一种契约。农业保险分为种植业保险、养殖业保险和涉农保险三大类别。种植业保险一般分为农作物保险和林木保险两类。养殖业保险包括牲畜保险、家禽类保险、水产养殖保险和其他养殖保险。涉农保险主要分为农房保险、农机和其他农业设施保险、渔船保险等。广义的农业保险还包括农村财产保险和人身保险。

农业保险具有四个方面的特性。一是区域性，农业保险所承保标的具有分散性，一个地区的自然灾害因其地质结构和气象结构呈现区域性特征，因此农业保险的风险也呈现区域性特征。二是周期性，农业保险标的的生长具有周期性，各种自然灾害的发生也具有一定的周期性，所以农业保险风险也呈现一定的周期性。三是高风险性，农业生产面临的最主要风险来自自然灾害，自然灾害会系统性地发生，灾害发生导致的损失容易扩大，农业保险面临大灾风险的概率远高于其他保险。四是政策性，出于农业政策的需要，政府需要介入农业保险的经营，通过补贴保费、建立大灾风险分散机制、再保险等方式，促使农业保险市场能够健康发展。

（三）农业风险与农业保险的联系与区别

农业风险与农业保险有着紧密联系，农业风险是农业保险产生的自然基础，正是因为农业风险的客观存在，才会产生对农业保险的需求。农业保险在一定程度上可以分散和转移农业风险，降低农业风险对保险标的造成的损失，从而促进农业生产、社会经济稳定发展。农业风险和农业保险也有着明显的区别，从范围上看，农业风险的范围更广，农业风险范围涵盖农业保险所承保的风险。从可保性来看，农业风险不一定都是可保的，农业保险所承保风险仅是农业风险中的一部分。

二、农业大灾风险

(一)大灾与大灾风险的界定

不同的国家和地区因其地理环境的不同导致灾害的发生频率、程度及影响不同,经济实力的不同导致对灾害的援助及补偿能力不同,保险业的发达程度不同导致对灾害的风险保障程度不同,因此对于大灾的界定有所不同。联合国将大灾定义为带来社会功能的严重失调,造成大规模人员、物质和环境破坏并超过一国自身资源承受能力的灾害。美国保险业对大灾定义的标准如下:灾害导致的损失超过 500 万美元,对保险合同中的各方主体造成很大影响,且其发生大多具有不可预见性,即使预见到,也难以避免或克服。标准普尔对于大灾的定义,即"一次损失或一系列相关的风险损失达到 500 万美元的事件"。瑞士再保险从伤亡人数及经济损失金额对不同事件的大灾进行界定(表 1.1)。

表 1.1 2015 年瑞士再保险公司大灾标准

项目	类型	金额
保险损失	船运损失	1790 万美元以上
	航运损失	3930 万美元以上
	其他损失	4880 万美元以上
	总体损失	9770 万美元以上
伤亡人数	死亡或失踪	20 人以上
	受伤	50 人以上
	无家可归	2000 人以上

资料来源:瑞士再保险 Sigma 报告。

虽然由于时间和社会环境的不同,各个国家和地区对于大灾的具体定义和认定标准有所差异,但是从整体来看,各方在大灾将造成严重的经济损失与人员伤亡方面达成了共识。除此之外,大灾风险往往还具有以下典型特征:一是存在的客观性。大灾风险总是客观地存在于现实社会的运转过程中,大灾风险的出现并不取决于人的主观意愿。例如,地震、洪水和新型冠状病毒感染疫情等大灾的发生具有一定的客观性,人类并不能够预见这些灾害的发生时间和破坏程度。二是发生的低概率性。大灾虽然在客观上存在,但属于发生可能性很低的意外事件。相较于普通灾害而言,大灾发生的概率非常低，虽然全世界每年都发生地震、洪水等灾害，但能够达到大灾级别的往往屈指可数。三是影响的广泛性。大灾的发生通常会带来多个维度的影响，其所造成的损害结果并不仅仅体现在某个方面。由于一场重大灾难的发生，当地的大量保险标的都会受到破坏，并在一定程度上带来连锁负面效应，这对国家提供财政援助的能力和保险行业的偿付能力都是巨大的考验。四是传统意义上的不可保性。大灾风险带来的巨大财产损失和人员伤亡会对一个国家的经济发展带来巨大冲击，这种冲击造成的损失通常难以精确计算。由于商业保险公司往往没有能力对大灾风险进行预测并计算保险费率，也没有足够雄厚的实力在大灾发生之后赔付巨额的损失，因此从传统意义上讲，大灾属于不可保风险。在单次大灾事件中，风险个体间高度相关，但是在更广泛的时间和地域维度下，大灾风险间仍存在着一定的独立性。因此，建立大灾风险分散机制逐渐发展为新的共识。

（二）农业大灾与农业大灾风险的界定

农业大灾是指损失超过承受主体预期及承受能力，对区域农业生产和经济带来严重破坏损失的小概率灾害。农业大灾主要由自然因素、非自然因素和社会因素三类因素导致。农业对自然环境的高度依赖是导致农业大灾的直接原因，相较于其他行业而言，农业的主要生产活动都需要在自然条件下进行。由于生产力发展水平的限制，人类凭借目前所掌握的知识和技术尚未能够完全掌握大自然的变化规律，也无法完全规避自然环境对农业生产的影响。在各种自然因素中，阳光、降雨、气候等要素都会在一定条件下成为影响农业生产效率的重要因素，农业也因此成为受自然灾害影响最大的行业。除此之外，非自然因素正成为农业大灾新的源头，社会因素也加剧了农业大灾风险。非自然因素一般来源于人类的直接活动，或由人类活动所带来的自然因素变化。例如，工业污染、环境污染等正成为农业大灾不能忽视的重要来源。在人类走向工业化社会的发展过程中，诸如水土流失等人为因素带来的生态变化，也对农业大灾发生频率的增加和灾害损失的扩大起到了推波助澜的作用。

农业大灾虽然是小概率事件，但是一旦发生，其所造成的经济损失往往超过预期，构成了一种极为特殊的风险，即农业大灾风险。从农户角度，农业大灾风险是指能够严重破坏农业生产、影响大量农户、阻碍农业生产恢复，给农户带来大量经济损失并且减少其未来收益的灾害。从保险公司角度，农业大灾风险是指灾后损失远远超出保险公司的一般偿付能力，对保险公司自身的财务稳定产生影响的风险事件或不确定性。

农业大灾风险具有以下特征：

第一，农业大灾风险具有高度相关性。由于农业和农作物自身生长的特性，一个风险单位中的保险标的通常具有相同的性质和特征，使得农业风险单位在旱灾或涝灾等大灾事故及大灾损失中常常表现出高度的时间和空间的相关性，一次风险事件将造成大量的农业风险单位同时受损。因此，同一保险对象类型的灾害事件的发生具有很高的相关性，甚至相同。一个事件的发生往往引发多个保险单位同时受损。

第二，农业大灾风险具有明显的区域差异性。区域性特征主要体现在两个方面：一是灾害类别方面，由于各个地区所处的经度和纬度不同，地形和气象情况有很大差异，所以同一作物在不同地区所受到的自然灾害种类存在明显的地区差异性；二是损失程度方面，不同地区适合种植的农作物种类不同，不同的作物对同一灾害的抵抗能力也有所差异，因此即使是同一地区的同一作物，其受损程度也不尽相同。

第三，农业大灾风险发生频率低，损失大。农业大灾的发生是小概率事件，其频率低于一般的灾害事件，但是与一般农业风险不同，农业大灾风险的发生往往会破坏农业的正常生产、经营，带来巨大的经济损失，对农户的利益造成严重损害，对农业造成的破坏瞬间形成。

第四，农业大灾风险具有延续性。由于农业是国民经济的基础产业，农业大灾风险一旦发生，不仅危及农业正常生产和农民的经济利益，还将危及整个社会的安定。农业大灾的发生对农户、保险公司、整个社会都会产生严重的不利影响。

第五，农业大灾风险具有伴生性。农业大灾风险具有广泛的伴生性，一种农业风险灾害的发生，在很多情况下会引发或伴随另一种或多种风险事件的发生，由此造成的农业损失范围和程度也容易扩大和增加，而且这种农业大灾损失往往是多种风险事件的综合结果，很难区分每种风险事件各自造成的损失后果。例如，在洪涝季节，高温、高湿极易诱发农作物病灾和虫灾，造成一次农业大灾伴随多种自然灾害的情况发生。

第六，农业大灾风险预测困难。尽管目前气象、卫星、动（植）物医药等技术已经取得了重大的进步，但自然现象的复杂性使得我们仍无法准确预测各种自然灾害的发生。以地震为例，由于其孕育过程较长，成因复杂多样，世界各国的科学家虽然进行了大量的研究和探索，但迄今为止仍未找到准确预报地震的技术和方法。

三、农业保险大灾风险

（一）农业保险大灾风险的界定

农业保险大灾风险的界定主要涉及农业保险经营者自身的偿付能力。一般来说，在农业保险经营者自身偿付能力范围内的损失，由于损失金额可控，可以不被划分入大灾的范围；当损失有可能超出保险经营者偿付能力限度，才会被界定为农业保险大灾风险。农业保险大灾风险是指农业保险承保范围内的严重自然灾害事故造成保险出现特定超赔责任的风险。

（二）农业大灾风险与农业保险大灾风险的联系与区别

农业大灾风险与农业保险大灾风险两者既有区别，又有联系。两者的区别包括：一是从范围上看，农业大灾风险范围大于农业保险大灾风险。二是从影响对象上看，农业大灾风险的影响对象包括农户、经营农险业务的保险公司，甚至是整个社会；农业保险大灾风险的影响对象更强调是经营农业保险业务的保险经营机构。两者的联系在于农业保险大灾风险是农业大灾风险，但农业大灾风险不一定是农业保险大灾风险。

当一场造成严重损失的农业大灾发生时，可以根据承受损失主体的区别，将本次大灾风险划分为农业大灾风险和农业保险大灾风险。其中，主要由农业生产经营主体承受且超过农业生产经营主体承受能力范围的风险，为农业大灾风险；主要由农业保险经营主体承受且超过农业保险经营主体承受范围的风险，为农业保险大灾风险。

当农业生产经营主体购买农业保险后，农业大灾风险将被转移给农业保险经营主体。当农业大灾损失在农业保险经营者自身承受能力范围内时，由于损失金额可控，无须将其归为农业保险大灾风险；当农业大灾损失超过农业保险经营者自身承受能力范围时，由于损失金额不可控，可将其界定为农业保险大灾风险。由于农业保险经营者的风险承担能力存在一定限度，在农业保险制度的基础上，建立多元化的农业保险大灾风险分散机制，具有非常重要的意义。

（三）农业保险大灾风险的特征

农业保险大灾风险与农业大灾风险一样具有发生频率低、损失程度大、影响范围广的特点。农业大灾的发生是小概率事件，因此由农业大灾所导致的农业保险大灾风险也是小概率事件。但是农业保险大灾风险一旦发生，不但直接造成保险客户的正常的农业生产、经营出现困难，而且造成保险公司因损失巨大而出现赔付困难，从而影响保险公司的偿付能力，并有可能破坏农业保险市场的正常运行。

第二节　农业保险大灾风险分散机制的界定

农业保险大灾风险与一般风险相比，主要具有发生概率低、损失程度高、影响范围大、延续性强等特点。而且农业风险单位在大灾事故及大灾损失中常常表现出高度的时间和空间的相关性，农业保险人通过集合大量风险单位分散风险的模式失效，一旦大的农业灾害事故发生，常常给农业保险人造成巨额的保险赔付损失，对其财务稳定性产生极大威胁和挑战，因此必须构建相应的农业保险大灾风险分散机制。所谓农业保险大灾风险分散机制就是为分散转移农业保险大灾风险所做的一系列制度安排，而这种制度安排的目标是提高农业保险大灾风险的管理效率。所以，农业保险大灾风险分散机制就是农业保险大灾风险管理。为了有效分散、转移和化解农业保险大灾风险，促进农业保险市场健康稳定发展，保障农民基本的生产和生活，维护社会经济稳定，农业保险大灾风险分散机制将起到至关重要的作用。

一、农业保险大灾风险管理的属性

（一）农业保险大灾风险属于"准公共风险"

根据风险承担主体的区别，可以把风险分成私人风险和公共风险。私人风险往往是发生在企业和个人等单个主体上的相对独立事件，一般不会在整个社会范围内产生影响，因此可以通过保险等市场化工具实现风险的转移和分散。公共风险则是整个国家或每个私人主体都需要面对的风险，会产生较大的"社会性"影响并带来社会福利损失，一般无法通过市场机制进行完全有效的分散，因此在一定程度上需要政府参与管理，否则将出现市场失灵的情况。

农业是一个典型的"弱质行业"，非常容易受到各类风险的冲击而产生巨额损失。在农业大灾发生的过程中，除农业生产经营者会遭受巨大损失外，整个国家和社会面临的损失也难以忽视。农业保险大灾风险具有发生概率低、损失大、延长性强的特点，如果仅仅将农业保险大灾风险视为私人风险，期望通过市场化机制转移，可能会出现市场无力承担的状况；但如果完全将农业保险大灾风险视为公共风险，由政府承担全部的损失，则可能会出现自愿冒险者获得较高收益，而由整个社会承担损失的情况，这会带来社会资源配置效率的降低。因此，基于福利经济学的角度，农业保险大灾风险同时具有私人风险属性和公共风险属性。既不能将农业保险大灾风险完全视为私人风险，也不能将其等价于公共风险，而应将其界定为介于私人风险和公共风险之间的"准公共风险"，农业保险大灾风险管理措施属于准公共物品。

根据经济学理论，公共物品同时具有受益的非排他性和消费的非竞争性两个特点。相对于纯公共物品，准公共物品的某些性质发生了变化，其受益仍具有非排他性，但在消费上可能存在竞争。农业保险大灾风险管理措施的受益非排他性主要体现在：在实现大灾风险的转移和分散后，整个社会都可以从中获益。其消费竞争性体现在：农业经营者要想获得农业保险支持，农业保险经营者要想获得农业大灾再保险支持，都必须支付相应的保险费；而通过设立农业保险大灾基金、发行农业保险大灾债券等手段分散风险，也都需要支付一定的费用。

（二）农业保险大灾风险管理具有正外部性

农业保险大灾风险管理还具有正外部性。农业作为国民经济的基础产业，其发展状况直接关系到整个社会的经济发展。农业大灾风险管理的受益者除了基本的农产品生产者、经营者之外，还包括整个社会上的农产品消费者。做好农业保险大灾风险管理，除了可以保障农民收入稳定、促进农业再生产的顺利进行，还有利于保障粮食安全，实现国民经济的健康稳定发展。可见，农业保险大灾风险管理影响到社会公共利益，农业大灾风险管理具有巨大的正外部性。由于其具有正外部性的特征，国家应当给予适当支持。因此，在农业保险大灾风险管理过程中，国家应当起到引领、规划、管理、监督、协调、扶持、制度供给等多方面的作用，除此之外，还要充分发挥市场优势，积极寻求与市场的合作。

二、农业保险大灾风险分散机制的运营模式

从世界范围来看，农业保险大灾保险的主体选择及运营模式主要包括以下三种：第一种是政府主导型；第二种是市场主导型；第三种是政府和市场共同参与型的多元化农业保险大灾风险管理模式（多元合作型）。

（一）政府主导型

政府主导模式是指政府在农业保险大灾风险分散机制中起主导作用。从具体形式上看，包括由政府控制的农业保险经营机构提供农业大灾保险；政府直接设立农业再保险基金，负责办理再保险业务；政府组织建立农业保险大灾风险基金；政府组织发行农业保险大灾风险债券；为农业保险机构提供担保与融资；为农业保险大灾风险进行财政兜底等。

政府作为国家行政机关，依法在国家的政治、经济及其他社会事务的管理中履行责任。农业保险大灾风险管理作为具有明显准公共物品性质的创新制度，具有巨大的正外部性，政府理应在其经办中承担起责任。在农业保险大灾风险分散的过程中，政府所提供的系统性支持非常重要。政府主导模式的主要缺点是公共财政压力过大。大型灾害造成的损失对公共财政预算有重大影响，给政府带来沉重的财政负担，可能会影响其他部门和项目的建设和发展。

（二）市场主导型

市场主导模式是商业保险公司自身通过组织各种形式的风险分散措施来分散农业保险大灾风险，并在农业保险大灾风险管理中起主导作用。在该模式下，农业保险大灾风险主要由商业保险公司组织进行分散，政府只扮演监管者的角色，保险公司在保险服务方面完全市场化运作，除了农业再保险之外，农业保险市场可以通过金融衍生工具参加农业保险大灾风险的分摊，其典型代表为大灾风险证券化。

市场主导模式的劣势在于对保险市场的发达程度具有较高要求，但在全球范围内，具有高度发达保险市场和商业再保险承保能力的国家数量较少。在不成熟的保险市场中，保险公司经营农业保险所面临的系统性大灾风险和高成本，阻碍了保险公司发挥分散风险、补偿损失的基本职能，最终导致农业保险市场失灵。这主要体现在以下两方面：

第一，保险公司无法承担农业大灾的系统性风险，从而退出市场。农业保险大灾风险损失巨大、灾难范围广且延长性强，这使得农业保险经营机构承担了更大的系统性风险。系统性风险引发的巨额损失预期，使商业化运作模式下追求利润的保险公司不断控制业务规模，甚至可能导致农业保险业务停办，农业保险市场完全消失。

第二，保险公司承受不起农业大灾的高昂资本成本，从而退出市场。农业大灾发生频率低和不可预测的特征，增加了保险公司预测大灾损失的难度。为了确保灾难发生后有足够的偿付能力，保险公司通常会保持高于期望索赔成本的资本。虽然这降低了保险公司在灾难发生后破产的可能性，但增加的资本成本也可能会使保险公司难以承受而退出农业保险市场。

（三）多元合作型

多元合作模式是指政府和保险公司在风险意识、风险防范和风险转移等方面分工协作，共同承担责任的农业保险大灾风险管理模式。这是一种将政府优势与市场机制优势相结合的较佳模式。该模式的主要特征是多方参与下的多层次农业保险大灾损失分散机制。

相较于独立的政府主导和市场主导模式，更具综合性的多元合作模式能够结合政府和市场两方面的力量，相互取长补短，因此更具优势。一方面，政府享有法律和政策方面的优势，能够促进个人、公共部门和私营部门之间的合作，以应对农业大灾，还可以提供融资和财政方面的便利。另一方面，市场部门具有专业技术、人才和运营经验上的优势，具有更高的运行效率，可以提高政府主导的农业风险管理措施的有效性。在该模式中，政府和保险市场通力合作，共同分散农业保险大灾风险。保险市场分散第一层次的风险，政府可通过组织建立大灾风险基金、发行大灾债券、财政兜底、为保险公司提供贷款等形式，承担更高层次的农业保险大灾风险。

三、农业保险大灾风险分散机制的主要分散途径

（一）增加风险单位

增加农业保险风险单位是分散农业保险大灾风险的一种基础手段。保险经营所依赖的大数法则要求有大量同质的风险单位，同时农业风险高度相关性的特点对这一要求提出了更高的标准，这就要求有足够多的、风险水平类似的保险标的加入农业保险集合，以实现风险在更大范围内的有效分散。

增加风险单位可以在直接保险层面上，通过大数法则实现大灾风险在空间上的分散。若能在较大的范围内持续开展农业保险业务，则可以将农业大灾风险从时间上进行分散。提高农户投保率、增加风险单位，对于农业保险大灾风险的有效分散有着重要意义。从理论上讲，增加风险单位、扩大农业保险承保面的方法主要有三种：一是根据投保人风险状况进行更精确的风险分类，将面临相同风险的被保险人纳入同质风险集合；二是要求强制参加，即强制所有的投保人都参加风险集合；三是提供保费补贴，

通过利益诱导机制促进投保人参保，尽可能增加风险单位。

（二）农业再保险

第二种分散途径是组织农业再保险。农业再保险指原农业保险公司与农业再保险公司签订再保险合同，将超额风险以分保的形式转移给农业再保险公司，农业风险由原农业保险公司和再保险公司共同承担，由此增强了抵抗风险的能力，从而达到分散风险的目的。

农业再保险是国际上开展农业保险的国家和地区分散大灾风险的普遍方法，其优势在于可以利用再保险人的经验和资金实力，在更大的范围内分散农业保险大灾风险。利用农业再保险体系可以对农业保险业务进行有效整合，并借助再保险市场乃至资本市场，将农业保险经营机构承保的特定区域内累计的大灾风险向区域外转移和分散，进一步增强农业保险大灾的风险分散能力和范围。

农业再保险主要有以下五大功能：一是分散风险，农业再保险可以有效分散原保险人所承保的农业风险。二是扩大承保能力。通过农业再保险，保险公司可以在不增加资本金的情况下增加业务量并扩大承保能力。三是控制责任，稳定经营。农业再保险通过将原保险人的承保风险保持在一定范围内，使原保险人的经营得以稳定。四是减少运营费。再保险后，原保险公司可以从分保费中扣除未到期责任准备金，获得摊回手续费和纯益佣金，这可以减少公司原来的运营费用，增加原保险人的可使用资金。五是有利于拓展新业务。再保险使原保险人能够将损失率稳定在一定水平以下，从而抛开顾虑发展更多新业务。

（三）农业保险大灾风险基金

农业保险大灾风险基金是预防和分散农业保险大灾风险的有效手段之一。简单而言，农业保险大灾风险基金就是专门用于农业保险大灾赔付的专项基金，这里指的是农业保险大灾风险基金，而不是保险公司自身建立的大灾准备金，通常是指以各级政府为主体而建立的针对性地防范政府或商业保险公司所面临的农业保险大灾超赔风险的一种专项基金。按政府层级划分，一般可分为中央农业大灾保险基金和地方农业大灾保险基金。目前，全球主要国家和地区都设立了较为完善的农业保险大灾风险基金。随着农业保险发展，从事农业保险业务的商业保险公司及行业协会也参与基金建设，基金来源出现多元化，融合了社会各方面的资金。农业大灾保险基金作为一项专门资金，是农业大灾风险分散的一种有效手段，其核心思想就是用保险的方式解决保险的问题，它为农业经济乃至整个社会经济的稳定和持续发展提供了有力保障，与商业保险基金相比，其具有以下特性。

第一，社会性。农业大灾保险基金作为一种特殊类型的社会储备基金，其资金筹集、支付对象都是面向全社会范围的。作为管理农业风险的有效手段，农业大灾保险基金可以消除农民增加农业投入的忧虑，使农民获得更高的经济保障，也可以为国家粮食安全战略服务，以促进整个国民经济的发展。

第二，政策性。农业大灾保险基金依据国家有关政策设立，基金的资金来源、投资渠道、使用方向、管理办法等均与国家政策息息相关，政策的变化直接影响其发展。同时，由于农业大灾保险基金的准公共物品性质，其不能靠市场自发成立，必须由政府牵头，提供最初的保险基金，或为其提供担保。

第三，使用专项性。农业大灾保险基金属于具有特定用途的专项基金，不得随意挪作他用。只有在发生农业重大灾害且达到预定触发点时，为补偿由大灾造成的农业经济损失，尽快恢复农业再生产能力，方可启动基金。农业大灾保险基金的直接目的是为农业经济的发展服务，其运作和使用始终以农业为中心。

（四）农业保险大灾风险证券化

农业保险大灾风险证券化是一类新型的非传统大灾风险分散方式，其主要是利用广阔的资本市场来分散农业保险的大灾风险，可以及时从资本市场筹集到大量资金，解决农业保险大灾风险的集中赔付问题。

随着全球大型灾害频繁发生，农业损失程度具有很大的不确定性，大灾风险证券化已成为国际保险业在应对大灾时的一种重大技术革新。相对于农业保险的灾害损失而言，资本市场的资金规模巨大，能够将农业大灾风险转移至资本市场，对于提升农业保险市场抵御风险的能力有着十分重要的作用。农业保险大灾证券化打破了农业大灾风险在投保人、原保险人和再保险人之间的转移和分散风险的限制，它将保险市场所承保的农业大灾风险向资本市场转移，在资本市场中寻找新的融资渠道，扩大自身承保大灾风险的能力，从而在更广泛的领域中更好地进行风险分散。它的作用既包括分散风险，又包括对农业大灾风险的筹资。农业保险大灾风险证券化既可以在一定程度上将不可保的大灾风险通过资本市场进行有效转移和分散，扩大保险市场经营能力和风险扩散范围，又可以有效地解决农业大灾后的资金短缺问题，提高农业保险公司和再保险公司的偿付能力。

农业保险大灾风险证券化，是指将某一特定保险在当期和未来收到的保险金构建为资本市场上的可流通证券，当约定的未来事件发生时，资本市场的投资者将提供债务减免或资金支持，以解决大灾造成的风险损失。大灾风险证券化是保险市场上风险的再分割和出售过程，利用资产证券化的技术，通过构造和在资本市场发行保险支持证券，使得保险市场上的风险得以被分割和标准化，从而将承保风险转移至资本市场。大灾风险证券化产品种类较多，主要有以下四种类型。

第一，大灾债券。大灾债券是目前保险风险证券化的最主要形式。这是一种由保险人或者再保险人发行的特殊形式的公司债券，也是保险人或再保险人融资的一种方式。通过发行收益与指定的大灾损失挂钩的债券，将保险公司的部分大灾风险转移给债券投资者。然而，与普通债券不同的是，它的收益取决于某一个风险事件。如果在约定期限内没有发生损失事件，发行人应当偿还本金和利息。当损失事件发生时，发行人可以免除或推迟支付债券的部分本金和利息，甚至免除全部本金和利息。此时，发行债券的保险人或再保险人可以将本应支付给债券持有人的资金用于赔付（图1.1）。因此，保险公司和再保险公司在一定程度上提高了偿付能力，增加了收入。

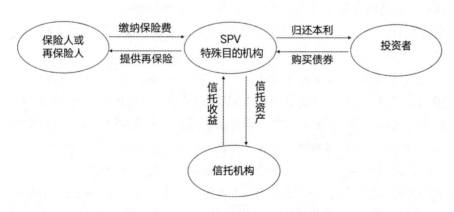

图 1.1　大灾债券运作机制

第二，大灾期货。大灾期货是一种有效的对冲工具，于1992年由芝加哥期货交易所（CBOT）首次推出。其基本原理是保险人通过在期货市场上买卖大灾保险期货产品获得收益来抵补超过预期的灾后赔付损失。在给定的时期内，大灾期货的价格与大灾损失呈正相关，灾难造成的损失越大，期货合约的价格就越高。如果保险公司在实际保险业务中遭受的损失超过预期，其在期货市场的收益可以在一定程度上抵消这种损失；如果灾害损失程度比预期要小，保险公司将失去其在期货市场的部分利益，但由于保险损失较小，其在保险方面获得的收益将会弥补其期货损失。

第三，大灾期权。期权合同是指赋予买方一项权利，买方可以在某个时间点附近按照一定的执行价格买入或者卖出某项资产。保险公司通过在期权市场上支付期权费用来购买期权合同，相当于购买了未来一段时期的价格选择权，即保险公司可以选择按照市场价格或期权合同中约定的执行价格进行交易。大灾期权合同的期限与保险公司的标准化保单的承保期限相匹配。大灾期权相当于保险公司为自己承保的农业保险进行了再保险，能够有效分散农业保险公司的大灾风险，对于大灾风险的管理有很大帮助。

第四，大灾互换。一般的大灾互换是在不交换本金的前提下，保险公司将连续的一些确定的付款与交易对方的浮动付款进行互换支付。其运作过程是保险公司先向购买大灾互换的投资者给付保费，在未来一段时间内，投资者承诺在大灾发生时向保险公司付款。按照证券设计的原则，投资者未来对保险公司的浮动付款的价值要与风险事件相联系。大灾互换的交易比较灵活，具有节约保险公司交易成本的优势，保险公司和投资者之间直接进行交易或者选择第三方中介进行互换。一般保险公司及再保险公司会进行大灾互换，这能够有效分散大灾风险，实现大灾风险在更大范围内转移。

如前所述，大灾风险证券化是保险创新的一种方式，因为它将保险风险从被保险人之间分散转移到资本市场。由于资本市场风险分散空间较大，这种方式显然增强了农险大灾风险分散的能力。但是这种方式安排或交易比较复杂，成本相对较高。大灾风险证券即通过买卖金融工具得以实现将风险转移到资本市场上，降低受灾机构的损失，达到保险的风险分散，以及保障和稳定保险业经营的目的，由申请发行人、投资者或相关机构和信托机构共同组成，打破了风险在保险行业间的分散，缓解了大灾对保险市场造成的巨大冲击。

大灾债券的优势主要表现在以下方面：

（1）信用风险较低。与一般债券相比，大灾债券的信用风险较低。指定的债券发行机构把发行债券筹集的资金存入指定的信托公司，这笔资金用于大灾风险发生后的赔付支出或者债券到期后向投资者支付本金和利息，很少会出现指定的债券发行机构偿付能力不足的风险，投资者承担的风险也较小。

（2）投资者收益较高。与一般债券相比，大灾债券的收益率要高于一般债券的收益率，在债券期限内约定的风险事件发生的概率非常小，因而投资者在债券到期后会获得相应的本金和利息。大灾债券的收益率要比相同信用风险的一般公司债券的收益率高出 5 个百分点，大灾债券是很好的低风险高收益债券产品。而且，大灾债券的收益率与宏观经济形势等因素无关，它的收益率与约定的风险事件的发生有关，如果风险事件不发生，那么投资者将获得约定的利息。

（3）稳定市场价格。与传统大灾风险再保险的价格相比，大灾债券的价格比较稳定，波动幅度小。大灾债券在价格上比传统大灾风险再保险更有优势，能够稳定市场价格，有助于大灾风险分散机制的发展、成熟。

（4）增加承保能力。资本市场上大量的投资者都可以选择购买大灾债券，因此保险公司会通过大灾债券发行机构得到大量的资金，能有效分散大灾风险，成倍扩大保险公司的承保能力。通过发行大灾债券，有巨大的资本市场资金作保障，能有效地将保险市场上的风险转移到资本市场，极大地增加保险公司及再保险公司的大灾风险管理能力。

大灾债券的劣势主要表现在以下方面：

（1）发行成本比较高。大灾债券的发行成本要比一般债券的发行成本高。大灾债券的发行成本包括两个方面：一方面大灾债券的发行涉及保险公司、大灾债券的发行机构及投资者，投资者对于大灾债券的风险没有足够的认识，因此大灾债券的发行机构往往要借助专业的风险评估机构对大灾债券的风险进行评估；另一方面投资者自身对大灾债券的风险评估能力有限，造成投资者评估大灾风险的成本较高。

（2）套利空间小，流动性差。由于大灾风险的特殊性，大灾债券产品在发行后一般不能够在二级市场上交易，主要由机构投资者持有，套利空间小，流动性比一般债券要差，一般购买大灾债券都不以套利为目的，持有到期后获得相应收益。

（3）道德风险。保险公司在发行大灾债券后，将大灾风险转移给投资者，可能会放松对大灾风险的管理，使大灾风险发生后的损失增加，损害投资者的利益，导致投资者甚至会失去本金。

（4）投资成本较大。投资者必须以实际担保的方式投资大灾债券，投资者要有充足的资金来投资大灾债券，投资成本较高。

（五）指数化保险

指数化保险是指针对某一产品进行灾害强度的指标（如温度、干旱、价格等）约定，其理赔原则基于约定指标是否触发，是传统农业保险的补充和创新，目前运用较多的有生猪价格指数化保险和气象指数化保险。指数化保险能够在很大程度上避免传统农业保险产品由风险损失不独立造成的大灾损失，同时具有理赔简单、设计性强、保单较为标准、透明且易在二级市场进行再保险的特点。

指数化保险把一个或几个事件对农作物的损害程度指数化，指数值对应农作物产量，保险合同以这种指数为基础，当指数达到一定水平、对农作物造成一定影响时，投保人就可以获得相应标准的赔偿。与传统农业保险相比，指数化保险的优势主要包括以下三个方面：第一，减少道德风险和逆向选择。一方面，指数化保险的赔偿依据并不是农作物的实际产量，被保险人不能通过改变自己的行为来提高自身效用，因此可以减少道德风险；另一方面，指数来源于第三方信息，被保险人无法提前掌握潜在损失信息来决定是否购买保险，因此可以减少逆向选择。第二，降低管理成本。指数化保险的赔偿是由政府代理人或第三方组织来支付，不需要进行实地查勘定损，减少了人力和物力资本，从而大大降低了经营过程中的管理成本。第三，合同具有高度可转让性。指数化保险的合同是标准化的，因此投保人可以更容易理解合同中描述的内容。同时由于合同是透明的，它很容易在高流动性的二级市场上流向其价值被高估的地方。

虽然与传统农业保险相比，指数化保险具有明显的优势，但也存在许多问题。在指数化保险产品的设计过程中无法避免基差风险，即赔偿水平与损失程度不一致。例如，当降雨量较大时，低洼地区的作物更容易遭受损失，这将导致一些投保人受到严重影响，但所获得的赔偿不足以弥补损失，而另一些投保人将在不遭受灾害的情况下获得赔偿。此外，天气指数化保险只能保护农民的部分风险，而且覆盖面很窄，使得投保农民的选择范围较小，有些风险无法得到保障。

（六）财政兜底、政府担保或向金融机构贷款

在损失巨大的农业大灾发生后，农业保险经营机构、再保险市场无法弥补风险损失时，农业保险经营机构、再保险公司可由政府财政担保向银行或金融机构贷款，政府财政也可发行专门的债券，在资本市场上进行融资，这些债务可以通过农业保险经营者盈余年度的保费收入逐步进行偿还。同时，政府可对超额损失进行部分兜底。在农业保险出现大额赔款时，超额赔付部分由政府财政直接负担。

政府以兜底形式解决大灾发生后临时筹资不及时、再保分担和准备金不足的部分。对于大灾超赔的情形，国家还可以采用需偿还的免息借款予以解决。

第三节　农业保险大灾风险分散机制的理论基础

一、市场失灵理论

市场失灵理论认为，在完全竞争的市场环境中，资源配置可以达到帕累托最优。然而，在现实的经济运行活动中不存在这样的完美市场环境，只依靠市场竞争无法达到资源配置的帕累托最优，即发生市场失灵了。此时需要引入一只有形的手（即有政府的参与）对经济活动进行干预，实现资源的优化配置，达到社会相对公平。市场失灵理论由传统的必须借助于政府的干预解决由信息不对称、外部性和垄断性原因导致市场不能实现资源最大化配置效率的问题，逐渐延伸到需要政府出面干预化解市场经济不稳定、社会不公平等市场经济问题，使得政府必须提高管理效率，承担和发挥更重要的市场调整作用。

在农业保险市场中，由于农业风险具有系统性、信息不对称及农业大灾风险的"准公共风险"属性等，农业保险大灾风险分散完全依靠市场机制，农业保险市场会面临市场失灵难题。因此，农业保险市场需要政府干预及财政提供强有力支持，优化资源配置，参与调节农户、农业保险公司、农业再保险公司之间的关系。

（一）农业风险的系统性

农业生产发展受自然条件影响大，尤其是农作物对自然条件依赖性强。我国农业种植面积分布广阔，跨越多个温度带，气候复杂多样。近年来，极端气候多发，自然灾害发生频率高、强度大，农业风险不断。加上农业生产的专业化、机械化和集约化程度提高，农业风险暴露程度加大，农业灾害影响程度加深，对农业的可持续发展及农业保险高质量发展提出了挑战。

（二）信息不对称性

农业保险大灾风险分散的过程存在信息不对称的难题。比较突出的问题表现为以下两方面：一是商业再保险公司的逐利性及商业再保险合同以一年期的临时合约为主，使得直保公司的农业大灾风险转移无法得到持续保障；二是由于农业保险政策补贴性强，易出现保险公司以不正当理由申请财政补贴款的乱象。

（三）农业保险大灾风险的"准公共风险"属性

农业保险大灾风险具有发生概率低、高度相关性及造成损失严重性等特点，既不能将其完全认定为私人风险，也不能将其完全视为公共风险，因而可以界定其为介于私人风险和公共风险之间的"准公共风险"。如果农业保险大灾风险的分散完全由市场运作会出现市场失灵，不能实现资源最优化配置。

因此，农业风险的系统性、信息不对称性及农业保险大灾风险的"准公共风险"属性等，决定了农业保险大灾风险分散离不开政府的积极干预和财政的大力支持。该理论主要用于说明政府在市场调节中的重要作用，单纯依靠商业的农业保险公司或者再保险公司来分散农业保险大灾风险达不到预期理想目标，需要引入政府作用，形成"政府主导的农业保险大灾风险分散机制"的模式才是未来发展的方向。

二、福利经济学理论

福利经济学认为，可以通过帕累托标准来判断资源配置方式运行状况是否良好。如果改变现有的资源配置状态，能够让所有人或者部分人的初始状况变得良好，同时没有使其他人的利益受到损害，那么这种资源配置的变化结果就是有利的，可以促进社会福利水平提升，这样的改变就应该实施。政府财政为农业保险的发展提供大力支持，从直接效益与间接效益上增加了保险公司、农户及现代农业的福利，提高了整体社会福利水平。

（一）保险公司方面

由于农业保险大灾风险具有系统性、高度相关性及造成损失严重性等特点，保险公司、再保险公司等无法承担农业大灾风险，此时农业大灾风险无法得到有效分散和转移。为保障保险市场稳定经营，财政应对农业大灾损失进行兜底，减轻农业保险机构承担农业保险大灾风险的责任压力，有效分散和转移大灾风险，提高保险市场主体抵御大灾风险的能力，增加保险公司的福利。

（二）农户与现代农业方面

对农户而言，政府财政大力帮助保险机构有效分散与转移农业大灾风险，并提供保费补贴及税收优惠政策等，从而稳定农险费率，使农户自己承担的保险费维持在较低水平。自然灾害发生后，农户的经济损失得到保障，可增加农户福利。对现代农业而言，政府大力建设农业基础设施、重视农业保险大灾风险分散体系建立，可降低自然灾害对农业发展的影响，提高社会福利水平。

三、信息不对称理论

信息不对称是指交易双方对于同一事物所掌握的信息是不同的，这种不同表现在信息数量和质量上存在不同，一方掌握的信息数量和质量较高，而另一方处于劣势。信息不对称会产生两种结果：逆向选择和道德风险。逆向选择是指现实中愿意购买保险产品的人往往是风险相对较大的，即当保险产品的价格低于精算费率时，人们往往倾向于购买保险。换句话说，高风险的投保人更愿意购买保险，由于出险的可能性大，保险公司相应的赔付概率更高。如果信息是对称的，保险公司就可以针对每个投保人的实际情况，设计出差异化的保单，这样既可以吸引潜在的投保人，又可以减少保险公司的理赔。同样，逆向选择导致聚集起来购买保险产品的人都是高风险的，从而使保险产品组合风险增大，无法通过分散风险组合来降低组合风险。道德风险是指投保人在购买保险后，对风险的防范更加松懈，甚至使风险增加，认为在发生损失后可以获得保险公司的赔偿。道德风险和逆向选择的存在，使保险公司在提供农业保险上面临较高的赔付和监管成本，从而使保险公司减少开发农业保险产品。

农业保险的信息不对称主要表现在农业保险惠农政策及产品推广力度和密度不够，部分农户（主要是散户）不了解农业保险的存在，大多数散户甚至规模经营主体对农业保险条款不了解；部分具体协办人员对农业保险的监管和规范要求认知度不够；个别农户事前不告知、发生事故后认为自己是弱势群体，具有逆向选择风险，保险公司必须进行理赔，致使保险公司承保和理赔的难度较大、风险管控成本高。

四、大灾风险的时空分散理论

风险分散是指保险人为实现稳定经营，尽可能将风险分散范围予以扩大，主要通过时间与空间两种方式分散风险。风险在时间上的分散是指保险人为实现长期稳定经营，采取一系列措施平滑年际风险波动。风险在空间上的分散是指保险人扩大承保范围，在一定区域内利用规模优势分散风险，以及经营风险发生概率高低不同的险种，在险种之间分散风险。

农业大灾风险的系统性、高度相关性及造成损失严重性等特征，决定了农业大灾风险分散的重要性。为保证保险机构稳健经营，可以在时间和空间上分散农业大灾风险，当然财政的大力支持是必不可少的。例如，组建中国农业再保险公司统一分保大灾风险，利用规模优势在全国范围内分散风险；设立农业保险大灾基金，将风险通过时间进行分散，凭借长时期的滚存积累来扩大资金规模；充分发挥商业再保险市场的作用，将直保公司的风险转移到再保险公司等。减轻保险公司承担农业大灾风险的责任，提升保险机构抵御大灾风险的能力。

（一）农业保险大灾风险的空间分散理论

农业保险对应的大灾风险可以分为两大维度，即空间维度与时间维度，这两个维度均呈现出分散性特征。虽然农业保险大灾情况出现具有一定地域关联性，但就全国范围而言，随着风险单位增加，大灾在空间上出现分散性的可能性较大。风险单位是指在保险中出现某项灾害的概率及形成损失的范围。风险单位和保险单位的概念存在一定差异，后者是指保险人在投保业务中对应承保的标的及对应补偿的单位。从概念内涵而言，两者具有一定涵盖关系，即保险单位属于风险单位的一部分。在农业保险领域，风险单位通常可以包括成千上万个不同的保险单位，因此也可视作诸多保险单位的整合。就大灾风险分散视角来看，将风险单位作为标的单位更加合适。在相同的风险单位中，风险的具体性质及出现的可能性具有较高相似性，同类风险出现损失的时间具有较高关联性。而在不同的风险单位中，同类风险出现损失的时间具有独立性或仅有关联度非常不明显。空间越分散，表明各地区同类风险出现的差异也越显著，随着范围扩大，承保过程中会增加风险单位的具体数量，结合保险经营过程中所运用的大数法则，可以进一步提高风险分散度。

（二）农业保险大灾风险的时间维度分散理论

在时间维度中的分散理论主要是指在承保阶段以年份为划分指标，对各项大灾风险准备金作出结余处理，以应对大灾出现后产生的巨大赔偿，使得大灾风险在时间维度上实现纵向分散，可以提升农业保险抗大灾风险的水平。目前农业保险在经营过程中，对如何规避大灾风险关注度较高，其在时间维度层面的风险分散水平与大灾准备金管理存在直接关联。

在无大灾的情形之下，随着时间推移，农业保险大灾准备金规模越来越大，这意味着农业保险抵抗大灾风险的水平也越来越突出。由此可见，可以通过衡量农业保险大灾准备金数量的方式，判断区域农业保险抗大灾风险的水平，同时也需关注农业保险在经营过程中的大灾风险分散情况，否则通常会在估算资金时出现偏多现象。

五、大灾风险的资本市场转移理论

（一）传统风险分散工具作用有限

20 世纪 80 年代，对偶理论、预期效用理论陆续出现，并在推广过程中得到各界关注，保险和再保险业务逐渐成为市场上最为常用的大灾风险分散工具。但这些大灾风险分散工具在发展过程中也同样面临困难，主要是因为大灾风险对应的可能损失估计并不明确，再保险市场往往对大灾风险难以承保，同时保险业务相应的交易成本也较高，且容易引发道德层面风险，因此保险公司难以全部通过再保险的形式实现大灾风险再转移。保险市场供需关系处于动态变化中，这表明保险市场供给并不会随价格变化而有所增加，因此若仅提升大灾保险价格，并无法增加供给，难以从本质层面解决大灾风险损失承保的困难。因此，保险机构逐渐将目光聚焦于其他融资领域，如贷款融资、证券融资等，通过资本市场运作寻求风险转移，将资本产品作为大灾再保险的主要替代品，这也逐渐使得保险产业和资本市场得到融合，为再保险经营模式创新改革带来推动力。

（二）发展大灾风险证券化产品

在当前的全球选择性风险转移中，大灾风险证券化是其中的重要分支，在各项创新金融工具使用和组合过程中，保险市场和资本市场逐渐结合。大灾风险证券化产品通常也被称作保险链接证券，其并非单纯的资本市场工具，从本质而言，可以被视作再保险业务的市场延伸。

当前全球大灾保险证券化过程中形成的衍生性金融工具包括大灾期

货、大灾期权、大灾债券和大灾互换等。大灾风险证券化在操作过程中主要包括两种方式：其一为大灾风险融资，即大灾风险所承保的现金并不会由于流向变化而造成大小也出现变化，现金流可以在市场中转变为可进行交易的专项金融债券，如保险本息的可延期债券；其二为将大灾风险转移至资本市场，如可以免除部分比例或全部比例本息的大灾债券。

六、大灾损失分摊和大灾损失补偿理论

损失分摊说[①]指出，保险是将个别人因为未来可能发生的、特定的、无法预测及偶然发生的事件导致的经济财产损失分散给可能遭遇同一事故但目前未遭遇的多数人来承担，起到避免或者降低灾害损失作用的一种经济补偿机制。损失分摊说指明了保险的经济学属性，对后期保险的发展及后人对保险学的研究有着重要的影响。

目前多数美国的保险研究者均认可和强调保险分摊损失这一经济学属性。随着理论研究不断深入，损失分摊这一概念的内涵得到极大扩展。农业保险大灾损失分摊是指在农业大灾造成农险高额赔付应对和灾后重建过程中，政府力量、社会力量、市场力量等多元主体广泛参与，使因灾害造成的经济损失在不同主体之间得到科学、合理、有效的分担。

大灾损失分摊和大灾损失补偿都是大灾风险管理的核心要素，二者密切相关。大灾损失分摊是风险主体在灾害发生之前采取的一种预先风险转移机制，目的在于降低灾害发生对自己财产的不良影响，以保障正常的生产和生活。大灾损失补偿为灾害发生之后对损失进行补偿的灾后风险机制，包括三种：第一种为基于"文明和福利"责任视角的政府补偿机制，顾名思义，由政府对灾害损失进行直接补偿，这一机制以财政再分配为基础；第二种为市场风险分散机制，其风险补偿的主要承担者为保险和资本市场，大灾发生后，将风险在金融市场上进行转移和分散，是一种市场起主体作用的补偿机制；第三种是政府和市场共同承担的损失补偿机制，在这种机制下，风险不仅可以由政府进行补偿，也可在保险和资本市场进行分散转移，是一种由"看得见的手"和"看不见的手"共同承担和调节的机制。

依据国际惯例，对大灾损失分摊采取分层技术，并在各层内"纵横结

---

① "损失分摊说"，亦称"损害分担说"，是由德国著名资产阶级庸俗经济学家 A·华格纳所提出的关于保险性质的学说。

合"，是提高风险偿付能力的关键。纵向上，按照回归期进行分层：对于回归期短的灾害损失，即发生频率较大的小型灾害，主要由保险公司承担；对于大中型灾害，由再保险公司承担；对于回归期较长的重大灾害，由政府与资本市场共同承担；对于回归期特别长的极端灾害，由政府进行兜底保障。横向上，按照大灾损失分摊主体的比例来承担损失。通常规定由投保人承担最低一层损失，即免赔额部分，这实际上相当于在投保人与保险公司之间按比例分摊损失，只是由保险公司承担较高层次的损失，由投保人承担较低层次的损失。当然，这种划分不是绝对的，如再保险公司也可以参与重大特大，甚至极端超大灾害的损失分摊，需要根据具体情况设计"纵横结合"模式。

第四节　国内外相关研究文献综述

一、国外相关研究文献综述

国外关于农业保险大灾风险分散机制的相关研究开始较早且较为深入，现已取得丰富成果。国外农业保险大灾风险分散机制的研究视角主要可以分为以下两个方面：农业大灾风险分散机制运营模式和农业保险大灾风险分散机制分散途径研究。

（一）农业保险大灾风险分散机制运营模式研究

国外对于农业保险大灾风险分散机制模式的研究主要集中在政府与市场的关系这一问题上。米兰达和格劳伯（Miranda and Glauber，1997）认为，农业风险存在比较大的内生性与相关性，农业大灾风险有可能给保险公司带来巨大损失，因此为农业大灾风险承保的保险公司的系统性风险非常高，承担的风险是一般保险公司的 10 倍，导致农业大灾保险供给缺乏，仅仅依靠商业保险体系难以对农业大灾风险进行有效分散。林纳特·拜尔等（Linnerooth Bayer et al.，2000）认为仅依靠单一政府主体或单独保险公司来分散农业大灾风险是低效率且难以实现的。乔克·安德森（Jock Anderson，2001）认为，只依靠保险公司和农户很难有效处理农业大灾风险，政府参与的重要性不可忽视。肯尼斯·弗罗特和保罗·奥康纳尔（Kenneth Froot and Paul O'Connell，1997）的研究表明，农业大灾风险分散制度的可持续运行，主要与政府的税收优惠政策及政府补贴有关。格雷·尼豪斯（Greg Niehaus，2002）认为，政府信用风险相对比较低，分散农业大灾风险的可行性更高。斯格特·哈灵顿和格雷·尼豪斯（Scott Harrington and Greg Niehaus，2003）的研究指出，政府税收成本可能会影响农业大灾保险与再保险的供给。纳西尔·阿巴斯特（Nasir Abbas et al.，2021）通过对巴基斯坦 13 个政府部门农业机构负责人进行 52 次访谈，分析了政府机构在农业大灾风险分散方面发挥的有效作用及局限性，调查结果表明财政不足、缺乏专业培训和专业知识等因素限制了政府部门农业机构作用的发挥，主张通过机构之间的协调、提供员工培训消除这些不足，从而使政府部门在农业风险管理方面更好地发挥作用。汉森（Hansson，2008）指出，政府除了要建立本国大灾风险分散机制，也要积极争取国际援助和国际金融机构贷款，在全球范围内分散农业大灾风险。巴瑞·古德温和莉吉娅·瓦多（Barry Goodwin and Ligia Vado，2007）认为，政府在防灾、减灾和救灾方面发挥着重要作用。理查德（Richard，2004）认为，政府可以通过法律支持、税收优惠及财政补贴等多种方式降低农业大灾风险对农业保险发展的影响，同时认为民间融资在一定程度上也可以实现同样的功效。昆鲁特（Kunreuther，2016）指出政府干预可以提高自然灾害风险管理中保险公司的承保能力。

（二）农业保险大灾风险分散机制分散途径研究

国外关于农业保险大灾风险分散途径的研究以 20 世纪 90 年代为界，可以划分为两个阶段：90 年代以前主要集中于传统的农业再保险和大灾基金等；随着 90 年代以来大灾风险发生的频率和损失程度大幅上升，以及农业再保险承保能力的结构性不足等问题凸显，国际保险业将目光投向了容量更大、实力更强的资本市场，提出了大灾风险证券化和指数化保险等新型风险分散手段，以期通过保险市场与资本市场之间的深层次融通来共同应对农业大灾风险。

1. 农业再保险相关研究

谢里·詹恩（Shri Jain，2004）指出，农业大灾风险是许多发展中国家面临的重要风险，发展中国家的农民承担大灾风险的能力较弱，而国际市场对于发展中国家的农业再保险承保能力有限，因此应当积极发展本国专业的农险再保险公司，以应对农业大灾风险。约翰·邓肯（John Duncan，2000）利用新的大灾保险模型研究表明，农业大灾风险会增加保费，降低农险覆盖水平，甚至导致农险市场崩溃，而得到补贴的再保险有助于促进大灾风险分散。克里斯蒂安·戈利尔（Christian Gollier，2002）通过研究认为，农业保险市场失灵取决于系统性风险，并提出减少保险机构超常规损失的办法之一是借助再保险途径。马丁（Martin，2013）提出，再保险可以提高农作物保险机构应对灾害风险的多元化程度。约翰·邓肯和罗伯特·迈尔斯（John Dunean and Robert Myers，2000）指出，存在的农业大灾风险会影响甚至破坏农作物保险市场的平衡，影响农业保险的保险费率，减少农民的投保积极性，同时指出这个问题的解决方案，即可以通过发展农业再保险市场，特别是补贴的农业再保险业务来实现农业保险市场均衡。克里斯托夫·库尔贝奇（Christophe Courbage，2012）提出保险公司可以通过共保机制增加大灾保险供给，实现大灾风险的有效分散。奥利弗·玛胡（Olivier Mahul，2012）指出印度农业大灾保险覆盖面不足，政府财政兜底会使财政压力加大，同时延长农民获得赔偿的时间会影响农民生活，建议政府提供再保险保费补贴或者建立国家层面的农险再保公司。赫伯特（Herbold，2004）研究保险对地方性农业保险公司分散农业风险的效果时发现，农业再保险有不可替代的作用。陈华、大卫·康明斯、孙涛和玛丽·魏斯（2018）指出，再保险在保险业中发挥着重要作用，使保险公司能够转移风险，从而增强风险分担和分散的能力。约翰·邓肯和罗伯特·迈尔斯（John Duncan and Robert Myers，2019）认为再保险业务能够得到政府补贴的情况下，再保险市场有助于平衡作物大灾风险。

2. 农业保险大灾基金相关研究

国外学者对于大灾基金的研究主要集中在大灾基金规模测算方面。埃哈德·克雷默（Erhard Kremer，1994）认为，人们需要判断一个风险或整个风险群的风险性，判断风险性的数量是可能的最大损失（Potential Maximum Loss，PML），并以数学形式给出了 PML 的一般结果。PML 为很多学者测算大灾保险基金规模提供了重要方法，大灾基金规模测算的基本思路是所有保险公司承保能力总和加上大灾基金的资金能够覆盖当年所有大灾损失。除了 PML 方法，普什卡·阿加瓦尔（Pushkar Aggarwal，2011）根据美国过去 100 年三种灾难的数据，使用 Excel 和 GraphPad Prism 进行趋势分析并采用线性回归方式预测火灾和暴风雪造成的经济损失，使用泊松分布模拟飓风造成的经济损失，预测结果显示 2011 年美国国家大灾基金在火灾、暴风雪和飓风方面的责任成本超过 20 亿。

3. 大灾风险证券化研究

大灾风险证券化的理论研究最早出现在20世纪70年代,在罗伯特·戈登和理查德·桑多尔(Robert Goshay and Richard Sandor)于1973年共同撰写的《构建再保险期货市场的可行性研究》一文中率先探讨了保险市场与资本市场结合的问题,提出将再保险风险转移至资本市场,希望通过风险证券化或保险衍生产品解决再保险市场承保能力不足的问题。他们最早将"保险证券化"(Insurance Securitization)的概念引入保险领域,首次提出了保险衍生品特别是再保险期货的概念,但是这个观念在当时并没有得到保险业的积极响应。直到20世纪90年代,一连串大灾风险的发生使得全球再保险公司损失惨重,保险公司的资本被迅速消耗,大灾风险证券化的构想才又被重新提出。1992年,美国芝加哥期货交易所(CBOT)率先研究并开发出大灾保险期货产品,开启了大灾风险证券化产品发展的先河。随后,又推出了大灾债券、大灾期权、大灾交换等一系列相关产品。由于美国等发达国家的资本市场成熟,大灾债券化实施可能性高,随着金融市场的不断发展,对大灾证券化的研究热度也日渐高涨。

杰瑞·基斯和巴瑞·班尼特(Jerry Skees and Barry Barnett,1999)指出,政府可通过发行农业大灾风险债券、期货等,为农业大灾风险分散提供融资途径。杰夫(Jaffee,1997)认为大灾债券是一种有效的风险转移手段,通过大灾债券的形式,保险公司或者再保险公司都能够将大灾风险实现证券化。格雷·尼豪斯(Greg Niehaus,2003)认为,大灾债券的优势在于对保险公司提高自己的大灾风险管理能力有很大帮助。尤里·埃尔莫利耶夫等(Yuri Ermoliev et al.,2000)的研究表明,大灾债券能够帮助保险业在全球范围内分散风险,并通过数据说明大灾债券可能比类似的再保险合同更具有吸引力。大卫·卡明斯和菲利普·特雷纳(David Cummins and Philippe Trainar,2009)提出再保险能够有效管理相对较小、不相关的风险,促进分出人和再保险人之间的信息共享。但当潜在损失的规模和风险相关性增大时,再保险就会失效,这时证券化可以发挥作用,将风险传递到更广泛的资本市场,支持采用农业风险证券化来分散农业风险。卡明斯(Cummins,2008)研究了大灾债券市场的发展状况,认为一旦发生自然灾害,大灾债券具有很强的融资功能,它将与资本市场对接,能够使保险公司的风险承受能力大大增加。戴瑞斯·拉克达瓦拉和乔治·赞贾尼(Darius Lakdawalla and George Zanjani,2012)指出大灾债券能实现风险转移的多样化，可以抵御保险机构的经营风险，并通过其他方式保证经济利益，即使大灾债券不太可能取代再保险，但它也在更广泛的风险转移市场中发挥着作用。马克·古尔特勒、马丁·希伯伦和克里斯蒂娜·温克沃斯（Marc Gurtler、Martin Hibbeln and Christine Winkelvos，2016）认为，严重的自然灾害导致保险损失大幅增加，引发了传统再保险产能不足的问题，为了弥补再保险市场的产能不足，需要另辟蹊径去分散大灾风险，如发行债券。大卫·罗伯、巴鲁克·费希霍夫和保罗·费希贝尔（David Rode、Baruch Fischhoff and Paul Fischbeck，2000）从行为决策和心理学的角度探讨了推行大灾风险证券化可能面临的障碍，并通过实证研究对设计大灾风险证券化产品提出建议。西尔维·布里厄和理查德·麦克明（Sylvie Bouriaux and Richard MacMinn，2009）从证券发起人和投资者参与大灾债券市场的动机出发，分析了大灾风险证券化产品的增长潜力和障碍，讨论了对证券化产品发展至关重要的技术和监管问题，建议从个体和政府两方面来提高大灾债券和大灾衍生品的使用效率。阿杰·苏布拉马尼和王金晶（Ajay Subramanian and Jinjing Wang，2015）认为在保险公司的风险转移权衡中，风险最低的保险公司选择再保险，中、高风险保险公司分别选择部分和全部证券化，这为大灾风险证券化的低交易量提供了新的解释；随着专用对冲基金的进入和区块链技术的出现，大灾风险证券化相对于再保险的不利选择成本将会降低，保险相关证券市场将大幅增长。卡拉吉安尼斯（Karagiannis，2016）再一次确认了农业风险证券化的可行性，并尝试对其进行定价。沈志伟（2013）从另外一个角度支持农业风险证券化，当需要转移的农业风险处于较高水平或者种类较多时，证券化是一个很好选择。大卫·罗德和巴鲁克·费希霍夫（David Rode and Baruch Fischhoff，2000）通过对不同的风险证券化产品进行介绍，讨论了大灾风险证券化的演进过程，并提出了大灾风险证券化未来发展趋势的若干问题。

4. 指数化保险相关研究

由于大灾风险证券化产品多以保险公司实际经营结果（如保险业务赔付率、保险业务损失等）为保险标的，且信息不对称可能产生保险公司方面的道德风险，引发了投资者的广泛质疑和挑战。为应对上述问题，学术界和业界创新性地研究出另一种证券化产品——指数化保险。

尼尔·多尔蒂（Neil Doherty，1997）首先在农业指数化保险方面作出重大创新，为避免道德风险，他提出了不以保险公司赔付数据为保险标的，而是以一些相对客观的变量或指数为标的。随后，米兰达和格劳博（Miranda and Glauber）设计出以降水指数为标的的指数化保险。卡希梅特·土耳其（Cahimet Turkey，2001）指出气象衍生品和气象保险可以用在农业保险中，他利用历史数据验证了作物产量与天气之间的相关性，并指出识别这种特殊风险的关键方法。赫建强（2005）通过对比灾害援助、农业保险、非正式安排和气象指数化保险等几种不同方法在分散农业大灾风险中的表现，认为气象指数化保险是相对较好的分散农业大灾风险的方法。费舍尔（Fisher，2019）认为，传统的基于赔偿的保险需要实地考察，以核实实际损失，而指数化保险允许根据预定降雨量、温度、土壤湿度等指数来确定产量损失。与传统保险相比，指数化保险具有很多显著优势，如交易和管理成本低，以及防止道德风险和逆向选择的发生。纳迪娜·加策尔特、塞巴斯蒂安·波库塔和尼克拉·沃格（Nadine Gatzert、Sebastian Pokutta and Nikolai Vogl，2019）认为，与指数挂钩的大灾损失工具对投资者越来越具有吸引力，在风险管理中发挥举足轻重的作用。

二、国内研究文献综述

国内学者对农业保险大灾风险分散机制的相关研究主要从三个方面展开。第一是对国外农业保险大灾风险分散机制的经验进行梳理与借鉴，国外农业保险大灾风险分散机制相对完善，且各个国家有其特色制度，值得我们学习借鉴。第二是对我国农业保险大灾风险分散机制的研究，主要包括构建我国农业保险大灾风险分散机制的必要性、我国农业保险大灾风险分散机制研究现状和构建我国农业保险大灾风险分散机制的建议。第三是农业保险大灾风险分散途径研究。

（一）国外农业保险大灾风险分散机制研究

对于国外农业保险大灾风险分散机制研究，专家学者主要从美国、日本、加拿大等几个农业保险市场较为发达的国家入手，也有部分学者对印度、法国等国家展开研究。

1. 美国农业保险大灾风险分散机制研究

关于美国农业保险大灾风险分散机制研究方面，袁祥州、朱满德（2015）指出，美国采取政府主导的农业保险大灾风险分散机制，1938年美国政府设立美国联邦农作物保险公司（FCIC）经营农业再保险，形成了与商业保险公司利润共享、损失共担的农业再保险运行机制。徐锦晋（2018）提出，美国共开办了比例再保险和超额损失再保险两种业务，并建立了三种再保险基金服务于高、中、低三项风险等级的农业保险大灾风险再保险，以平滑农业保险的经营结果。包璐璐、江生忠（2019）认为，美国农业保险大灾风险分散体系包含直接保险、再保险、大灾专项基金及紧急预案四层结构，可以将风险从低到高进行风险分散，推动农业保险体系平稳发展。袁浩天（2020）归纳得出，美国的农业保险大灾风险分散方式大体上包括农业保险、再保险、灾害援助和融资及大灾风险证券化。时天阳（2021）认为，美国农业保险大灾风险分散主要是双选择的再保险制度与风险证券化制度。以再保险制度为核心的同时，美国也尝试将农业保险大灾风险分散到资本市场，即农业大灾风险证券化。大灾风险证券化在分散风险的同时化解了农业保险在发生大灾时融资困难的问题。高晓春（2014）将美国和加拿大的农业再保险体系进行对比，建议我国成立专业的国家级再保险机构，并和商业再保险机构、国际农业再保险机构一起构建再保险体系，同时成立农业保险风险分散基金，与农业再保险形成多层次风险分散体系。邓国取（2006）提出美国政府采取了多种方式分散农业大灾风险，包括财政、税收、再保险和紧急贷款，还在资本市场上大力发展农业大灾风险证券化来分散和转移农业大灾风险。陈利（2013）指出美国利用其发达的再保险市场和资本市场不断创新风险管理手段来分散农业巨灾风险，包括采用财政补贴、税收优惠、紧急贷款计划、再保险和大灾证券化等手段筹集保险资金，分散转移农业大灾风险。

2. 日本农业保险大灾风险分散机制

日本的农业保险大灾风险分散机制以共济保险和再保险体系为主。卜庆国（2017）认为日本是以小农经济为主的国家，采取共济制农业保险，为非营利性的互助合作制保险。1947 年日本设立《农业灾害补偿法》，初步建立了农业共济保险体系，之后逐步建立并完善了日本农业保险大灾风险分散体系。江生忠、费清（2018）提出日本的农业保险风险分散机制包含农业共济组、农业共济组合联合会、国家农业共济再保险和紧急预案四个层次，充分实践了"多级分散"与"政府兜底"的理念。魏加威、杨汭华（2021）认为，日本的农业再保险模式特点是政府与农业共济联合会、农业共济联合会与农业共济组合之间的双层再保险体系。时天阳（2021）指出，除再保险制度外，大灾风险证券化对于日本农业保险大灾风险分散机制的构建也十分重要，1984 年起日本开始发行风险大灾债券，并经过几十年的完善，规模与种类都有了新的发展。陈利（2013）指出日本农业大灾风险的主要分散方式包括财政补贴、税收优惠、大灾债券和三级再保险。

3. 加拿大农业保险大灾风险分散机制

加拿大主要依靠两级再保险制度与再保险基金分散农业保险大灾风险。朱俊生（2013）将加拿大的农业大灾风险制度界定为公共机构经营、政府部分补贴、自愿参与的模式，该制度主要由省级政府和联邦政府提供的两级再保险体系构成。陈利（2013）指出加拿大政府主要采取农作物保险与收入稳定计划、政府补贴、再保险、准备金等方式来预防和分散大灾风险，实施农作物保险计划、农业收入稳定计划和天气改善计划，为农业保险的发展提供大量财政资金。王克（2019）指出加拿大联邦政府和省政府对农业大灾风险提供再保险和大灾融资支持，联邦政府和省政府分别设立再保险基金，保管各省农作物保险公司缴纳的再保险费，当再保险基金赔付不足时，由两级政府提供无息贷款。时天阳（2021）认为加拿大主要通过政府主导的再保险制度和大灾风险准备金制度分散农业保险大灾风险。加拿大各省依据本地的农业保险经营状况，建立了不同规模的农业保险大灾风险准备金及专门账户，同时可以投入资本市场获得收益。

4. 印度农业保险大灾风险分散机制研究

卜庆国（2017）认为印度主要依赖政府主导下的商业化大灾保险模式，其中政府作用突出，不但制定规则、提供财政支持，并由国有通用保险公司（GIC）专门负责承担再保业务，同时也将小额信贷与大灾保险相结合，促进大灾保险的推广。王野田（2019）认为印度农业再保险是典型的政府支持型模式，印度的农业结构、农业现代化发展阶段、农业大灾风险暴露程度与我国情况相似，建议我国建设成原农业保险公司、农业再保险、政府兜底的多层次风险分散机制。魏加威、杨汭华（2021）指出，印度对农业大灾风险进行分层分散，农险再保险市场主要承担中层风险，而高层风险则交由政府兜底保障。

5. 法国农业保险大灾风险分散机制研究

陈利（2013）指出法国通过互助合作分散农业大灾风险，政府为经营农业保险的商业保险公司分散农业大灾风险提供财政支持，采取财政补贴、税收优惠、再保险和农业灾害基金等方式分散农业巨灾风险。据李立松（2017）、时天阳（2021）介绍，法国的农业保险大灾风险分散体系主要为四层再保险体系，由低层向高层逐层分保，逐层分散风险。此外，法国还建立了国家农业风险管理基金（FNGRA），用来补充保险公司超赔的损失。国家农业风险管理基金（FNGRA）由中央再保险公司建立，由政府补贴与按比例计提的保费组成，当大灾发生时，基金只补贴超赔损失，其余部分仍由（再）保险公司承担。王铭（2017）详细介绍了法国农业保险发展的历史、现状、制度安排及法律依据、大灾风险分散机制，认为法国国家农业风险管理基金实际上是由政府主办，并认为法国国家农业风险管理基金作为大灾风险分散机制的一部分发挥了重要作用。

还有部分专家学者对国外农业保险大灾风险分散机制进行了比较，庹国柱、朱俊生（2010）分析了多种农业保险大灾风险分散制度的运作机制及其适用范围，并从政府与农业保险的经营者两个角度对农业保险大灾风险分散制度进行了选择。王德宝（2011）将国外农业保险大灾风险分散机制总结为五种不同模式，提出国外经验对我国农业保险大灾风险分散机制构建的启示。朱俊生（2013）分别考察了几个国家农业保险的大灾风险分散制度，认为各国制度都主要由政府支持的再保险体系构成。并将农业保险大灾风险分散制度分为私营、部分补贴模式，公共、部分补贴、自愿模式，以及公共、部分补贴、强制模式，通过对不同模式进行比较得出政府参与的三种主要形式分别为政府成立再保险公司、提供再保基金及对农业再保险进行补贴，对我国机制构建有借鉴意义。卜庆国（2017）分析了美国、日本、加拿大、印度四个国家的农业大灾风险的发展历程、机构职能及风险分散方式，并就四种模式的实践经验进行了比较，探讨了其共同点和差异之处，认为我国应该积极利用资本市场分散风险，并设立区域性大灾风险基金。郑伟、郑豪、贾若等（2019）建立了一个针对农业保险大灾风险分散体系的评估框架，从四个维度，用定性评分的方法，全面评估了美国、西班牙、加拿大等七个国家的农险大灾分散体系，研究发现，美国和西班牙的农险大灾分散体系总体表现较优，最值得我国借鉴学习。

（二）我国农业保险大灾风险分散机制研究

关于我国农业保险大灾风险分散机制的研究，国内专家学者主要从农业保险大灾风险分散机制构建的必要性、发展现状及发展建议来进行研究。

1. 构建我国农业保险大灾风险分散机制的必要性

构建我国农业大灾风险分散机制的必要性主要分为两个方面：一是我国农业大灾风险的特点需要。赵山（2007）认为大灾和农业风险打破了保险业经营的大数定律，且风险具有非独立性，直保公司承保面临挑战。庹国柱和朱俊生（2010）指出农业风险具有系统性的特征，保险公司在地区之间、农户之间及作物之间分散风险的能力被这一系统性风险的相关性大幅削弱。庹国柱和王德宝（2010）认为农业大灾风险本质上是一种"准公共风险"，如果仅由政府承担，极易导致效率低下而成本高昂，仅由保险公司分散风险则易引发市场失灵，全部交由农户自己进行风险管理出现正外部性和风险管理不足的概率极大。巴曙松（2013）提出农业风险具有风险单位大、发生频率较高、损失规模较大及区域效应明显等特点，因此对农业巨灾保险要进行风险管理。麻吉亮、孔维升等（2020）通过梳理当前研究现状，研究分析了农业大灾的特点和影响，认为农业大灾对不同地区的影响程度不同。何小伟（2013）运用吉林、安徽、四川三个省份的损失数据，分析财政支持对农业保险大灾风险分散的必要性，在此基础上提出财政资金可以通过补贴、投入资金设立风险准备金。二是我国农业保险经营与市场的需要。冯文丽、苏晓鹏（2014）认为农业大灾风险是"准公共风险"，如果只依赖保险公司，可能会造成市场失灵；而如果仅依赖政府财政负担，则容易出现成本高却效率低下的情况。因此，农业大灾风险管理应该同时发挥政府与市场的作用，以市场为主，建立多元化的农业大灾风险体系与多层次的损失补偿机制度。丁少群、李植（2019）通过研究表明，我国不同地区的农业保险经营情况差异比较大，同时我国农业大灾风险主要受气象灾害影响，范围大、覆盖面广，农产品价格风险具有高度系统性，与地区具有高度相关性，可能会带来巨额的农业生产损失。每年都有许多省市的赔付率超过平均水平，仅依靠各省自身力量去分散农业保险大灾风险难度较大，因此建立全国层面的多层次农业保险大灾风险保障体系很有必要。屈波（2015）认为农业风险具有突发性和集中性的特点，农业自然灾害通常具有广泛的破坏性，会带来严重损失。单凭保险公司的商业运作，是无法在农业保险的运行过程中承担和分散大灾风险的。农业保险大灾风险分散机制能够提升农业保险经营机构的风险损失赔付能力，保证保险公司的持续经营能力，有利于农业保险市场的供求达到平衡。

2. 我国农业保险大灾风险分散机制发展现状

目前我国农业保险大灾风险分散机制尚未形成国家层面的机制安排，但在部分地区进行了试点尝试，如北京、上海、黑龙江等。庹国柱（2018）指出，我国农业保险大灾风险分散机制的建立进度相对缓慢，至今仍未建立起政策支持的全国性风险分散机制。据包璐璐、江生忠（2019）介绍，北京市采取政府主导下的商业化运作模式，政府通过统一采购再保险的模式来转移大灾风险，再保险费用由政府支出。屈波（2015）指出，上海市提供再保险保费补贴，激励保险公司购买再保险，由保险公司计提农业大灾风险准备金，以应对赔付率高于150%的损失，但效果甚微，仍给地方财政支出带来较大压力。黑龙江保险学会课题组（2019）调研指出，黑龙江省垦区大多依靠保险公司自行购买商业再保险，但农业大灾风险并不能因此得到有效分散，如果大灾发生次数增多，难以实现可持续发展。白玉培（2016）、谭中明（2011）认为目前我国还不具备实行多层次的农业保险大灾风险分散机制，随着农业保险承保范围的扩大，农业保险大灾风险分散机制的不足逐渐显现出来：一是财政补贴与社会救济的不可持续，长期以来财政承担了我国大部分大灾风险损失，而政府财政拨款不足以补偿整个大灾损失，仅能够在有限限度内提供灾后救济；二是传统的大灾保险与再保险的不可持续性，农业保险的承保范围狭窄，对于分散农业大灾风险的保险需求不足，而且对于损失的保障能力明显不足。

3. 我国农业保险大灾风险分散机制发展建议

关于构建我国农业保险大灾风险分散机制的建议，庹国柱等（2014）认为建立农业保险大灾风险准备金应该遵循财政支持、风险共担、风险匹配、有限补偿、持续经营的原则。郑伟等（2019）提出，农业保险大灾风险分散体系应具备以下功能：最重要的是风险分散功能，该功能的实现可以通过跨地理区域进行分散；农业保险大灾风险分散机制应该保持良好的偿付能力，达到持续经营的目的，该问题的解决需要提升农业保险经营主体在纵向时间上分散大灾风险的能力，这就需要农业保险大灾风险分散体系有多样化的筹资来源及提高筹资效率的制度安排。吕晓英（2016）运用系统动力学模型，在不同风险大灾情境下模拟和预测农业保险经营机构大灾准备金的变化趋势，并对"政府兜底"与"融资预案"两种农业保险大灾风险分散方式进行比较，提出构建我国农业保险大灾风险多层分散体系的建议，认为农业保险大灾风险分散体系应全面且完善，分为保险公司大灾风险准备金、再保险、政府大灾付息准备金、融资预案四个层面。包璐璐、江生忠（2019）运用蒙特卡罗仿真方法测算了不同农业保险大灾风险分散方式下，各个地区农业保险各方的赔付及支出、支出波动情况、直保公司与再保险公司赔付缺口情况，得出再保险和政府的参与是分散农业保险大灾风险不可缺少的部分。孔磊（2015）认为我国应当构建一个多层次、多主体、多渠道的农业保险大灾风险分散模式，以政府为主导，进行市场化运作，由中央、地方两级财政进行补贴，由全球再保险市场进行风险分散。丁少群（2019）将国内各个地区现行农业保险大灾风险分散机制分为四个类别，并分析其优势与不足，提出我国应该构建多方参与的多层级大灾风险分散体系与防御机制。白玉培（2016）提出农业保险大灾风险分散机制可以通过增加风险单位、再保险机制、大灾风险储备基金、大灾债券和指数化保险的方式进行优化。赵晨（2012）对我国 31 个省份的农业保险现状进行分析，总结并归纳现行的农业大灾风险分散制度安排及其存在的问题，提出我国农业大灾风险分散机制应该以政府主导的再保险机制为基础，以大灾风险分散制度为保障，采取保险经营机构担保贷款的方式支持农业保险大灾风险分散机制。戴秋红（2013）提出，虽然我国农业保险试点地区对分散农业保险大灾风险进行了探索，但是现在我国在农业保险大灾风险分散机制的建设上仍存在着许多问题：一是商业运作农业再保险模式的限制性比较大；二是农业大灾风险准备金的积累不足；三是地方政府的大灾损失赔付责任负担过重。冯文丽、苏晓鹏（2014）提出应构建多元化农业大灾风险承担体系，通过农户、保险公司、再保险公司、省级政府、中央政府、资本市场 6 个层级来分担农业大灾风险。丁少群、王信（2011）建议建立由政府主导、市场运作的农业再保险和国家层面大灾风险准备金组成的农业大灾风险保障体系。庹国柱等（2013）的研究指出，应该在直接保险的基础上，构建由直保、再保、风险基金及其他风险融资计划组成的完善的农业保险大灾风险分散机制。根据安徽省农业大灾风险分散机制过去的实践经验，王彬（2016）认为建立的风险分散体系应是多层面的，包括从直接保险公司到政策性再保险、省级大灾应急预案，再到国家大灾准备金由低到高的层面。屈波（2015）认为，政府应考虑农业保险的准公共产品特征，引导分散体系的建设，加快建立三个层面融资方式所组成的农业保险大灾风险分散体系。

（三）农业保险大灾风险分散途径研究

关于农业保险大灾风险分散的不同方式的研究十分多样，可分为传统方式与创新型分散方式两个方面。传统方式包括农业再保险、大灾基金等分散手段，创新型大灾风险分散方式以大灾风险证券化、指数化保险等为主。王蓉（2012）指出，目前各国分散大灾风险的方式主要有发展大灾保险、对农业保险进行再保险、利用大灾基金及通过资本市场实现风险证券化。

1. 农业再保险相关研究

国内研究多数认为农业再保险是分散农业大灾风险的主要手段。李有祥和张国威（2004）认为，从立法、建立农业再保险规则和相应优惠政策等方面建立我国农业再保险体系是农业保险走向良性循环的制度安排。白玉培（2016）认为农业大灾风险严重导致农险赔付高、市场供给减少，同时导致保险需求更加迫切，因此逐步优化农业再保险机制十分重要，能够化解区域风险差异，进而降低财政补贴负担。赵山（2007）提出政府可以通过为公司提供再保险补贴，或向再保公司战略注资，提高农业大灾风险的可保性和承保能力。郝演苏（2010）和庹国柱、朱俊生（2010）等总结了多个国家农业大灾风险分散机制的模式，认为我国应该设立专业农业再保险公司，农业再保险公司的亏损由国家财政承担，农业再保险是应对大灾风险的有效机制，应该建立以再保险为核心的大灾和农业保险体系。包璐璐、江生忠（2019）指出，农业保险大灾风险使农业保险经营面临稳定性和可持续性不佳的问题，政府和直保再保公司共同出资设立再保险公司是分散我国农业保险大灾风险的最优选择，既能有效分散大灾风险，又能优化财政资金的使用效率。李立松、付磊（2015）认为我国应在国家层面建立风险分层分散的专项机制，再保险应主要承担中高层风险，并与农业保险大灾准备金实现有效对接。陈盛伟、宋宇宁、孙乐（2020）提出农业大灾发生具有区域性特征，应该划定低、中、高不同农业大灾风险区域，不同风险区采用不同的再保险风险分担模式。

2. 农业保险大灾风险基金相关研究

高海霞（2012）将国际大灾保险基金总结为三种模式：第一种是政府主办模式，如美国洪水保险基金和佛罗里达飓风灾害基金；第二种是完全商业化运作模式，如英国洪水基金；第三种是政府与市场合作模式，如土耳其地震保险基金、加勒比地区大灾保险基金。她从基金筹集、管理机构、基金投资、基金损失分担四方面出发，分析了不同运作模式中政府的参与度、大灾基金投资特点及基金损失分担方式的异同。张长利（2013）对加拿大、日本、韩国、法国等国的农业大灾风险基金制度、立法、职能定位进行比较，将农业大灾风险基金概括为农业保险型基金、农业再保险型基金、补贴融资型辅助基金三类，并且根据各国农业保险相关法律规定，从农业大灾风险基金的设立与管理机构、资金来源与运用、投资管理及税收优惠四方面对加、日、韩、法四国的大灾风险基金进行了比较，并从基金名称与职能、管理机构、资金来源、运用投资等方面对我国农业大灾风险基金制度的建构提出设想。卜国庆（2017）分析了美国、加拿大、日本和印度四国农业大灾风险的发展历程、机构职能及风险分散方式，就四种模式的实践经验进行了比较，并探讨了四种模式的异同及对我国的启示。张琳和白夺林（2014）指出，农业风险空间系统性的特性使农业保险局限在较小范围内（县内、市内，甚至省内），有效分散经营风险显得力不从心，应该允许保险公司在省级分公司之间专项统筹使用大灾风险准备金来弥补损失。肖顺武（2019）指出，不仅要建立全国统筹的大灾准备基金，还要对该基金进行部分市场化运作，尽量摊薄可能发生的农业大灾风险的影响，且大灾准备基金的资金应当主要来自政府财政。宗文（2009）也认为，中国农业保险大灾风险的关键是建立大灾风险保障基金。庹国柱等（2010）认为，建立一个全国性的农险大灾风险基金来弥补农业保险大灾风险损失是不错的选择。徐景峰（2008）认为应由政府牵头建立农业保险大灾风险保障基金，以应对日益严重的农业大灾风险；基金来源渠道主要包括财政拨款、农业保险公司提取一定比例的保费及市场融资等。严寒冰（2008）认为，农业大灾风险基金的投入渠道应该是多样化的。高彦彬（2006）认为应建立以政府为主导的农业大灾风险基金，大灾损失发生后，农业大灾风险基金可以用于补偿农业保险公司的偿付不足，使农业保险的提供者经营稳定；农业大灾风险基金在补偿农业保险提供者的同时，还可以用于对部分大灾损失的直接补偿及对大灾风险的研究。于搏洋（2007）认为在我国现行农业保险制度下，发展农业大灾保险基金是分散农业大灾风险、保护农业保险并促进我国灾后损失补偿方式多样化的有效工具。一般情况下，农业大灾保险基金的组织构成有三个方面，分别是政府中的保险部门、农业保险公司及农业保险行业协会。基金的来源渠道是多方面的，一部分来自国家的财政投入，一部分来自农业保险公司提取的一定比例的利润盈余，还可以将国家及地方政府专项支农救灾资金的一部分加入农业大灾保险基金。张长利（2013）分析了国外农业大灾风险基金实践的成功运作经验，主要是发展农业大灾风险基金必须以国家为主，国家的财政投入是农业大灾风险基金成功运作的保障，此外还要多方面、多角度地筹集资金。

3. 农业保险大灾风险证券化相关研究

近年来，大灾风险证券化成为我国金融领域和保险领域研究的一个热点问题，众多专家、学者对其进行了深入研究。姚壬元（2004）认为大灾风险证券化是分散大灾风险的有效市场手段，它将保险市场与资本市场联系起来。与一般大灾风险管理工具不同，大灾风险证券化有自身的特点。大灾风险证券化的主要类型有大灾债券、大灾期货、大灾期权、大灾互换，其中大灾债券是最基本的大灾风险证券化产品。周伏平（2002）分析了影响大灾风险证券化需求的因素，并通过大灾债券对保险联结型证券的定价原理进行了分析，展示了大灾风险证券化的运行机制，研究了我国发展大灾风险证券化产品的市场环境。施建祥、鄂云玲（2006）认为我国应大力发展大灾债券，将我国 1986—2003 年 99 次台风损失数据与 1952—2003 年每年台风登陆次数的数据进行整理，并利用非寿险精算技术对我国台风损失分布与次数分布进行研究，然后采用资本资产定价模型与债券定价原理推导出台风灾害债券的收益率与价格，设计出台风灾害债券的雏形。张志明（2006）指出，大灾风险的频繁发生使得我国保险业必须思考如何有效分散转移大灾风险，一般风险分散方式分散大灾风险的能力有限。他认为国外保险市场比较发达，分散大灾风险主要是将大灾风险证券化，在资本市场上分散风险。其研究了目前发展迅速的大灾风险证券化产品——大灾债券的结构及特点，并在此基础上提出了我国在发展大灾风险证券化的过程中需要具备的一些条件。沈蕾（2006）通过研究发达国家大灾风险证券化的理论和实践，提出了我国发展农业大灾债券的整体思路。张慧云、沈思玮（2008）在创新风险分散方式及风险证券化的环境下，分析了农业保险所面临的大灾风险及目前的大灾风险分散机制，建议在我国发展大灾风险证券化，并结合我国的国情，优先发展农业保险大灾风险债券。裴光（2000）认为，通过风险证券化的方法将保险市场与资本市场进行有效连接，可以扩大我国保险业的承保能力。杨瑞杰（2004）认为，考虑到我国商业保险公司自有资本及再保险规模的限制，可将保险市场无法承担的农业大灾风险分散到资金容量更大的资本市场，并对我国利用大灾债券的方式转移农业大灾风险进行了初步构想。周志刚（2005）建议学习发达国家应对大灾风险的措施，通过发行大灾债券建立灾前融资机制，将农业大灾风险转移到资本市场。田玲（2009）进一步提出了适合我国国情的大灾风险债券定价模型及运行模式。庹国柱、朱俊生（2010）认为大灾风险证券化打破了传统的再保险方式，将风险转移到资本市场以扩大承保能力，能更有效地分散风险。诸宁（2015）认为再保险是一种广泛使用的风险分散和转移模式，但资金成本的不断升高和信息的不对称导致再保险市场效率低下，一旦遭遇大灾风险就会面临市场崩溃；而风险证券化能以相对较低的成本解决再保险市场效率低下的问题，两者对于大灾风险的管理可能是明显的替代关系。巴曙松（2013）指出非传统性农业风险管理工具（除农业保险外）发展较快，大灾债券出现对传统的风险管理方式产生了深远的影响，增强了农业大灾风险分散能力。施建祥和鄂云玲（2006）认为大灾保险风险证券化在分散大灾风险、补偿大灾损失方面有其独特优势。卜庆国（2017）认为大灾风险证券化的方式，有助于降低投资组合的风险，扩大农业大灾保险市场的承保范围。李琴英（2007）认为我国具有发展大灾债券的现实条件，包括一定发展水平的资本市场、较好的监督环境、相关的中介机构和一定数量的机构投资者等，能以此发展大灾风险证券化产品，作为解决农业大灾风险的一个尝试和突破。尹成远和张惠娜（2008）从经济环境、实践探索和法律环境三个角度出发，认为我国已经具备引入农业大灾风险证券化的一些基本条件，农业大灾债券的发展能够打破我国农业保险发展的瓶颈，开拓我国农业保险发展的新路径。周子雅（2020）认为当某地区某年遭受特大自然灾害时，一旦当年赔偿额度过大，会使农业再保险机构面临赔付压力，农业风险证券化则不会出现赔付困难。

4. 指数化保险相关研究

指数化保险作为一种创新性农业保险大灾风险分散手段，目前在美国、加拿大、瑞士等国家得到了广泛的应用和发展。但国内对此问题的研究才刚刚开始，且大多停留在经验介绍层面。吕开宇、张崇尚和邢鹏（2014）认为指数化保险具有标准化程度高、透明度高、触发机制简单等特点，因此很容易在二级市场上进行交易，从而能降低保险公司或风险承担方的风险，将农户生产风险在更广阔的资本市场上得到分散。孙香玉、吴冠宇和张耀启（2016）认为天气指数化保险可以缓解慢性不发达的农业状况，减少农业风险的冲击，为高危人群带来信用和保险；避免了由信息不对称造成的逆向选择和道德风险问题，提高了赔付效率，同时大大降低了交易成本。陈盛伟和张宪省（2014）提出农业气象指数化保险不是按照投保农作物的实际气象灾害损失来赔偿，而是根据实际气象数值与作物生长期内事先规定的气象指标的差值来赔偿，这样能有效克服传统农业保险的技术与管理难题，是农业气象灾害管理的有效工具。汪丽萍（2016）分析了天气指数化保险和天气衍生品的内在联系与实质区别，提出天气指数衍生品就是天气指数化保险在资本市场的应用延伸，除了在合约设计和参与者类别上存在一些差别，本质上都是对农业风险进行管理和分散的有效工具。丁少群、张珏和李丹（2021）认为指数化保险承保农业风险的前提条件即风险损失和选定指数之间存在高度相关性，故相较于传统农业保险产品，其能够提高农业经营主体对覆盖风险种类更广泛、保障水平更高产品的可获得性，充分提高农业经营主体的风险抵御能力。

第二章　我国农业保险大灾风险分散机制现状与完善的必要性

第一节　我国农业保险大灾风险分散机制的历史与现状

一、我国农业保险大灾风险分散机制的发展历程

2004 年，我国探索建立起政策性农业保险制度。在政策的支持和引导下，我国农业保险实现了跨越式发展，保费收入和承保面积快速增加。与此同时，保费规模的迅速扩大也使得经营机构面临的承保压力聚积，进而引发了各界对于农业保险系统性风险问题的关注。在此背景下，中国再保险集团与上海安信农业保险公司开展战略合作，我国农业再保险市场正式启动，迈出了构建我国农险大灾分散机制的第一步。

市场的探索离不开制度的规范和引导。2005 年，原中国保险监督管理委员会（简称"保监会"，现称"中国银保监会"）发布《再保险业务管理规定》①。《再保险管理规定》作为我国首个再保险行业规章制度，从经营规范的角度对农业再保险市场的参与主体提出了要求，对于我国建立农业保险大灾风险分散机制具有重要的里程碑意义。

2006 年，中央政府出台的《国务院关于保险业改革发展的若干意见》，首次强调要"完善多层次的农业巨灾风险转移分担机制，探索建立中央、地方财政支持的农业再保险体系"。此后，国家出台了一系列支持政策，各地也积极响应、开拓实践，我国农业保险大灾风险机制的建立进入了探索发展的快车道。

2013 年 3 月实施的《农业保险条例》对我国建立农业保险大灾风险管理制度从法规角度首次作出了规定。与此同时，在明确了农业保险大灾风

---

① 2015 年，中国保监会对《再保险业务管理规定》进行了修订完善。

险分散机制的建立需要财政支持的基本方针后①，同年 12 月，财政部出台《农业保险大灾风险准备金管理办法》，对公司级大灾风险管理制度作出了安排，要求经营政策性农业保险的保险机构建立"大灾风险准备金"。

2014 年 8 月国务院印发的《关于加快发展现代保险服务业的若干意见》，即"保险国十条"，再次提出"完善对农业保险的财政补贴政策，建立财政支持的农业保险大灾风险分散机制"的明确要求。同年 11 月，中国农业保险再保险共同体（简称"农共体"）成立。至此，我国初步建立起以农共体为主体的农业再保险体系，并为农业保险大灾风险分散机制的建立奠定了基础。

2015—2019 年，中央一号文件均对农业保险风险管理提出指导性意见。2019 年 1 月，《关于金融服务乡村振兴的指导意见》指出要落实农业保险大灾风险准备金制度，组建中国农业再保险公司，完善农业再保险体系。同年 10 月，《关于加快农业保险高质量发展的指导意见》明确指出"增加农业再保险供给，扩大农业再保险承保能力，完善再保险体系和分保机制；加快建立财政支持的多方参与、风险共担、多层分散的农业保险大灾风险分散机制"。

2020 年 9 月，由财政部和 9 家保险机构共同发起筹建的中国农业再保险股份有限公司（简称"中农再"）成立。中农再的定位是国家财政支持的农业保险大灾风险分散机制的基础和核心，是加强农业保险信息管理和农村金融服务的有力支柱，更是完善农业生产保障体系的重要抓手。至此，我国以农业再保险为核心的农业保险大灾分散机制的建立进入了崭新阶段。

二、我国农业保险大灾风险分散机制发展现状

经过多年的发展探索，现阶段我国已经初步建立了由中央和地方财政支持的农险大灾分散长效机制，形成了直接保险广覆盖、农业再保险重点发展、农业大灾准备金充足的大灾保障，且参与主体多样化，各层级大灾基金亦有一定规模。但与发达国家相比，我国的农业保险大灾风险分散体系尚不成熟，政府承担的角色尚未明确，参与的方式较为单一（丁少群和李植，2019）。

---

① 此处指 2013 年 7 月国务院办公厅下发《关于金融支持经济结构调整和转型升级的指导意见》，提出了"建立完善财政支持的农业保险大灾风险分散机制"的要求。

（一）以中国农业再保险为核心的农业再保险体系基本形成

相较于其他农业大灾风险分散工具，农业再保险对于金融市场的成熟度要求并不高，在当前阶段更适合我国农业保险市场的发展。成熟完善的农业再保险体系将对我国农业保险的大灾风险分散发挥不可替代的作用，因此，中农再的成立是我国农业大灾风险分散机制建立的重要里程碑，也标志着我国政策性农业再保险制度正式建立（何小伟等，2021）。

在此之前，成立农共体是我国对农业保险大灾风险分散机制的一次意义非凡的实践。然而随着时间推移，农共体的机制弊端逐渐显现。一方面，农共体的内部治理存在严重缺陷，作为非独立法人，无法有效约束和管理其成员公司的经营行为，加之其成员公司普遍存在严重的逆向选择问题，使得共同体常年亏损，经营难以为继；另一方面，农共体资金来源单一，财政支持不足，相关政策和制度配套不完善。中农再根据《政策性农业保险再保险标准协议》（简称"标准协议"）向国内所有开展农业保险业务的保险公司提供再保险保障，从制度机制设计到内部治理和运营都实现了较大突破，具体如下。

1. 组织治理结构更加高效

中农再作为由财政部控股的独立法人公司，拥有更加高效的治理结构。而农共体作为会员公司共建的自治组织，进行重大经营决策时主要通过其最高权力机构，即成员大会，以民主投票的方式进行表决，同时由中国财产再保险有限责任公司行使具体管理职责。在此规则下，农共体对会员公司的行为缺乏有效约束，会员公司以自身商业利益为导向，导致行业及农共体利益时常受到侵害。

2. 严格把控经营风险，提高可持续发展力

中农再的承保机制设计以实现分出公司与中农再的利益一致为出发点。一方面，通过确立约定分保规则和盈余返还与损失调整机制，降低逆向选择的风险，确保分出公司与中农再实现"风险共担、利益共享"的目标。另一方面，建立省级大灾超赔机制，根据不同省份和不同险种（分为种植险和养殖险两类）的农业大灾，中农再承担其赔付率150%～200%的赔款（何小伟等，2019）。此外，明确除外业务①范围，加强了自身的风险

---

① 现阶段的除外业务主要有"保险+期货"业务，任何形式的再保险分入业务和转分业务，包括第一赔偿方式、按层方式在内的以超赔形式承保的直接业务（何小伟等，2019）。

控制，提高了可持续经营的能力。

（二）公司级大灾风险基金基本建立

农业保险大灾风险分散机制除了再保险外，通常还包括大灾风险基金制度（或风险准备金制度）和其他融资方式[①]。根据其他国家的实践经验，大灾风险基金制度能够有效缓解农业大灾发生后农业保险经营主体的集中偿付压力，因而常被作为农业大灾风险分散体系的重要组成部分。

我国自 2008 年开始探索建立农业保险大灾风险准备金制度。结合我国农业保险的发展情况，前期只针对种植业补贴险种计提大灾风险准备金，计提比例为保费收入的 25%。2013 年颁布实施的《农业保险大灾风险准备金管理办法》进一步完善了我国农业大灾风险准备金的要求和制度，规定了大灾风险准备金的计提和使用，增强了对大灾准备金使用的约束和管理。具体来看，计提范围从享受中央财政补贴的种植险业务扩展到包括种植业、养殖业、林业等财政给予补贴的农业保险业务；分险种、分地区确定了大灾准备金的计提比例区间，同时明确规定按照提取的准备金可以在企业所得税税前扣除，在一定程度上调动了农业保险经营主体参与农业保险大灾基金的主动性和积极性。公司级大灾准备金由两部分构成：一部分为保费准备金，从保险费中提取一定比例建立大灾风险准备金；另一部分为利润准备金，由"超额承保利润"形成。截至 2020 年底，保险机构累计积累大灾风险准备金约 50 亿元[②]。

（三）加强对经营主体的行为约束，提高市场准入门槛

农共体对成员公司的入会门槛相对较低，不能起到对市场主体的筛选作用。2020 年颁布的《关于加强政策性农业保险承保机构遴选管理工作的通知》明确规定了农业保险市场的准入条件，客观上促使保险公司提高自身风险管控能力、农业保险服务能力、信息化服务水平，同时也对保险公司提出了大灾风险分散机制、基层网络等方面的要求。相较于 2013 年颁布实施的《农业保险条例》，上述通知对农业保险的准入条件有明显提升，能够对市场主体起到筛选和引导作用。

（四）地方政府积极探索实践农业保险大灾风险分散机制

我国的农业发展和农业风险呈现较大的地域差异，因此，除了在中央

---

① 其他融资方式包括向政府借债、向金融机构融资或发现巨灾债券等。

② 中华人民共和国财政部官方网站．http://jrs.mof.gov.cn．

层面给予统一的财政支持和政策指导，地方各级政府也充分发挥主观能动性，结合地方实际，探索建立符合地方农业生产特点的大灾风险分散机制和手段，也为下一阶段建立国家层面的大灾风险分散机制积累了不少实践经验。本章下一小节内容将具体通过省份典型案例进行分析。

（五）巨灾债券等新型大灾风险分担工具得到广泛关注

当前由政府财政兜底赔付的大灾救助和赔偿模式存在显而易见的弊端，因此适度引入市场机制分担势在必行。巨灾债券，作为利用资本市场转移保险行业风险的一个有效工具，能够很好地弥补传统农业再保险的劣势，提升大型风险承保能力。但由于我国现阶段资本市场仍不够成熟、制度基础相对薄弱，巨灾债券在我国的发展较为缓慢，但探索实践的步伐从未停止，社会各界对新型风险分担工具的接受度明显提高。

2015 年，中国财产再保险有限责任公司（简称"中再产险"）作为发起人，以设在百慕大的特殊目的机构熊猫再保险（PandaRe）为发行主体，在境外发行了国内首支巨灾债券，这是中国巨灾风险首次通过国际资本市场进行分散，也为我国农业大灾风险提供了可借鉴的思路。2021 年，中再产险在中国香港地区发行巨灾债券，将国内台风风险通过香港国际金融市场进行有效转移。我国构建多层次农业保险大灾风险体系又迈出了重要的一步。

三、地方农业保险大灾风险分散机制典型案例

我国中央政府近年出台了一系列地方农业保险政策及措施，鼓励市场主体（如各省份、地区、财政部门、保险监管部门和保险公司）充分结合实际，包括机构职能、农业灾害发生情况、农业保险经营模式，共同寻找农业保险大灾风险应对策略，并将理论付诸实际应用，进行有效的实践探索。2013 年 3 月施行的《农业保险条例》①中就提出："国家建立财政支持额农业保险大灾风险分散机制"，并鼓励各省、自治区、直辖市人民政府因地制宜、探索建立地方财政支持的农业保险大灾风险分散机制。

国内有些省份在政府扶持的基础上，通过直接分担和再保介入等手段，切实完善保险风险管理机制，结合地区财政实情，探索建立具有地方特色

---

① 《农业保险条例》是为规范农业保险活动，保护农业保险活动当事人的合法权益，提高农业生产抗风险能力，促进农业保险事业健康发展，根据《中华人民共和国保险法》《中华人民共和国农业法》等法律制定的。

的农业保险大灾风险分散机制（郑豪，2019）。对于各省市来说，由于其自身保险巨灾分散机制的差异，政府的干预程度、资金投入模式也有很大差别。其中黑龙江、江苏、浙江建立农业保险大灾风险分散机制相对较早，经验比较充足，产生了一些典型的、具有地方特色的分散机制。此外，上海市得益于发达的地方财政，10 年内也建立起较为完善可供借鉴的分散机制，本部分将重点介绍这四省（直辖市）的农险大灾风险转移机制，以案例形式简要介绍不同模式的特点。

（一）黑龙江：以相互保险形式吸收农险大灾风险

黑龙江省拥有丰厚的土地资源，建有我国重要的商品粮食生产基地和粮食战略后备基地，因此当地对农业保险大灾风险的应对一直高度关注。从 2005 年起，黑龙江省的农业保险采取保险互助制度，与阳光农业相互保险公司开展合作，以其为主导建立互助制度，政府和险企统一经营，因此21 世纪初黑龙江主要依靠相互保险的特殊形式吸收农业保险大灾风险。首先，"保险互助社"以投保农户缴纳的保费作为相互承担赔付或给付责任的准备金，还在内部设定了赔付顺序，若由于农业大灾风险的出现产生亏损，赔付顺序为盈余公积金、"资本"公积金的资金使用顺序，若资金无法弥补超额损失缺口，保户还可商议共同削减部分保险金额，或者借助贷款方式先填补损失缺口，利用之后的经营盈余偿还债务，因此大灾风险导致的农业保险赔付击穿，偿付能力无法弥补实际损失的问题少有发生。其次，为了有效转移大灾风险损失，险企提取保费收入作为大灾准备金，提取比例为 10%，只有在综合赔率达到 120% 的情况时，该准备金才被使用。最后，黑龙江相互保险形式下还通过防灾防损在事前降低损失概率与损失程度，进一步分散农业保险大灾风险。由于"保险互助社"形式下投保人与保险人利益绑定程度较高，产生较低的保户道德风险，且相比于一般的保险公司，在风险认知、风险防范、减灾降损方面的制度会更加完善。阳光农业相互保险公司的防灾体系相对成熟，针对种植业保险，人工降雨、冰雹防治为主的措施可以降低风险；对牲畜进行卫生检疫是养殖业保险主要采取的防灾手段，通过饲养知识培训、给农户发放卫生药品等方式，将牲畜疾病的发病率控制在可控范围内，降低风险造成的损失。2017 年，黑龙江保监局与黑龙江省气象局联合印发了《关于加强气象灾害风险管理做好农业保险气象服务工作的通知》，对于该省的农业保险气象灾害风险管理起到了补充完善作用，合理构建了管理联动机制，对于气象灾害的预防、损失评估都有重要意义。

2017 年开始，相互保险制度吸收农业保险大灾风险的功能逐渐被弱化，黑龙江省农业大灾保险开始试点，国家财政补贴鼎力支持，并为防范农业保险大灾风险建立再保险制度，构建多重防线。农业保险再保险安排方面，中国农业再保险共同体成员和瑞士再保险公司承担了部分保险业务，充分利用再保险市场转移、规避农业保险大灾风险。针对农业大灾保险的具体实施，试点于 2017—2019 年分两批次进行。截至目前，黑龙江试点县数量累计达 50 个，居全国首位，且黑龙江省的财政部门积极提供补贴，助力农业大灾保险试点。当前黑龙江对农业保险的补贴主要来自中央财政和省级财政补贴，其中中央财政保费补贴比例从 40%提高至 47.5%，对于贫困户，省级财政补贴相应提高，目前已达 45%，实现对贫困户农业保险保费的 100%补贴覆盖。2017—2020 年这 4 年间，黑龙江财政累计承担保费 12.46 亿元，仅 2020 年一年财政承担 6.54 亿，占全省农业种植险财政补贴支出的 25.2%，较 2017 年增长 5.97 亿，增长率为 1047%，年均增长率达 349%。中央财政不断加大对农业大灾保险的保费补贴，将农业保险大灾风险的赔付资金来源由企业向政府转移，企业农业保险的赔付压力在一定程度上减轻，有效保障了农业保险在大灾风险面前的偿付能力。

（二）江苏：政企联办共保下的三级准备金模式分摊农险大灾风险

江苏省地处沿海，自然灾害发生频繁，对农业生产造成严重影响，台风、冰雹、洪水等多种灾害加大了农业生产风险。2007 年，为化解区域性农业超赔风险，江苏省政府与保险公司调整农业保险经营模式，开启"联办共保"，主要涉及保费支出、赔付款项、大灾超额支出等，分担比例分别为 60%和 40%。

保险公司层面，企业大灾准备金的来源主要有两种：一是再保险购买，二是由保费准备金和利润准备金共同构成的企业大灾准备金。从 2014 年起，省级农业保险经营机构根据险种的不同，设立了不同的保费准备金提取比例，其中种植险比例为 2%～4%、养殖险为 2%～3%、森林保险为 4%～6%，这些险种的保费准备金的提取来源都是自留保费收入，利润准备金的提取则基于超额承保利润。再保险安排则选择其他方式，农险经营机构主要通过比例再保险、赔付率超额再保险等方式缓解大灾风险带来的损失，对分散自身经营风险也大有裨益。

政府层面，2010 年，江苏省印发了《江苏省农业保险试点政府巨灾风险准备金管理办法（试行）》，规定对于省、市、县不同的行政级别，设立不同比例的巨灾准备金制度，可以较好地解决大灾风险带来的超额赔付问题。从政府大灾准备金来源的角度分析，分别从县级政府、省辖市政府和省级政府角度考虑。县级政府巨灾准备金的资金来源如下：①本级政府预算安排。本级预算原则上按照本地当年保费实际发生额（即当年主要种植业保费收入总额）的5%～10%的比例安排。②上级财政部门的保费奖励。③县级政府保费收入当年的结余（指当年保费收入减去当年赔付支出的结余）。④可以用于县级政府巨灾风险准备的其他资金。省辖市政府巨灾准备金的资金来源如下：①各县按当年主要种植业保费收入总额的10%上缴部分；②按各县上缴保费收入的50%，由省辖市本级预算安排；③在县级保费上缴和省辖市预算安排资金到位的前提下，由省财政按省辖市预算安排资金进行等额补助；④可以用于省辖市巨灾准备金的其他资金。省级政府巨灾准备金资金来源如下：各省辖市政府巨灾准备金余额的20%，省财政有权调剂使用。当辖区内发生重大自然灾害，动用全部省辖市政府巨灾准备金后仍出现超赔时，经省辖市政府申请，省财政可动用其他省辖市政府巨灾准备金余额20%以内的资金（即省级政府巨灾准备金），调剂用于超赔地区的赔付。

　　县级政府巨灾准备金由县财政部门负责管理，省辖市政府巨灾准备金由市财政部门负责管理，实行专户存储、专项核算、滚动积累、定向使用。省级政府巨灾准备金由各省辖市财政部门负责管理，必要时由省财政调用。政府承担超额赔付的支出，且需符合一定的支出顺序。首先用当年保费收入补偿，其次加上往年的保费结余共同支付，如仍无法完全补偿超额部分，则全部用大灾准备金垫支。县级超赔支出不同，由于灾害承担与超额情况存在差异，采取县政府和省辖市风险共担机制，超赔支出的支付由发生超赔的县级政府和省辖市大灾准备金共同承担。超赔金额逐渐增加时，由于与省辖市共担风险，县级政府承担的超赔比例降低，减少了县级政府的部分赔款支出，同时加大市级政府承担的比例。具体参照图2.1。

　　江苏省特色的"联办共保"模式在2019年时出于减轻地方政府压力的目的，转换为政府指导，具体农业保险经营由保险机构承担。江苏省的农业保险大灾风险分散制度的构成仍分为三部分，分别为再保险、企业大灾风险准备金、政府准备金。2020年中农再成立后，江苏省农险公司都主要向其购买超赔再保险。

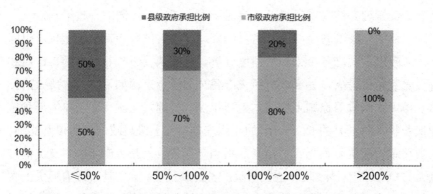

图 2.1　"双超赔"情境下市级政府和县级政府大灾准备金承担超赔比例

资料来源：《江苏省农业保险试点政府巨灾风险准备金管理办法（试行）》。

（三）浙江：险企"共保体"约定比例分摊农险大灾风险

2006 年 3 月，浙江省政策性农业保险试点正式启动，在全国创新实行"政府推动+共保经营+农民参与"的政策性农业保险共保体经营模式。主要做法是由在浙江的 10 家商业保险公司组建"浙江省政策性农业保险共保体"（简称"共保体"），共同经营政策性农业保险业务。中国人民财产保险股份有限公司、中华联合财产保险股份有限公司、中国太平洋财产保险股份有限公司、中国平安财产保险股份有限公司、天安财产保险股份有限公司、永安财产保险股份有限公司、华安财产保险股份有限公司、安邦财产保险股份有限公司、中国太平财产保险有限公司、中国大地财产保险股份有限公司分别认购共保体 60%、10%、8%、8%、5%、3%、2%、2%、1%、1%。占最大比例的中国人民财产保险股份有限公司受共保体委托，具体经营政策性农业保险的日常业务。共保体制定统一的章程，实行"单独建账、独立核算、盈利共享、风险共担"的管理核算制度。截止 2006 年 12 月 17 日，全省共保试点有 4191 户农户参保，累计保额 45 671 万元，实收保费 1006 万元。其中，水稻投保面积 18 万亩（1 亩=0.0667 公顷，下同），生猪投保 47 万头，蔬菜大棚投保 1.7 万亩。试点以来，全省共保累计发生农险理赔件数 3050 起，累计赔款金额 972.65 万元，已支付赔款金额 758.17 万元（年终清算还需支付 214.48 万元）。

浙江省在 2011 年建立了农业保险大灾准备金制度，其准备金提取原则为种植险（含林业）保费收入的 25%，农业保险大灾准备金的金额采取逐年累计、专户管理、专款专用的原则，并制定了大灾准备金的使用限制，只有浙江省农业保险赔款达到种植业保险保费收入的 1.2 倍时，大灾准备金才可被提取。随后，2013 年浙江省完善农险大灾风险准备金制度，取消了 5 倍保费收入封顶规定，地方政府不再承担农业保险赔付责任。2014 年，浙江省继续完善农险大灾风险准备金制度，根据不同行业设置不同准备金提取比例，其中种植业、养殖业、林业的提取比例分别为 6%、3%、10%。此外，取消浙江省原农业保险大灾准备金专用账户。2019 年，浙江省首次提取巨灾风险准备金 1.47 亿元，第二年提取巨灾风险准备金 0.61 亿元，占历年积余的 86.97%。

（四）上海：补贴农险再保险保费，财政兜底大灾赔付

上海农业保险大灾风险分散机制相对成熟。2019 年 8 月 21 日上海市农业农村委员会、上海市财政局、中国银行保险监督管理委员会上海监管局和上海市金融工作局颁布施行《上海市农业保险大灾风险分散机制实施办法》，鼓励针对不同程度的赔付率采取不同的风险分散措施，构建财政支持下的农业保险大灾风险分散机制，市、区财政局负责落实相关农业保险大灾风险补偿资金。其中对于赔付率分界点的界定，在 2014 年暂行版本出台前，上海银保监局统计了农业保险赔付情况，选取近 10 年数据进行分析，发现对于险企而言，盈亏平衡的关键是农业保险赔付率是否达到 90%。此外，由于种植险历史最高赔付率为 148%，在谨慎考虑的基础上，暂行版本明确规定农险赔付率超过 90% 为大灾，超过 150% 为巨灾。

损失承担方式根据赔付率的不同设定。如果农业保险机构政策性农业保险年业务赔付率不足 90%，该机构独立承担损失。如果年业务赔付率在 90%～150%，鼓励保险机构自行分散风险，如采取购买再保险等措施，上海市财政对再保险部分给予保费补贴，补贴标准为上年度农业保险机构购买相关再保险保费支出的 60%，补贴总额最高不超过 800 万元。最后，上海市政府承诺对农业巨灾进行兜底赔付，当年业务赔付率超过 150% 时，如果保险机构无法借助再保险、准备金等措施弥补损失，可向上海市农业农村委、市财政局申请大灾风险补助资金，由相关机构根据大灾风险发生情况设计补偿方案，方案批准后拨付补助资金。

四、主要省份农业保险大灾风险分散机制比较

如前文所述，目前国内不少省、市、区都对农业保险大灾风险分散机制进行了实践和探索，由于农情差异，各地区的农险大灾分散机制、管理

方式也存在一定差异。本节选取了我国具有代表性的地方农业保险大灾风险分散机制进行比较分析。

（一）其他主要省份农业保险大灾风险分散机制对比

除前文介绍的农业保险大灾风险分散机制的四个典型省份外，还有如河北、湖南、北京等其他国内主要省份的大灾风险分散机制也值得我们了解和学习（见表 2.1）。对国内其他主要省份大灾分散机制进行比较时，可以选取政府参与模式、财政支持方式、再保险和大灾风险准备金的具体要求等作为对比维度。其中，政府参与模式可借鉴已有研究对国际上农业保险大灾风险分散主导模式进行概括分类[①]，财政支持方式主要有补贴性支持方式、直接投入性支持方式、担保性支持方式（何小伟和王克，2013）。河北省属于政府指导下大灾风险准备金"联合管理"模式；湖南省属于大灾风险准备金政企印鉴共管模式，财政直接投入性支持；北京市属于政府主导参与再保险模式，财政直接投入性支持。

表 2.1　我国其他主要省份农业保险大灾风险分散机制

地区	再保险	大灾风险准备金	其他
河北省	以各公司保单为基础，按固定比例成数分保与中农再签订政策性标准再保险协议	建立时间：2014 年 计提： ①种植业 4%～6%、养殖业 2%～3%、森林保险 4%～6% 的保费收入 ②年末赔付结余的一定比例	—
		管理：开设专门账户，河北省财政厅与农业保险经办机构联合管理 使用条件：综合赔付率超过 75%	—
湖南省	湖南省财政厅未有明确规定，但各经营主体本着风险分散的原则均各自签订了农业保险再保合约	建立时间：2014 年 计提：每月按种植险 6%、养殖险 2%、森林险 8% 的保费收入系数计提 管理：政策性农业保险业务的经办保险公司均需要在指定银行开设大灾风险准备金专户，由省财政厅和农业保险经办机构联合管理	①2017 年起开展农业巨灾保险试点，大宗农产品绝收或死亡且同时自然灾害达到橙色预警级别即可启动理赔 ②建立保险机构的专项准备金，险企每年收取的巨灾保险保费扣除再保险保费、赔款、经营费用等成本及预定利润 4% 后，盈余部分全额计提，当巨灾保险产品综合成本率超过 100% 时用于支付赔款

[①] 主要包括政府主导参与再保险模式、政府支持下共济分担模式、政府社会联办互助保险模式、公私合营共保体模式。

地区	再保险	大灾风险准备金	其他
		使用条件：综合赔付率达到75%	③建立政府巨灾保险基金，省财政出资500万元作为巨灾保险启动资金，用于补偿超过保险公司累计赔偿限额范围的部分
北京市	政府出资为农险公司购买再保险 向国外再保险机构分散赔付率在160%~300%的风险	建立时间："十一五"期间 计提：市财政每年按照上年农业增加值的1‰出资 使用条件：赔付率超过300%	—
山西省	政府文件鼓励保险公司运用再保险等市场化手段	建立时间：2010年 计提：保险事故发生当期保费收入的1/4，逐年累计（直至累计达到年平均保费收入的100%左右） 管理：由省级分支机构设立专门账户，专款专用，专户管理 使用条件：年内赔付超过保费	①2017年小麦和玉米补贴标准分别上调到20元/亩、25.2元/亩（1亩=0.066 7公顷）；2020年，中央开始对油菜和商品林保险予以保费补贴 ②2016年开始省财政对苹果、梨、红枣、核桃采取以奖代补的方式对相应的县（市、区）给予奖补；2019年扩大以奖代补范围，在原有险种基础上增加每县一种特色农产品补贴险种

除了表 2.1 中总结的主要省份农业保险大灾风险分散机制的模式，还有相当一部分省份依靠农业保险经营机构和市场调控应对大灾风险，即地方政府不事先利用财政出资降低大灾风险，也不承诺对可能的大灾损失承担责任。在这一模式下，险企只能依托大灾风险准备金、商业再保险等策略分散风险，但效果不佳（何小伟和王克，2013）。

（二）各地农业保险大灾风险分散机制的特点

第一，从风险分散工具来看，首先考虑的仍是农业大灾风险准备金。依照前文，当前我国公司级大灾风险准备金已基本建立，尽管各地对于大灾基金的计提和管理标准存在差异，但大部分地区采取的方式相同，都是依托农业保险当年的保费收入，设定相应的比例计提准备金，该准备金可以逐年滚存。此外，大灾准备金的使用仅限于本省或市级单位，不能系统内调节，且不能擅自使用。针对农业再保险，虽然政府鼓励险企投入购买，但缺乏有效的支持政策。

第二，大部分地区已取消农业保险赔付上限。在我国农业保险早期发展阶段，由于地区差异，农险赔付上限也有不同，北京、浙江等地未规定最高标准，全部赔偿责任由险企和政府承担，但黑龙江、河南等省份都有赔付上限，实操中险企和政府会降低实际赔付额度（何小伟和王克，2013）。2015 年，原保监会（现银保监会）下发了《关于加强农业保险业务经营资格管理的通知》和《关于加强农业保险条款和费率管理的通知》，不仅对险企开展农险业务进行限制，也禁止对农业保险设计封顶赔付和平均赔付。

第三，政府财政的支持力度。北京、江苏等发达省份的财政支持力度比较可观，其他大部分省份的支持力度仍有进步空间。以北京市为例，其财政支持方式有两种：巨灾责任准备金提取和巨灾再保险购买；江苏省农业巨灾风险准备金主要源自财政拨款。另有少数省份将部分赔付责任转移给政府财政与险企，其余大部分省份的财政不承担任何赔付责任。

五、农业保险大灾风险分散存在的问题

（一）缺乏国家层面的机制设计和制度建设

根据已有农业保险先进国家的实践经验，结合我国的具体农情和农业产业发展水平，建立一个全面的农业保险大灾风险分散机制至少应该从公司级、省市级和国家级三个维度入手，促使不同行为主体共同发挥效用，形成保障面互补，实现"1+1+1>3"的风险保障效果。

现阶段，我国农业保险大灾风险分散机制的设计主要以公司级层面的执行和安排为主，除了部分省份积极探索外，更高维度的机制，即国家层面的分散机制尚未建立。虽然我国已经通过相关制度对大灾风险管理作出了规定，明确了责任主体，如《农业保险条例》明确指出"国家建立财政支持的农业保险大灾风险分散机制，具体办法由国务院财政部门会同国务院有关部门制定"，但截至目前，具体的细则和设计仍然待解。在缺乏国家层面的统筹安排的背景下，我国农业保险大灾风险分散工作表现出"各自为政"的局面，财政支持也难以发挥规模效用。

此外，现有支持政策较少关注巨灾债券、指数保险等创新型农险大灾分散工具。随着我国资本市场的不断发展，适当的政策倾斜能够极大激发新型农险大灾分散工具的发展动力和潜能，有效弥补传统农业再保险的短板。

（二）现有大灾风险准备金制度存在不足

虽然我国已经基本建立起公司层面的大灾风险准备金，但相关制度仍然在税收、大灾准备金计提规则等方面存在可以优化的空间。具体来看，一是税收可以更加优惠，以充分释放农业保险经营主体的主动性。目前，大灾保费准备金的税前差额扣除政策导致保险公司当年保费收入所提取的大灾保费准备金，在上年有积累的情况下均要调增纳税，导致农业保险机构不能最大限度地积累大灾风险保费准备金和积累利润来预防几年一遇的农业大灾风险。二是大灾风险保费准备金计提比例上限规定过于死板。《农业保险大灾风险准备金管理办法》分省份对种植险、养殖险、林木险保费的保费准备金计提比例作出规定，种植保险最高为 8%、养殖保险最高为 4%、林木保险最高为 10%。这个比例对于公司应对重大自然灾害来说是杯水车薪。

此外，由于缺乏国家层面的大灾准备金制度，我国的农业大灾风险储备积累能力相对有限。

（三）农业再保险体系仍待完善

回顾我国农业保险大灾风险分散机制的发展历程可以发现，农业再保险的发展始终是推动我国大灾分散机制建立的核心力量。中农再的成立在相当大的程度上为我国农业再保险工作的协调和安排提供了便利，是我国管理农业保险大灾的一个重要举措。但不可否认的是，目前我国农业再保险机制仍然存在诸多问题。

其一，支持政策不足，市场供给乏力。随着我国农业保险的快速发展，加之近年来农业大灾频发，导致我国农业再保险市场需求缺口逐渐扩大。由于缺少国家层面的支持政策，在过去相当长的时间，我国农业再保险业务严重依赖国际再保险公司，在费用控制上处于相对被动的局面，我国农业再保险无法有效承接农业大灾风险的分散和转移职能。故应加强有关支持政策，允许其他符合要求的商业再保经营机构参与农业再保险业务，并通过税收优惠、保费补贴、管理费用补贴等手段，刺激农业再保险供给。

其二，再保险发展基础薄弱，法律制度不健全。目前我国农业基础数据信息建设还相对滞缓，因而导致在机制设计和费率厘定上缺乏数据支撑。

第二节　加快完善我国农业保险大灾风险分散机制的必要性

一、协助构建并实现国家粮食安全战略

"国以民为本，民以食为天。"粮食既是关系国计民生和国家经济安全的重要战略物资，也是人民群众最基本的生活资料。粮食安全与社会的和谐、政治的稳定、经济的持续发展息息相关。我国是一个超过 14 亿人口的国家，对于党和政府来说，维持农业的持续稳定发展，解决农产品特别是粮食的自给和基本自给，将饭碗牢牢端在自己手里，并且饭碗里装的是中国生产的粮食，是国家长治久安的基本保证。

党的十八大以来，以习近平同志为核心的党中央把粮食安全作为治国理政的头等大事，提出了"确保谷物基本自给、口粮绝对安全"的新粮食安全观，确立了以我为主、立足国内、确保产能、适度进口、科技支撑的国家粮食安全战略。这不仅突出了国家对粮食安全问题和"三农"问题的高度关注，也强调了保障国家粮食安全在"三农"工作中的基础性地位。为保障国家粮食安全，习近平提出了"饭碗论""红线论""底线论"等一系列具有中国特色的粮食安全理论。对党和政府来说，解决农产品，特别是粮食的自给问题，将饭碗牢牢端在自己手里，是国家长治久安的基本保证。

目前，威胁我国粮食安全的主要风险来自自然条件、经济环境、国际市场等方面，发展农业保险能够为我国粮食安全提供基本保障。农业保险大灾风险分散机制具有风险分散、经济补偿的重要作用，可以协助构建并实现国家粮食安全战略，通过为农业生产者在生产过程中因自然灾害和意外事故所致的经济损失提供补偿，降低农业经营风险，保证农民能够获取稳定的收入，从而保护农民种粮的积极性，稳定粮食生产。

二、防止因灾返贫致贫，维护经济社会可持续发展

在全面推进乡村振兴战略的时代背景下，建立健全农业保险大灾风险分散机制是提高我国农业风险管理水平、巩固脱贫攻坚伟大胜利的必然

要求。

　　农业大灾损失较大,发展农业保险大灾分散机制有助于防止因灾致贫、因灾返贫的情况。我国大多数贫困人口集中在农村地区,农业生产是其主要收入来源,农民抵御自然灾害特别是重大灾害的能力非常有限。根据统计数据,干旱洪涝等灾害对农业生产的破坏程度每增加10%,农村贫困发生率就会增加2%~3%,灾害的破坏程度与农村贫困发生率有较大的正相关性。我国返贫的农户中,有一半的农户是因为当年遭遇了自然灾害,有16.5%的农户遭遇了减产50%以上的自然灾害,有42%的农户连续两年遭受了自然灾害,大灾频发威胁着农民的生命财产安全。农业保险是强农惠农的有力推手,完善的大灾风险分散机制能够给予农户更加全面的风险保障,使受灾农民迅速得到灾后重建资金,避免因灾情重陷贫困。

　　此外,大灾发生后,农民依赖政府解决灾后重建和损失补偿问题,也会给政府带来较大的财政负担,影响政府其他服务职能的发挥。大灾发生后集中且巨额的赔付也使得保险行业面临严峻的挑战。构建多层次、高保障的农业保险大灾风险分散体系,能够极大地缓解政府灾后救济的财政压力,提高保险行业抵抗农业大灾的能力,是社会、行业可持续发展的重要保障。

三、满足产业转型升级带来的多层次风险保障需求

　　我国正处于由传统农业向现代化农业转型升级的关键期,农业生产经营中所面临的风险也从较为单一的风险升级为更复杂的全流程风险。产业的转型和升级对农业保险的风险管理提出了更高的要求。

　　近年来,我国的农业生产经营,特别是粮食作物生产经营的"直接物化成本+土地租金+劳动力成本"三大投入要素价格呈现上升趋势,农业生产经营全面进入高成本时代。随着我国农业农村现代化改革的不断深入,农业规模化经营主体涌现。生产成本上升将导致该群体在面对大灾风险时的预期损失增加,影响其扩大生产和机械化运作。

　　与此同时,农业保险的高质量发展要求不断扩大农险覆盖面,农业保险的外延不断被扩展,"大农险"的概念被广泛接受并积极实践。而受到农业产销一体化的影响,我国的农业生产经营活动在空间上具有较高程度的空间相关性和集中性,这在一定程度上扩大了农业大灾的波及面积和损失程度,造成巨大损失。

因此，面对日渐复杂多样的农业风险和不断提高的风险保障需求，加快完善我国农业保险大灾风险分散机制具有重要意义。

四、应对农业大灾频发、多重风险因素叠加的威胁

近年来，我国农业生产面临多重挑战，如极端气象灾害频发、国际争端、新冠疫情的持续影响等，均对农业产业的经营和发展造成了较大影响。传统农业保险适用于高频率、低损失的农业常态化风险，一般保障水平较低，农业保险经营主体可以在一定程度上独立承担损失。然而，随着大灾风险对农业的威胁越来越大，传统农业保险难以适应大灾的应用场景，需要更加完善的农业保险大灾风险分散体系来应对高发、高赔付的大灾风险。

一方面，大灾的发生频率增加。随着气候的不断变化，大灾的发生频率增加，对农作物的影响增加，农业的弱质性在大灾面前更为突出。另一方面，大灾造成的损失也在增加。随着我国农业集约化程度越来越高，单位播种面积的农作物价值升高，农业大灾发生将造成更多损失。同时，面对灾后巨额的赔付压力，传统的农业保险分散体系很难为整个行业提供足够的风险保障。

五、现有农险大灾分散机制还不完善

根据前文所述，现阶段我国的农业保险大灾风险管理水平仍处于较为初级的发展阶段，存在较大的完善空间和发展潜力。

一是机制设计和法律制度等方面有待完善。虽然近年来我国通过颁布相关制度文件明确了农险大灾管理的重要性及国家财政支持的原则，但缺少更为细则的执行方案，目前仍处于各个省份和农业保险经营机构探索实践的阶段。加快完善顶层设计，能够从全局上把握我国农险大灾风险管理的发展方向，促进我国农险大灾风险分散机制的搭建，更加高效地发挥大灾风险分散的效果。

二是农险大灾风险管理工具的选择较为单一。受到金融市场发展程度的影响，目前我国的大灾分散主要通过农业再保险和农业大灾基金进行，巨灾债券、天气指数保险等新型分散工具发展滞缓。随着传统大灾分散工具弊端逐渐显现，创新型大灾分散工具与传统工具之间的互补功能愈发重要。构建多层次的大灾风险分散机制需要丰富、多样的大灾风险分散工具。此外，我国的大灾基金和农业再保险同样存在发展完善的空间，需要进一

步发展与完善。

第三节 建立有效农业保险大灾风险分散机制的挑战

一、现行农业保险制度不完善

我国政策性农业保险起步较晚,相关政策制定仍存在较大的完善空间。制度安排与现实情况的不适配也是当前建立有效农险大灾风险分散机制的挑战之一。一方面,我国农业保险补贴制度存在缺陷,如保费补贴比例均等化,简单地按照地理区位给予补贴严重削弱了农业保险的政策导向作用。另一方面,当前我国农业保险市场机制仍不完善,农业保险运行效率尚待提高。随着政策性农业保险的发展,农业保险市场空间被迅速打开,越来越多的保险公司进入农业保险市场,我国农业保险市场机制中的诸多问题集中暴露出来,适度合理的市场竞争结构尚处于摸索阶段,过度竞争与高度垄断并存。

二、中央及地方财政补贴支出压力较大,支出效能低

在现行政策性农业保险制度要求下,农业直接保险、农业再保险及农险大灾基金的建立都需要中央财政和地方财政给予一定比例的财政补贴,对农业大省和财政弱省造成较大压力。此外,由于我国现行农业保险补贴制度仍存在较多缺陷,补贴制度的不完善也在一定程度上导致财政支出效能较低。

三、农业保险费率的厘定缺乏精算基础,费率厘定不科学

大灾风险分散机制的建立离不开风险区划和费率厘定。长期以来,我国农业保险实行"一省一费"的粗放定价模式,农业保险基础信息和农业保险经营数据不准确、不完整,进而导致精算失之偏颇。同时,各部门、市场参与主体之间信息渠道不畅通,影响有关部门对农业保险进行客观评价和科学决策。

此外,部分地区存在过度竞争,导致保险费率不能与实际风险状况相匹配,保险公司面临严重超赔风险;过高的费用在抬高经营成本、压缩利润空间的同时,保险公司面临费用难以在财务报表上足额列支的问题,引

发合规风险。费率厘定不科学，导致大灾风险分散机制的建立缺乏稳固的基础。

四、农业保险协同配合管理存在问题

建立有效的农业保险大灾风险分散机制需要各部门强化协同配合。2012 年颁布的《农业保险条例》明确规定，我国农业保险的监督管理，在中央政府层面，由银保监会监督管理业务，财政部、农业农村部、国家发展和改革委员会等多部门协同推进，同时地方各级政府共同负责、共同引导相关工作开展，形成共同推进、共同引导的农业保险管理体系。然而，由于中央政府层面缺乏明确的农业保险牵头管理机构，农业保险顶层设计缺乏系统性和前瞻性，进而导致我国农业保险处于"实践倒逼管理"的被动状态。此外，地方政府层面农业保险管理机构不统一，易造成沟通成本高、管理效率低下的局面。

第三章　我国农业保险大灾风险评估[①]

第一节　我国农业保险大灾风险情况

一、我国面临的主要农业大灾风险

（一）我国农业灾害和大灾基本面分析

我国是世界上自然灾害频发的国家之一。根据《中国农村统计年鉴》及中国农业农村部网站的数据整理，表 3.1 显示了我国农作物播种与受灾相关情况。1978—2019 年，我国农作物平均受灾率为 27.02%，平均成灾率为 13.81%，平均绝收率为 2.97%。我国农业近年来受全球气候变暖及病虫害影响，灾害形势愈发严峻，生产的风险进一步增强，其中大灾发生的频率与损失程度不断上升，是我国农业面临的巨大挑战之一。

表 3.1　我国农作物播种与受灾相关情况　　单位：千公顷，%

年份	农作物播种面积	农作物灾害情况合计					
		受灾面积	受灾率	成灾面积	成灾率	绝收面积	绝收率
1978	150 104	50 807	33.85	24 457	16.29	3543	2.36
1979	148 477	39 367	26.51	15 790	10.63	1924	1.30
1980	146 379	50 025	34.17	29 777	20.34	0	0.00
1981	145 157	39 786	27.41	18 743	12.91	0	0.00
1982	144 755	33 133	22.89	16 117	11.13	3191	2.20
1983	143 993	34 713	24.11	16 209	11.26	4172	2.90
1984	144 221	31 887	22.11	15 607	10.82	3725	2.58
1985	143 626	44 365	30.89	22 705	15.81	5229	3.64
1986	144 204	47 135	32.69	23 656	16.40	6674	4.63
1987	144 957	42 086	29.03	20 393	14.07	3669	2.53

[①] 部分内容已发表于邵全权，刘宇. 大灾风险冲击、农业资本积累与农业产出[J]. 保险研究，2022（5）.

续表

年份	农作物播种面积	农作物灾害情况合计					
		受灾面积	受灾率	成灾面积	成灾率	绝收面积	绝收率
1988	144 869	50 874	35.12	24 503	16.91	4905	3.39
1989	146 554	46 991	32.06	24 449	16.68	4375	2.99
1990	148 362	38 474	25.93	17 819	12.01	3406	2.30
1991	149 586	55 472	37.08	27 814	18.59	5659	3.78
1992	149 007	51 332	34.45	25 895	17.38	4399	2.95
1993	147 741	48 827	33.05	23 134	15.66	5462	3.70
1994	148 241	55 046	37.13	31 382	21.17	6533	4.41
1995	149 879	45 824	30.57	22 268	14.86	5618	3.75
1996	152 381	46 991	30.84	21 234	13.93	5305	3.48
1997	153 969	53 429	34.70	30 307	19.68	6429	4.18
1998	155 706	50 145	32.20	25 181	16.17	7614	4.89
1999	156 373	49 980	31.96	26 734	17.10	6797	4.35
2000	156 300	54 688	34.99	34 374	21.99	10 148	6.49
2001	155 708	52 215	33.53	31 793	20.42	8217	5.28
2002	154 636	46 946	30.36	27 160	17.56	6559	4.24
2003	152 415	54 506	35.76	32 516	21.33	8546	5.61
2004	153 553	37 106	24.16	16 297	10.61	4360	2.84
2005	155 488	38 818	24.97	19 966	12.84	4597	2.96
2006	152 149	41 091	27.01	24 632	16.19	5409	3.56
2007	153 010	48 992	32.02	25 064	16.38	5747	3.76
2008	155 566	39 990	25.71	22 283	14.32	4826	3.10
2009	157 242	47 214	30.03	21 234	13.50	4918	3.13
2010	158 579	37 426	23.60	18 538	11.69	4863	3.07
2011	160 360	32 471	20.25	12 441	7.76	2892	1.80
2012	162 071	24 962	15.40	11 475	7.08	1826	1.13
2013	163 702	31 350	19.15	14 303	8.74	3844	2.35
2014	165 183	24 891	15.07	12 678	7.68	3090	1.87
2015	166 829	21 770	13.05	12 380	7.42	2233	1.34
2016	166 939	26 221	15.71	13 670	8.19	2902	1.74
2017	166 332	18 478	11.11	9201	5.53	1827	1.10
2018	165 902	20 814	12.55	10 569	6.37	2585	1.56
2019	165 931	19 257	11.61	7913	4.77	2802	1.69
平均	153 486.57	41 092.74	27.02	21 015.74	13.81	4543	2.97

资料来源：《中国农村统计年鉴》、中国农业农村部网站。

通过整理相关资料，总结我国农业灾害的基本规律如下：

第一，灾害频率在波动中回落，但依旧处于高位。

改革开放以来至 20 世纪末，全国农作物的受灾年、成灾年与绝收率总体上呈上升趋势。从图 3.1 中可以看出，21 世纪以来，我国受灾率与成灾率有明显回落趋势，2019 年我国农作物受灾率为 11.61%，成灾率为 4.77%，绝收率变动并不明显。

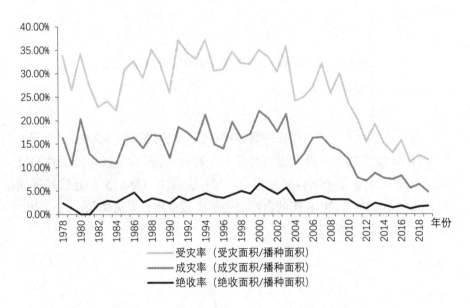

图 3.1　全国农作物受灾率、成灾率与绝收率时间演化图

资料来源：《中国农村统计年鉴》、中国农业农村部网站。

第二，灾害损失规模大、波动高。

如图 3.2 所示，从 2010 年以来，我国农业自然灾害直接经济损失占国内生产总值（GDP）的比重总体上呈下降趋势。但具体来看依然存在两个问题：一是农业灾害带来的经济损失存在明显的波动现象，2013 年与 2016 年的损失占比出现峰值，说明农业灾害存在突发性特征，并且一旦出现，会带来巨大损失。波动性较强也说明农业灾害及大灾出现的不确定性较强，同时近两年直接经济损失占 GDP 比重开始回升。二是自然灾害直接经济损失占 GDP 比重下降是一个相对量的概念，有可能是 GDP 的快速上升掩盖了巨灾损失绝对量较大的事实。

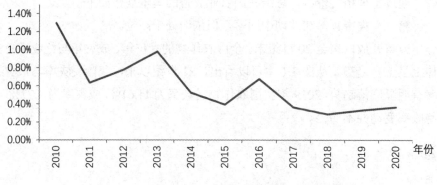

图 3.2　全国农业自然灾害直接经济损失占 GDP 比重

资料来源：国家统计局。

图 3.3 显示了全国自然灾害直接经济损失绝对量的变化情况。从图中可以看出，灾害损失并没有出现明显的下降趋势，反而呈现出周期性的特点。2010—2020 年全国自然灾害平均每年会带来 3834.25 亿元的经济损失。其中 2013 年、2016 年的自然灾害损失较前年有显著增长，进一步印证了巨灾的偶发性特征。

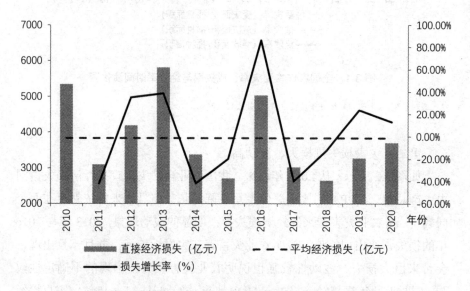

图 3.3　全国农业自然灾害直接经济损失占 GDP 的比重

资料来源：国家统计局。

（二）我国农业面对的主要大灾风险

1．种植业

旱灾、涝灾和冷冻灾是我国种植业面临的三大主要巨灾。表 3.2 整理了全国近三年发生的主要的巨灾及其损失情况。由于我国地理位置的特殊性及全国大面积的季风气候，洪涝、低温与旱灾成为影响最大的巨灾类型。2021 年，国家应急管理部公布了 2020 年全国十大自然灾害，其中洪涝 4 次，直接经济损失 2255.6 亿元；低温冻害 1 次，直接经济损失 82 亿元；旱灾 1 次，直接经济损失 34.9 亿元。2019 年全国十大自然灾害中洪涝 2 次，直接经济损失 556.1 亿元；旱灾 1 次，直接经济损失 189.9 亿元。

表 3.2　2018—2020 年全国巨灾统计

2020 年	7 月长江淮河流域特大暴雨洪涝灾害	农作物受灾面积 3579.8 千公顷，其中绝收 893.9 千公顷；直接经济损失 1322 亿元
	8 月中旬川渝及陕甘滇严重暴雨洪涝灾害	农作物受灾面积 331.1 千公顷，其中绝收 58.6 千公顷；直接经济损失 609.3 亿元
	6 月上中旬江南、华南等地暴雨洪涝灾害	农作物受灾面积 577.5 千公顷，其中绝收 62.5 千公顷；直接经济损失 210.6 亿元
	6 月下旬西南等地暴雨洪涝灾害	农作物受灾面积 438.6 千公顷，其中绝收 48 千公顷；直接经济损失 113.7 亿元
	第 4 号台风"黑格比"	农作物受灾面积 76.3 千公顷，其中绝收 6.3 千公顷；直接经济损失 104.6 亿元
	4 月下旬华北、西北低温冷冻灾害	农作物受灾面积 530.1 千公顷，其中绝收 154.1 千公顷；直接经济损失 82 亿元
	东北台风"三连击"	大风造成黑龙江、吉林等地玉米等农作物大面积倒伏；直接经济损失 128 亿元
	云南春夏连旱	农作物受灾面积 871.7 千公顷，其中绝收 33.9 千公顷；大牲畜 46.8 万头（只）饮水困难；直接经济损失 34.9 亿元
2019 年	1909 号超强台风"利奇马"	农作物受灾面积 1137 千公顷，其中绝收 93.5 千公顷；直接经济损失 515.3 亿元
	6 月上中旬广西、广东、江西等 6 省（区）洪涝灾害	农作物受灾面积 419.4 千公顷，其中绝收 60.2 千公顷；直接经济损失 231.8 亿元
	7 月上中旬长江中下游洪水	农作物受灾面积 776.9 千公顷，其中绝收 171 千公顷；直接经济损失 324.3 亿元
	南方地区夏秋冬连旱	农作物受灾面积 3310.1 千公顷，其中绝收 475.1 千公顷；大牲畜 11.2 万头（只）饮水困难；直接经济损失 189.9 亿元

续表

2018 年	青海玉树等地雪灾	雪灾造成玉树、果洛、海西 3 自治州 13 个县 20.7 万人受灾,需紧急生活救助;5.3 万头(只)牲畜死亡;直接经济损失 2.1 亿元
	4 月低温冷冻和雪灾	农作物受灾面积 1366.3 千公顷,其中绝收面积 359.8 千公顷;直接经济损失 237.1 亿元
	4 月中东部地区洪涝	农作物受灾面积 55.3 千公顷,其中绝收面积 5.1 千公顷;直接经济损失 9.2 亿元

资料来源:根据网络资料整理。

　　根据《中国农村统计年鉴》历年累计各灾因占比,绘制饼状图(见图 3.4)。由数据分析,2000—2019 年种植险灾害中旱灾占比 50.33%,洪涝灾占比 23.84%,冷冻灾占比 10.14%,其他占比 15.69%。前三类灾害的总占比为 84.31%。

　　具体从不同的灾害程度来看,图 3.5 至图 3.7 展示了我国农作物受灾、成灾与绝收各自的灾因分析。可以发现,在农作物灾情发展的三个阶段,旱灾的灾因占比一直是最高的,洪灾其次,冷冻灾最小。并且伴随时间演变,三种灾害各自的灾因占比相对稳定,这与总体的种植业灾因分析相吻合。

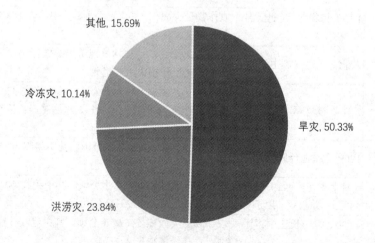

图 3.4　2000—2019 年种植险灾因分析饼状图

资料来源:《中国农村统计年鉴》。

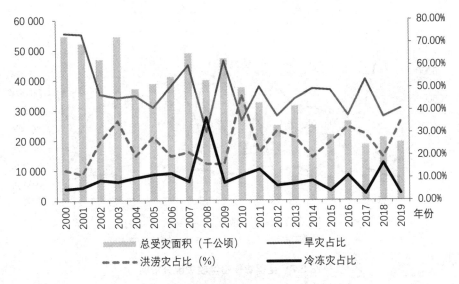

图 3.5　全国农作物受灾灾因分析图

资料来源：《中国农村统计年鉴》。

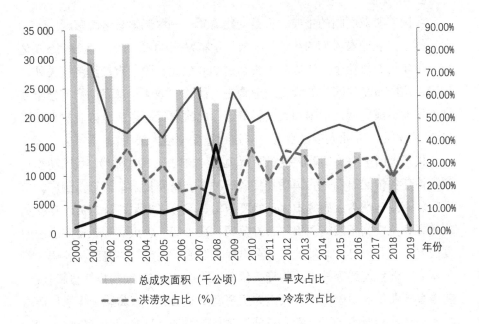

图 3.6　全国农作物成灾灾因分析图

资料来源：《中国农村统计年鉴》。

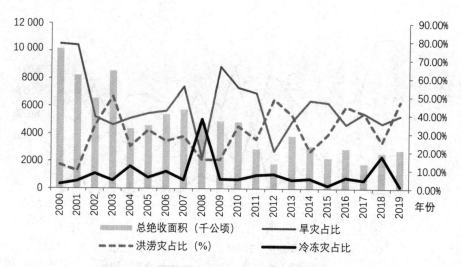

图 3.7　全国农作物绝收灾因分析图

资料来源:《中国农村统计年鉴》。

2. 养殖业

我国养殖业面临的主要大灾是动物流感——禽流感与猪流感。

据中国农业农村部的统计,中国每年猪发病 1160 万头,禽发病 5.3 亿只,每年给畜牧业生产造成的损失超过 200 亿元。除了直接经济损失外,动物发病所带来的药物与人工的浪费更为巨大。2004 年暴发的禽流感给家禽养殖业造成重创,根据相关资料统计,此次禽流感造成全国农户直接损失 80 多亿元,失业人群过百万,养殖户遭受了巨大损失。

根据《国家中长期动物疫病防治规划(2012—2020 年)》,我国动物疫病防治任务依然艰巨。我国动物疫病病种多、病原复杂、流行范围广。口蹄疫、高致病性禽流感等重大动物疫病仍在部分区域呈流行态势,存在免疫带毒和免疫临床发病现象。布鲁菌病、狂犬病、包虫病等人畜共患病的发病率呈上升趋势,局部地区甚至出现暴发流行现象。牛海绵状脑病(疯牛病)、非洲猪流感等外来动物疫病传入风险持续存在,动物疫情日趋复杂。随着畜牧业生产规模不断扩大,养殖密度不断增加,畜禽感染病原机会增多,病原变异概率加大,新发疫病发生风险增加。研究表明,70%的动物疫病可以传染给人类,75%的人类新发传染病来源于动物或动物源性食品,动物疫病如不加强防治,将会严重危害公共卫生安全。国家优先防治和重点防范的动物疫病如表 3.3 所示。

表 3.3　国家优先防治和重点防范的动物疫病

优先防治的国内动物疫病（16种）	一类动物疫病（5种）：口蹄疫（A 型、亚洲 I 型、O 型）、高致病性禽流感、高致病性猪蓝耳病、猪流感、新城疫
	二类动物疫病（11种）：布鲁菌病、奶牛结核病、狂犬病、血吸虫病、包虫病、马鼻疽、马传染性贫血、沙门菌病、禽白血病、猪伪狂犬病、猪繁殖与呼吸综合征（经典猪蓝耳病）
重点防范的外来动物疫病（13种）	一类动物疫病（9种）：牛海绵状脑病、非洲猪流感、绵羊痒病、小反刍兽疫、牛传染性胸膜肺炎、口蹄疫（C 型、SAT1 型、SAT2 型、SAT3 型）、猪水泡病、非洲马瘟、H7N9 亚型禽流感
	未纳入病种分类名录但传入风险增加的动物疫病（4种）：水泡性口炎、尼帕病、西尼罗河热、裂谷热

资料来源：国务院办公厅。

除了动物疫病种类多、防治复杂之外，我国养殖业规模的迅速扩张也增加了风险暴露的程度，进一步提升了养殖业大灾发生的潜在可能性。图 3.8 至图 3.10 显示了我国大牲畜、猪及家禽历年的饲养情况。从图中可以看出，我国禽畜养殖规模庞大，且主要的禽畜种类养殖数量增长明显。

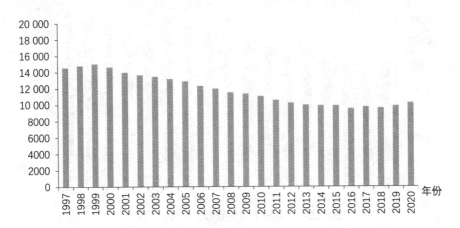

图 3.8　历年大牲畜存栏数量（单位：年末数/万头）

资料来源：中经网数据库。

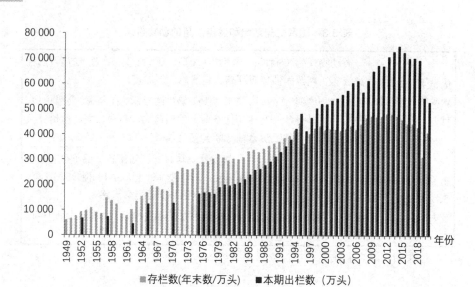

图 3.9　历年猪存栏与出栏数量

资料来源：中经网数据库。

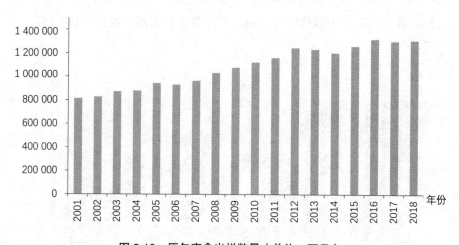

图 3.10　历年家禽出栏数量（单位：万只）

资料来源：国家统计局。

养殖业大灾风险不断增加，原因主要在于禽畜养殖的迅速扩张与养殖方式的落后，同时运输业的发展也使得动物流感的跨区传染变得十分普遍。我国主要的畜禽饲养规模多年位居世界第一，但养殖生产方式与疾病防护仍然较为落后，大量散户生产设施落后、安全意识差，同时实施粗放式养殖模式，为此仍需要大力加强养殖业的检测与防护。

二、我国农业大灾风险的区域分布特点

（一）旱灾

我国各地区均有不同程度的旱灾灾情，但旱灾严重地区的分布较为集中，大部分位于我国北方地区，包括黑龙江、内蒙古、吉林、辽宁、甘肃、山西、河北等省份，我国中部与东南部地区旱灾灾情相对较轻，西南部包括贵州、云南等地依然有比较严重的旱灾灾情。

（二）洪灾

我国主要为季风气候，东部沿海降水充足，水系丰富，我国的洪灾主要分布于东部大江大河沿岸一带。具体来看，东北部洪灾严重的地区主要是松花江流域，而东南部灾情严重的地区则是长江中下游区域，包括湖南、湖北、江西、安徽等地。同时我国南部珠江流域也有一定程度的洪灾灾情，但由于珠江流经省份大多位于沿海，灾情相对内陆中下游地区较轻。

（三）冷冻灾

根据冷冻灾发生的条件及特点，灾情主要集中在我国北方地区，但个别年份由于极端寒潮爆发，中部个别省份也会出现冷冻灾灾情，比如湖南、湖北等地区。

（四）禽流感

我国禽流感高风险地区主要分布在黑龙江、内蒙古、湖南、贵州、云南等省份。其中家禽累计死亡数量最多的省份是贵州，达 63 873 只。禽流感暴发严重的地区往往也是家禽养殖大省，同时还存在省际运输感染的现象，存在大量外省输入病例。禽流感集中暴发区存在"片状化"特点，即存在一省感染多省的情形，为此一是需要加强对养殖大省的严防监控，二是应加强家禽运输时的疫情监测。

（五）猪流感

与禽流感不同，猪流感暴发的地域集聚效应并不明显，2018 年 8 月至 2019 年 7 月疫情最严重的是辽宁省，直接经济损失 5507 万美元，折合人民币 3.5 亿元左右；此外，黑龙江、陕西、四川、江苏、湖南与福建等省份的疫情损失也较为严重。通过数据统计可以发现，猪流感暴发也存在明显的跨省运输传染现象，所以同样需要采取有针对性的防护措施。

三、不同灾害事件下灾害损失情况

（一）从灾因种类来分析

1. 旱灾

（1）旱灾灾情概述

1952—2019 年全国受灾、成灾面积和受灾率、成灾率如图 3.11 和图 3.12 所示。由图 3.11 可知，全国旱灾受灾面积和成灾面积的变化趋势大致可以分为两个阶段，1952—2000 年这 50 年的旱灾受灾面积整体位于高位，1952 年受灾面积最小，为 4236 千公顷；2000 年受灾面积最大，为 40 541 千公顷。成灾面积总体上呈上升趋势，从 1952 年的 2589 千公顷上升到 2000 年的 26 784 千公顷。进入 21 世纪后，成灾面积与受灾面积总体上呈回落态势，从 21 世纪初大规模的成灾受灾情况，降低为 2019 年受灾 7838 千公顷，成灾 3332 千公顷，基本与中华人民共和国成立之初相当。

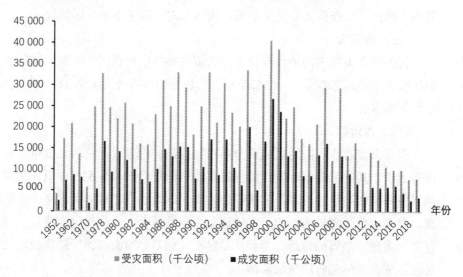

图 3.11　全国农作物旱灾受灾、成灾面积时间演化

资料来源：《中国农村统计年鉴》。

再来看受灾率与成灾率，与受灾面积、成灾面积的演变基本相同。自中华人民共和国成立至 20 世纪末，受灾与成灾比率基本处于在波动中上升的态势。同时自 21 世纪起，两者都出现了明显的下降趋势。

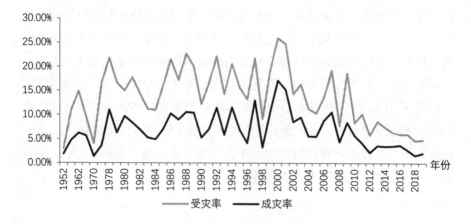

图 3.12　全国农作物旱灾受灾率、成灾率

资料来源:《中国农村统计年鉴》。

图 3.13 展示了我国旱灾灾情转化的时间演变规律。可以看出自 21 世纪起，我国旱灾灾情由成灾向受灾转变的比例总体下降，由 2000 年的 66.07%降至 2019 年的 42.51%，说明我国在旱灾检测与预防方面有较大提升，在灾情初期有效地阻止了旱灾的进一步发展。但需要指出的是，我国旱灾由成灾向绝收转变的比例近年来有所提高，从 2000 年的 29.89%上升至 2019 年的 33.43%，说明我国在防止中重度灾情进一步恶化上还需要进一步提升。

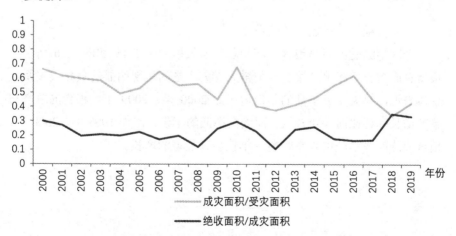

图 3.13　全国农作物旱灾灾情转化的时间演变趋势

资料来源:《中国农村统计年鉴》。

除了需要关注旱灾成灾、受灾的总体演变趋势之外，图 3.14 展示了我国旱灾、成灾面积增长率的演变趋势，从中可以看出，自中华人民共和国成立以来，我国大部分时间旱灾受灾与成灾面积的增长率在 0 上下波动，说明旱灾历年情况较为稳定，但是也存在部分年份旱灾受灾、成灾面积激增的情况。比如 1957 年受灾面积较前年增长了 306%，1999 年增长了 112%，2009 年增长了 141%，充分说明了旱灾大灾发生的偶然性与破坏性。此外，在这些年份，可以观察到与其相近年份旱灾的灾情增长也较为严重，说明了旱灾的发生存在时间上的连续性。

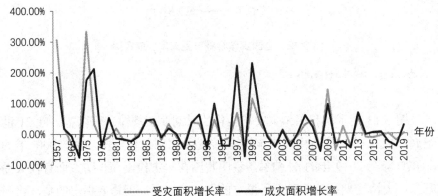

图 3.14　全国农作物旱灾受灾、成灾面积增长率时间演化

资料来源：《中国农村统计年鉴》。

（2）与粮食产量之间的关系

全国旱灾受灾率与粮食单产和总产增长率如图 3.15 和图 3.16 所示，粮食总产增长率和单产增长率与旱灾受灾率之间呈现明显的负相关关系。总体来说，旱灾受灾率高的年份，比如 2000 年、2009 年，粮食的总产与单产增长率相比前一年较低；而受灾率低的年份，比如 1998 年、2008 年，粮食的总产与单产增长率较前一年就会有显著的增长。

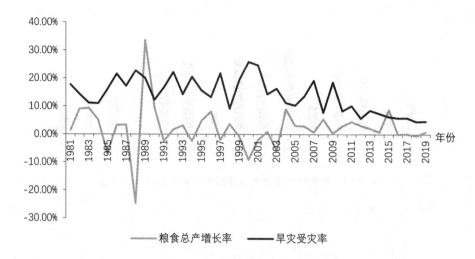

图 3.15 全国旱灾受灾率与粮食总产增长率关系图

资料来源：《中国农村统计年鉴》。

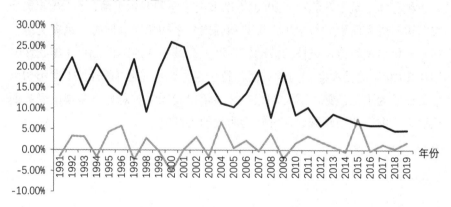

图 3.16 全国旱灾受灾率与粮食单产增长率关系图

资料来源：《中国农村统计年鉴》。

（3）直接经济损失

图 3.17 展示了我国旱灾造成的直接经济损失情况，与旱灾灾情的演化规律相同，目前旱灾直接经济损失处于相对低位，但其绝对损失依旧不可小觑。

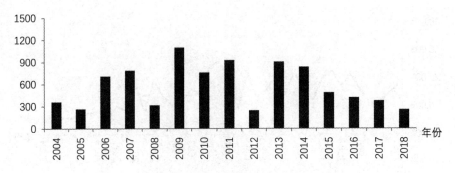

图 3.17　全国旱灾造成的直接经济损失（单位：亿元）

资料来源：《中国气象灾害年鉴》。

2. 洪灾

（1）洪灾灾情概述

从灾情上看，我国自 1949 年以来至 20 世纪末，洪灾的受灾面积与成灾面积总体上呈上升趋势，2000 年以来灾害面积开始下滑，至 2018 年受灾面积、成灾面积已与中华人民共和国成立之初相当。同时，洪灾灾情在某些年份出现峰值，灾情的波动较为严重。其中 1991 年、1998 年、2003 年与 2010 年的受灾面积与成灾面积特别巨大。而绝收面积自 21 世纪初以来变化较为平稳，变动不大。图 3.18 显示出我国洪灾总体上呈现出受灾面积巨大、灾害波动频繁、巨灾较为明显的特征。

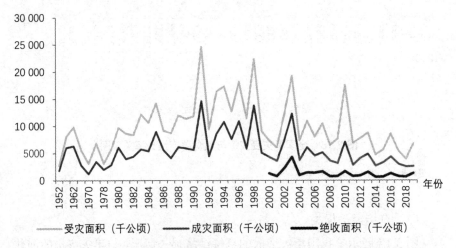

图 3.18　全国农作物洪灾受灾、成灾和绝灾面积的时间演化

资料来源：《中国农村统计年鉴》。

图 3.19 展示的是我国洪灾受灾率情况。自中华人民共和国成立以来，我国洪灾受灾率基本维持在 5% 以上，大部分时间维持在 5%~10%，其中 1991 年灾情严重，受灾率突破 15%。近年来，我国的洪灾受灾率出现下降趋势，但仍然维持在 5% 的水平上。

图 3.19　全国农作物洪灾受灾率

资料来源：《中国农村统计年鉴》。

再来看我国洪灾灾情转化率情况，图 3.20 是我国洪灾灾情转化率的演化图。自 21 世纪以来，我国洪灾受灾面积的 60% 会转化为成灾面积，而其中又有三成左右将会恶化为绝收面积，并且演化率较为平稳，不随时间出现较大起伏。

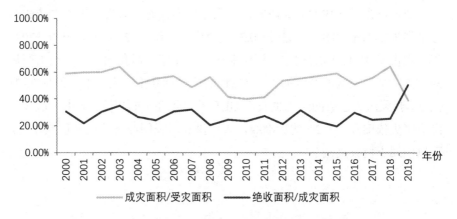

图 3.20　全国农作物洪灾灾情转化率的时间演化

资料来源：《中国农村统计年鉴》。

（2）洪灾的经济影响

①直接经济损失

自 1990 年以来，我国洪灾带来的直接经济损失经历了一段明显的上升期，其中 1998 年达到了 2551 亿元，创下了 20 世纪 90 年代洪灾损失的峰值。进入 21 世纪以后，2001—2009 年洪灾损失总体平稳，波动不大。但 2010 年洪灾带来了高达 3745 亿元的经济损失，并且至今洪灾灾损一直维持在高位（图 3.21）。

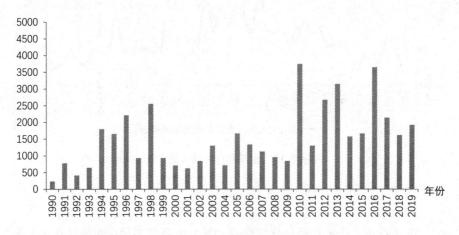

图 3.21　全国洪灾造成的直接经济损失

资料来源：《中国水利统计年鉴》。

根据汤爱平（1999）的研究，从国家层面来看，如果全年灾害造成的经济损失占当年 GDP 比重超过 0.2% 即为巨灾。图 3.22 为我国 1990—2021 年洪灾占 GDP 比重时序图，由图可知，1990 年之后我国洪灾呈现出明显的巨灾特征，造成的经济损失占 GDP 的比重远高于巨灾标准。即使在 21 世纪，我国洪灾造成的经济损失占 GDP 的比重在不断下降，但洪灾造成的经济损失依旧高于 0.2% 的标准线，表明洪灾对我国经济造成严重的损失，可以归属于巨灾类别。

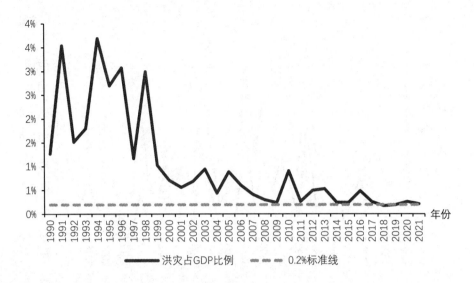

图 3.22　全国洪灾经济损失占 GDP 比例

资料来源:《中国水利统计年鉴》《中国统计年鉴》。

②对粮食安全的影响

通过查阅相关记录可以发现,我国洪涝灾害多发生于长江中下游平原、川渝地区,以及广西、广东和华南等地。这些地区地势平坦、气候适宜,是我国的粮食主产区,而洪灾的发生无疑会威胁到我国的粮食安全。图3.23显示出我国的粮食总产量与作物的成灾、受灾面积呈现出明显的反向关系。进入 21 世纪以来,这种关系更为明显,由此可以印证,洪灾的发生会给我国的粮食产出带来不小冲击,而防洪抗灾更是关乎中国百姓"餐桌"的大事,具有显著的战略意义。

③对财政的影响

按照国际规定的另一标准,我们可以通过观察洪灾经济损失占当年财政收支的比重判断损失的严重程度。一般灾害损失巨大指的是占比超过10%,损失较大指占比为 1%~10%,1%以下为一般损失。从图3.24 中可以看出,我国 2001—2019 年的洪灾损失占财政收支的比重集中于 1%~6%,说明我国的洪灾损失还是十分严重的。

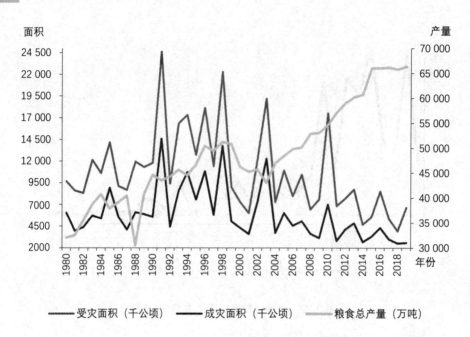

图 3.23 全国农作物洪灾受灾、成灾面积和粮食总产量的关系

资料来源：《中国农村统计年鉴》。

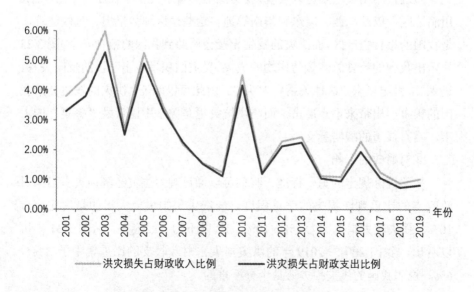

图 3.24 全国洪灾损失占财政收支的比例

资料来源：《中国农村统计年鉴》、国家统计局。

3. 冷冻灾

图 3.25 至图 3.28 展示了我国冷冻灾灾情的损失情况。首先，2000—2019 年我国冷冻灾灾情总体稳定，平均受灾面积为 3645 千公顷，平均成灾面积为 1730 千公顷，平均绝收面积为 345.1 千公顷。除去个别年份，如 2008 年，由于受极端寒潮影响，2008 年单年寒潮受灾面积就高达 14 696 千公顷。其次，和其他大灾一样，冷冻灾也具有偶发性的特征，图 3.26 显示冷冻灾在 2008 年、2016 年及 2018 年的灾情增长率激增，2008 年受灾、成灾与绝收面积增长率分别为 290%、477% 与 574%；2016 年分别为 220%、148% 与 367%；2018 年分别为 550%、499% 与 499%。最后，冷冻灾的灾情转化率也相对稳定，受灾-成灾转化率在 40% 左右，成灾-绝收转化率在 20% 左右。图 3.28 显示，相比旱灾、洪灾，冷冻灾给我国带来的灾害损失并不巨大，但仍存在个别年份（如 2008 年）出现的寒潮，产生了极端大灾损失。为此，基于我国地理位置的特殊性，仍需要加强对冷冻灾的防范。

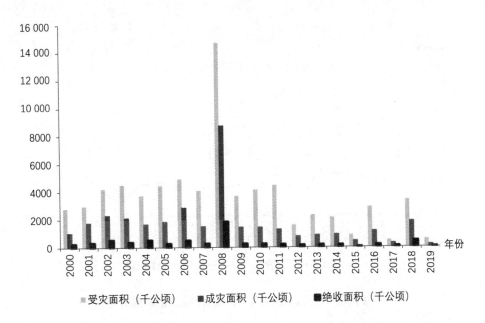

图 3.25 全国农作物冷冻灾受灾、成灾和绝灾面积的时间演化

资料来源：《中国农村统计年鉴》。

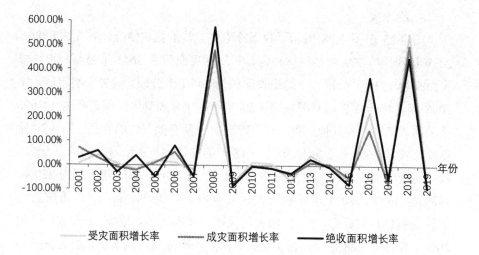

图 3.26 全国农作物冷冻灾受灾、成灾和绝灾面积增长率的时间演化

资料来源:《中国农村统计年鉴》。

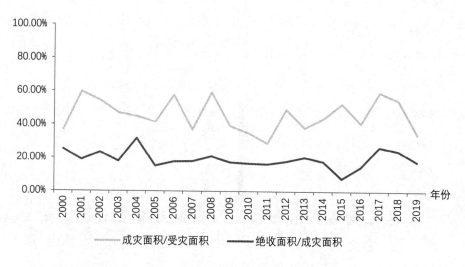

图 3.27 全国农作物冷冻灾灾情转化率的时间演化

资料来源:《中国农村统计年鉴》。

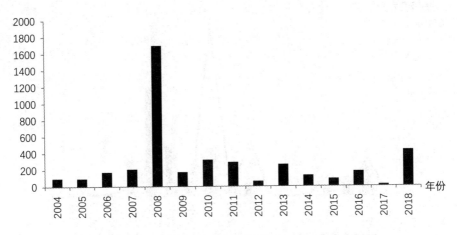

图 3.28　全国农作物冷冻灾造成的直接经济损失（单位：亿元）

资料来源：《中国气象灾害年鉴》。

4. 禽流感

图 3.29 反映了我国 2005—2021 年禽流感的暴发情况。根据中国农业农村部统计数据，2005—2021 年我国家禽累计禽流感发病 683 328 只、死亡 482 050 只、扑杀 1 035 405 只。从年份上看，禽流感暴发具有集聚效应，即存在连续几年禽流感集中暴发的情形。比如 2006—2008 年存在一轮疫情暴发的现象，三年间平均每年家禽发病 27 505 只、死亡 26 402 只、扑杀 622 880 只；2012—2018 年又暴发了一轮疫情，7 年间平均每年家禽发病 83 202 只、死亡 55 198 只、扑杀 1 188 907 只。

根据不同年份禽流感暴发地的鸡肉价格，通过测算得到了图 3.30，显示了禽流感带来的直接经济损失。由于动物疫情的特殊性，疫情损失巨大有可能并非由直接感染造成，而是为阻断疫情传播而人为扑杀造成的，比如 2014 年。其他年份的直接经济损失较小甚至没有出现损失，这提示我们要加强大型养殖场的疫情防控工作，一旦发现疫情，要迅速做好隔离措施，避免为消除潜在传播可能带来的大面积扑杀所造成的经济损失。

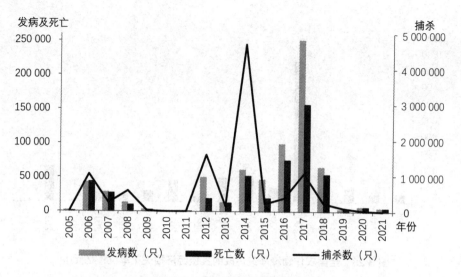

图 3.29　全国禽流感暴发情况

资料来源：中国农业农村部。

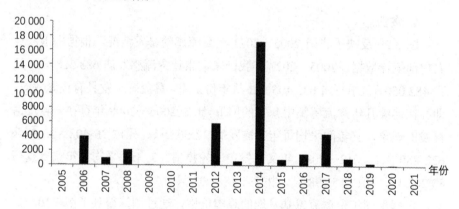

图 3.30　全国禽流感造成的直接经济损失

资料来源：笔者测算。

5. 猪流感

图 3.31 和图 3.32 展示的是我国最近一次大规模猪流感暴发的损失情况。根据中国农业农村部的统计数据，2018 年 8 月至 2019 年 7 月，我国共计发生猪流感 162 次，其中病死与扑杀总数为 1 217 636 头。结合暴发地的猪价，测算出猪流感的直接经济损失，不同省份的损失如图 3.33 所示，全国因猪流感造成的直接经济损失高达 27 027 万美元，折合人民币超过 17

亿元；平均各省的直接经济损失为 8718 万美元，折合人民币接近 6 亿元；不同省份之间灾损差异较大，损失最小的是青海，而损失最严重的是辽宁。

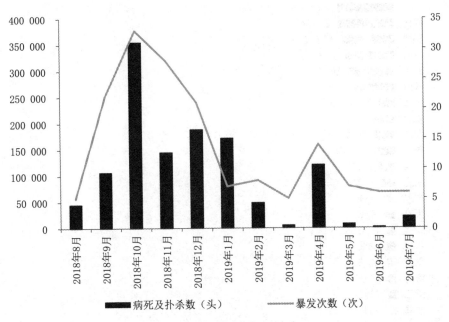

图 3.31　全国猪流感暴发情况

资料来源：中国农业农村部。

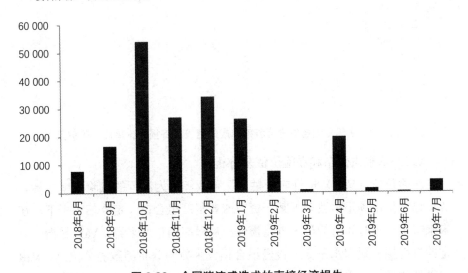

图 3.32　全国猪流感造成的直接经济损失

资料来源：笔者测算。

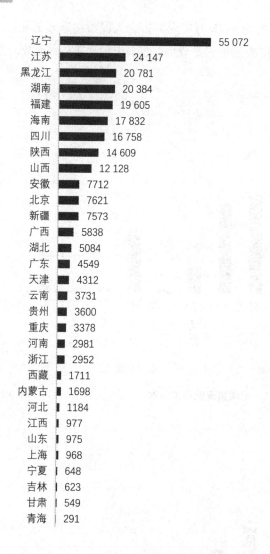

图 3.33　2019 年全国各省份猪流感造成的直接经济损失（单位：千美元）

（二）从损失分布和在险价值来分析

在险价值（VaR）是目前金融、保险业等最为流行的风险测度指标。VaR 通常指市场正常波动下某一资产或者资产组合在一定置信水平下，在未来特定一段时间内的最大可能损失。从概率的角度来看，VaR 是指在一定的持有期和置信水平下，投资组合损失函数的分布函数的分位点。VaR 定义的数学表达式如下：

$$VaR\alpha=\inf\{1\in R: P(L>1)\leqslant 1-\alpha\}$$

其中，L 是损失函数，$\alpha\in(0,1)$ 为显著性水平。

所以，测量 VaR 需要知道损失的分布类型。已有大量研究表明，农业大灾风险损失呈现厚尾特征。所谓厚尾，指的是巨灾极值损失比一般风险损失发生的概率更高，同时随着损失的增长，概率降低得比较缓慢。本节选择对数正态曲线拟合损失的厚尾特征，对各灾害的直接经济损失采用 GDP 调整法进行调整，同时由于直接数据较少，本节同时使用蒙特卡罗模拟分别对不同灾害损失数据模拟 10 000 次进行分布拟合，得到图 3.34。从图中可以看出，全国自然灾害损失的原始分布具有明显的正偏性与单峰性特征，通过蒙特卡罗模拟，这一特性被更明显地表现出来。具体到各种灾因来看，洪灾、冷冻灾、猪流感与禽流感的灾损分布都具有这种特征，而旱灾损失的原始分布并没有表现出明显的偏态，同时还呈现出双峰性，不过可能由于原始数据较少，通过蒙特卡罗模拟依旧得到了正偏单峰的分布。此外，从总体上看，所有灾害的分布都具有不同程度的厚尾特征，其分布的偏度与峰度都极端大。

得到不同灾害的损失分布之后进一步计算相应的 VaR 值，选择 99% 与 95% 两个水平，计算结果见表 3.4。可以发现，旱灾损失严重的省份主要有河北、内蒙古、辽宁、吉林、云南、四川等，多集中于我国北方及西南地区。洪灾损失集中在吉林、黑龙江、安徽、江西、湖南等地，分布于季风区江河沿岸。冷冻灾分布于河北、山西、辽宁等北方省份，同时安徽、浙江、江西等中南部省份由于突发寒潮影响，灾损也比较严重。可见种植业的灾损分布情况与前文的区域分布相吻合。同时养殖业中，猪流感集中暴发于山西、辽宁、黑龙江、内蒙古等；禽流感多见于河北、山西、内蒙古、云南等，以上省份均为畜禽养殖大省，同时疫情严重的省份相邻省份的灾损往往比较严重，也印证了前文中养殖业灾损的分布情况。

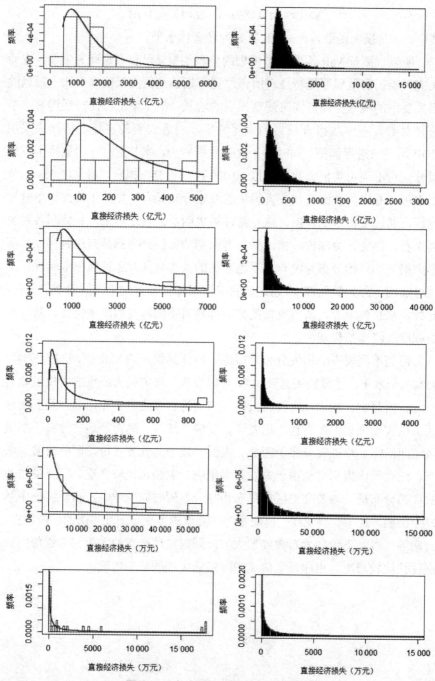

图 3.34 各主要灾害损失的分布情况

注：第一行左图为全国自然灾害汇总原始数据拟合的分布，右图为全国自然灾害汇总蒙特卡罗模拟得出的分布。类似地，第二行至第六行依次是旱灾、洪灾、冷冻灾、猪流感与禽流感损失分布。图中曲线为对数正态密度曲线。

表 3.4 不同灾害下的 VaR

省份	水平	旱灾（亿元）		洪灾（亿元）		冷冻灾（亿元）		猪流感（万元）		禽流感（万元）	
		原始数据	模拟数据	原始数据	模拟数据	原始数据	模拟数据	原始数据	模拟数据	原始数据	模拟数据
北京	VaR 95%（x）	3.00	6.15	61.26	65.63	3.04	5.38	399.83	4699.46	0.00	0.00
	VaR 99%（x）	3.56	15.92	142.01	291.88	5.73	14.41	2340.62	23 087.01	0.00	0.00
天津	VaR 95%（x）	1.50	5.04	10.66	15.60	0.36	0.59	211.82	4318.95	0.00	0.00
	VaR 99%（x）	1.50	11.40	25.89	44.57	0.47	0.70	1539.40	11 887.43	0.00	0.00
河北	VaR 95%（x）	69.55	150.20	294.13	163.19	26.36	43.70	0.00	0.00	0.00	538.18
	VaR 99%（x）	95.59	437.60	523.23	449.06	29.83	105.73	0.00	0.00	360.04	621.60
山西	VaR 95%（x）	68.62	85.60	52.11	85.34	69.21	138.23	3783.73	15 693.25	0.00	38 165.95
	VaR 99%（x）	70.52	166.64	67.06	212.54	86.40	399.51	4725.77	59 274.55	603.33	744 444.78
内蒙古	VaR 95%（x）	157.77	254.92	94.69	93.90	18.93	17.29	298.78	689.46	0.00	3436.56
	VaR 99%（x）	192.43	492.14	112.78	192.17	34.11	34.39	672.92	1353.99	736.41	10 466.30
辽宁	VaR 95%（x）	155.94	500.96	127.28	183.37	35.06	33.80	4179.71	9887.46	0.90	329.91
	VaR 99%（x）	161.43	2149.93	156.18	715.34	94.53	150.09	7129.24	32 835.82	71.44	2885.25
吉林	VaR 95%（x）	117.37	171.29	409.50	227.17	3.09	4.41	189.22	212.85	0.00	0.00
	VaR 99%（x）	140.83	388.07	481.74	692.75	4.38	9.61	193.78	227.40	0.00	0.00
黑龙江	VaR 95%（x）	127.47	189.49	139.19	153.32	6.09	7.37	2498.83	7341.36	0.00	424.49
	VaR 99%（x）	157.09	475.64	278.80	312.25	7.38	10.89	10 866.42	80 410.86	189.51	562.19
上海	VaR 95%（x）	0.00	0.00	1.06	2.51	0.00	0.00	102.71	1728.83	0.00	0.00
	VaR 99%（x）	0.00	0.00	1.17	4.92	0.00	0.00	636.03	3897.42	0.00	0.00

省份	水平	旱灾（亿元）		洪灾（亿元）		冷冻灾（亿元）		猪流感（万元）		禽流感（万元）	
		原始数据	模拟数据	原始数据	模拟数据	原始数据	模拟数据	原始数据	模拟数据	原始数据	模拟数据
江苏	VaR 95%（x）	25.71	39.50	53.43	111.92	19.75	60.65	330.71	1897.17	52.70	2439.41
	VaR 99%（x）	45.70	128.31	65.25	365.34	26.19	226.95	1320.02	3294.42	201.29	18 089.02
浙江	VaR 95%（x）	29.10	52.36	85.03	169.53	73.36	86.20	626.59	1670.21	0.00	0.00
	VaR 99%（x）	68.30	211.62	114.77	513.04	154.11	338.59	1159.37	2167.14	0.00	0.00
安徽	VaR 95%（x）	59.86	189.33	242.96	204.34	88.48	99.99	688.13	1473.47	0.00	2357.69
	VaR 99%（x）	79.01	663.91	485.55	441.85	123.54	399.95	1543.40	3252.56	198.96	13 394.25
福建	VaR 95%（x）	9.38	21.94	101.84	166.69	58.53	93.14	3644.30	6245.34	0.00	0.00
	VaR 99%（x）	12.52	56.19	104.53	429.32	110.11	409.31	5141.40	7793.31	0.00	0.00
江西	VaR 95%（x）	35.00	90.22	230.36	222.14	83.98	55.92	250.86	873.58	0.00	763.77
	VaR 99%（x）	38.36	251.13	447.75	444.70	227.68	236.09	415.89	1796.49	192.30	1482.04
山东	VaR 95%（x）	59.00	113.17	79.98	125.84	29.74	82.24	0.00	0.00	0.00	0.00
	VaR 99%（x）	59.00	307.37	108.88	267.08	43.63	268.02	0.00	0.00	0.00	0.00
河南	VaR 95%（x）	77.21	116.08	125.92	134.96	23.81	30.44	394.83	3201.55	0.00	2598.50
	VaR 99%（x）	103.92	306.50	159.18	307.88	27.00	94.39	1579.97	5798.79	96.31	27 347.34
湖北	VaR 95%（x）	83.87	115.51	392.60	301.56	60.51	72.94	601.94	4980.56	1.67	338.86
	VaR 99%（x）	97.25	274.23	731.40	585.14	103.46	226.35	1442.92	36 548.02	98.66	1010.35
湖南	VaR 95%（x）	129.77	120.99	349.66	360.73	135.50	121.44	2417.45	7295.79	142.01	1154.42
	VaR 99%（x）	162.19	231.63	523.37	641.06	244.70	487.08	6081.77	25 961.56	721.22	3522.48
广东	VaR 95%（x）	24.57	61.06	69.12	103.27	41.82	47.99	248.72	741.61	5.63	7828.34
	VaR 99%（x）	55.31	239.14	75.50	173.91	57.16	162.18	269.62	1535.32	1049.35	43 502.47

续表

省份	水平	旱灾（亿元）		洪灾（亿元）		冷冻灾（亿元）		猪流感（万元）		禽流感（万元）	
		原始数据	模拟数据	原始数据	模拟数据	原始数据	模拟数据	原始数据	模拟数据	原始数据	模拟数据
广西	VaR 95%（x）	26.05	68.65	95.26	112.71	71.76	47.34	672.32	3644.09	0.00	0.00
	VaR 99%（x）	34.73	232.86	95.37	206.66	174.35	225.76	2655.70	15 590.33	0.00	0.00
海南	VaR 95%（x）	31.71	30.65	42.47	28.20	2.37	19.80	1769.60	4392.66	0.00	0.00
	VaR 99%（x）	56.74	91.10	110.17	82.44	6.23	64.82	3780.91	8755.22	0.00	0.00
重庆	VaR 95%（x）	45.76	71.96	70.01	90.43	10.29	9.76	441.85	2991.26	0.00	0.00
	VaR 99%（x）	81.71	232.66	90.56	145.27	16.06	28.39	1245.96	6973.48	0.00	0.00
四川	VaR 95%（x）	95.11	104.24	649.46	870.53	30.41	20.61	1080.21	3814.87	0.00	277.13
	VaR 99%（x）	124.62	228.94	1020.29	1892.85	56.56	54.10	3037.32	12 546.54	93.06	560.36
贵州	VaR 95%（x）	147.96	177.13	165.38	134.67	92.39	38.16	402.61	884.59	132.06	833.09
	VaR 99%（x）	158.15	644.79	174.68	258.80	177.12	155.40	625.91	2399.12	973.36	1720.78
云南	VaR 95%（x）	135.26	300.48	96.60	103.13	49.05	71.33	592.89	755.26	0.00	28 904.59
	VaR 99%（x）	245.69	997.69	125.16	162.04	50.45	201.57	810.70	1614.10	5093.00	141 627.05
西藏	VaR 95%（x）	2.08	2.27	14.38	11.89	3.18	4.46	136.91	1314.34	10.27	66.97
	VaR 99%（x）	2.98	4.78	14.72	23.52	4.64	8.71	808.63	3022.86	35.63	176.01
陕西	VaR 95%（x）	38.77	123.70	158.68	198.14	41.20	91.73	0.00	0.00	0.00	237.95
	VaR 99%（x）	43.19	335.89	212.78	418.43	41.76	344.66	0.00	0.00	62.66	608.70
甘肃	VaR 95%（x）	41.80	60.00	167.30	202.37	66.73	83.74	37.95	881.61	0.00	5728.74
	VaR 99%（x）	42.92	112.99	207.62	464.56	85.27	225.07	293.33	2256.18	1160.38	11 200.79
青海	VaR 95%（x）	14.16	25.45	12.05	16.91	5.34	11.22	35.11	290.22	0.00	79.05
	VaR 99%（x）	15.39	66.14	22.97	38.15	6.35	24.94	137.80	510.30	3.65	592.88

省份	水平	旱灾（亿元）		洪灾（亿元）		冷冻灾（亿元）		猪流感（万元）		禽流感（万元）	
		原始数据	模拟数据	原始数据	模拟数据	原始数据	模拟数据	原始数据	模拟数据	原始数据	模拟数据
宁夏	VaR 95%（x）	14.26	19.33	4.44	8.88	23.42	22.69	80.77	575.87	30.85	12 085.63
	VaR 99%（x）	14.93	29.40	4.89	20.76	25.32	46.42	329.64	1249.93	654.82	118 096.47
新疆	VaR 95%（x）	40.28	57.13	54.41	56.42	5.04	8.76	2378.02	15 880.96	94.62	3148.42
	VaR 99%（x）	59.66	132.56	62.08	105.81	5.49	21.77	3233.54	52 301.35	807.02	18 776.77
全国	VaR 95%（x）	979.01	1184.07	3245.58	2939.06	812.72	822.03	29 478.86	53 266.28	1344.24	7124.61
	VaR 99%（x）	1075.16	1715.92	3453.12	4280.83	1519.66	1557.72	31 653.56	145 235.40	7309.23	51 520.91

资料来源：《中国气象灾害年鉴》。

四、不同灾害事件下农业保险赔付情况

（一）指标选取

参考张峭等（2019）的文献，本节采用保险赔付率来衡量农业保险的赔付情况。这里的保险赔付率指保险简单赔付率，即当年的已决赔款与未决赔款之和与保费收入的比例。保险赔付率能够反映农业保险对于农业损失的保障作用，可以进一步分解为受益率和单位保费赔付额两个指标。受益率是赔付数量与承保数量之比，反映参保农户获得保险赔偿的比例，本节的受益率具体指的是受益农户户次与参保农户户次的比例，所以受益率越高，反映灾害的影响范围越广，同时保险赔付率也越高。单位保费赔付额是单位保费投入可以获得的保险赔偿金额数量，同样的，单位保费赔付额越高，则保险赔付率越高。

$$保险赔付率 = \frac{保险赔款}{保费收入} = \frac{赔付数量 \times \dfrac{保险赔款}{赔付数量}}{承保数量 \times \dfrac{保费收付数量}{承保数量}}$$

$$= \frac{赔付数量}{承保数量} \times \frac{单位赔付额}{单位保费}$$

$$=受益率×单位保费赔付额$$

$$受益率=\frac{受益农户户次}{参保农户户次}$$

（二）保险赔付具体情况分析

图 3.35 显示 2008—2018 年我国种植业保险平均简单赔付率为
97.68%，养殖业保险平均简单赔付率为 113.98%，农业合计平均简单赔付
率为 91.19%。种植业保险平均赔付率稳中有升，保障力度不断加大。
2008—2018 年养殖业保险简单赔付率存在较大波动，其中 2010 年赔付率
高达 252%，2014 年为 118%，2018 年为 177%。2008—2012 年养殖业保险
简单赔付率高于种植业，2013 年进入快速发展时期后，养殖业保险赔付率
迅速下降，2013—2015 年基本与种植业持平，2015—2017 年低于种植业保
险赔付率，2018 年赔付率出现回升。

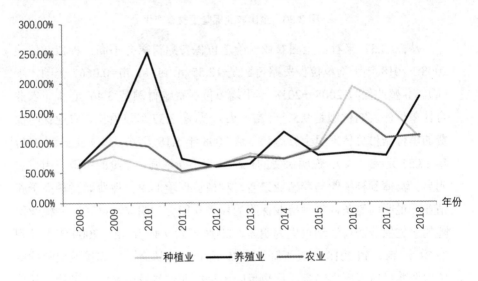

图 3.35 全国农业保险赔付率变化

图 3.36 反映了全国农业保险受益率的变化情况。2008—2018 年，养殖
业保险的平均受益率为 253.89%，种植业保险的平均受益率为 54.68%，农
业合计平均受益率为 76.4%。养殖业的受益率明显高于种植业，且在 2008—
2018 年上升明显，较高的受益率说明因养殖业保险受益的农户户数大于参
保户数，反映出养殖业保险具有较强的正外部性。

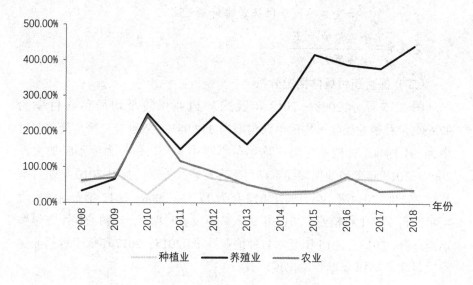

图 3.36　全国农业保险受益率变化

从图 3.37 来看，全国农业保险单位保费赔付额并不高。种植业保险2008—2018 年平均单位保费赔付额是 12.55 元/亩（1 亩=0.0667 公顷，下同）。养殖业保险 2008—2018 年平均单位保费赔付额是 3.46 元/头。农业合计单位保费赔付额是 9.57 元/亩（头）。从图 3.37 可以看出，农业保险保费的单位赔付总体上呈上升趋势，从 2008 年 5.18 元/亩（头）上升到 2017年 17.25 元/亩（头），说明保费的杠杆效应不断增强，保险的保障作用日益明显。具体到种植业与养殖业来看，种植业保险的单位保费赔付额高于养殖业，说明同等条件下种植业保险的保障功能更为明显。同时，种植业保险的单位保费赔付波动也更为明显，2008 年为 9.45 元/亩，2009 年上升到22.21 元/亩，到 2018 年又下降至 6.75 元/亩。相比之下，养殖业保险的单位保费赔付情况更为稳定，这也反映出种植业容易发生系统性风险，其生产过程较养殖业受自然因素制约更大，存在更多不确定性。而农户对畜牧业的风险管控更为严格，因而种植业较养殖业更容易发生损失风险，也更容易造成赔付。

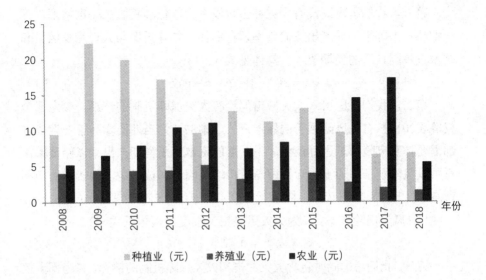

图 3.37　全国农业保险单位保费赔付额变化

第二节　我国农业保险大灾风险的影响

一、理论模型

（一）大灾风险及保障对农业经济的影响

本研究的理论模型和数值模拟主要基于一个离散形式的扩展的索洛（Solow）经济增长模型。具体而言，我们分三种情形考虑：首先是不包含大灾风险和相应保障机制的基准情形，即标准化的索洛增长模型中的资本演化的差分方程；其次引入大灾风险冲击但并不考虑相应的保障机制；最后同时引入大灾风险冲击和大灾保险保障机制。在上述三种情形中，分别研究大灾风险冲击、大灾保障机制对农业人均资本、农业人均产出、农业总资本和农业总产出的影响。

生产函数具有劳动增进型技术进步的特点：$Y_t = (A_t L_t)^{1-\alpha} K_t^{\alpha}$，人均有效产出形式为 $y_t = k_t^{\alpha}$，α 为生产函数的资本份额。人均有效资本和人均有效产出分别为 k_t 和 y_t，反复迭代式（3.1）至式（3.3），实现 k_t 和 y_t 的增长序列。通过设定的人口增长率 n 和技术进步率 g，得到总资本和总产出 K_t 和 Y_t 的增长序列。

第一，我们考虑既没有大灾冲击也没有大灾保障机制的基准情形，下一期的资本等于当期产出按储蓄率留存后加上扣除折旧与人口增长因素和技术进步因素后的当期资本，具体见式（3.1）：

$$k_{t+1} = sk_t^{\alpha} + (1 - \delta - n - g)k_t \tag{3.1}$$

第二，我们考虑引入大灾冲击但没有大灾保障机制的情形，参考邵全权等（2017）有关风险乘子的界定范式，本书认为当期资本与下一期资本都需要按照风险乘子进行调整，下一期的资本等于当期产出乘以储蓄率，再乘以风险乘子，加上扣除折旧与人口增长因素和技术进步因素后的当期资本，对上述整体也按照风险乘子调整。其中，a 为风险乘子，$a = 1 - pd$，p 为大灾风险出险概率，d 为大灾风险损失程度，具体见式（3.2）：

$$k_{t+1} = a[sak_t^{\alpha} + (1 - \delta - n - g)k_t] \tag{3.2}$$

第三，我们考虑同时包含大灾冲击和大灾保障机制的情形，参考邵全权等（2017）有关保险乘子的界定范式，本书认为当期资本与下一期资本都需要按照保险乘子进行调整时，下一期的资本等于当期产出乘以储蓄率，再乘以保险乘子，加上扣除折旧与人口增长因素和技术进步因素后的当期资本，对上述整体也按照保险乘子调整。在此基础上扣除大灾保障保费，保费为 $\mu pd(1-m)[sk_t^{\alpha} + (1 - \delta - n - g)k_t + k_t^{\alpha}]$，$pd(1-m)[sk_t^{\alpha} + (1 - \delta - n - g)k_t + k_t^{\alpha}]$ 为精算公平保费，保费标的同时保障资本和产出，μ 为反映大灾保障供给方市场力量和大灾保险公司对利润要求的系数。其中，b 为保险乘子，$b = 1 - pdm$，m 为大灾保障机制的免赔额，具体见式（3.3）：

$$k_{t+1} = b[sbk_t^{\alpha} + (1 - \delta - n - g)k_t] - \mu pd(1-m)[sk_t^{\alpha} + (1 - \delta - n - g)k_t + k_t^{\alpha}] \tag{3.3}$$

（二）大灾风险及保障下大灾补贴对农业经济的影响

大灾风险及保障下大灾补贴对农业经济的影响模型主要是在同时包含大灾冲击和大灾保障机制的情形模型基础上引入大灾补贴因素，设补贴比例为 sub，补贴体现在保费方面，即在原保费的基础上扣除补贴部分，具体见式（3.4）：

$$k_{t+1} = b[sbk_t^{\alpha} + (1 - \delta - n - g)k_t] - (1 - sub)\mu pd(1-m)[sk_t^{\alpha} + (1 - \delta - n - g)k_t + k_t^{\alpha}] \tag{3.4}$$

（三）大灾风险及保障对农险公司利润的影响

首先设定 t 期大灾风险冲击的对象为保险标的，即 t 期产出加上 t 期资本，我们在此用 B 表示大灾保障机制中标的的价值，$B_t = sk_t^{\alpha} +$

$(1-\delta-n-g)k_t+k_t^{\alpha}$。设 t 期农险公司的利润为 π_t，则有 $\pi_{t+1}=\mu pd(1-m)B_{t+1}-pd(1-m)B_t$。其背后的逻辑和假设为 t 期承保的大灾风险在 $t+1$ 期发生并获得农险公司的赔付，两期之内全部结清，并不存在其他跨期结算的问题。因此农险公司的利润函数为：

$$\pi_{t+1}=pd(1-m)[\mu B_{t+1}-B_t]$$
$$= pd(1-m)\{\mu[s^{\alpha}+(1-\delta-n-g)k_{t+1}+k_{t+1}^{\alpha}]\} \qquad (3.5)$$
$$-[sk_t^{\alpha}+(1-\delta-n-g)k_t+k_t^{\alpha}]$$

其中，k_{t+1} 由式（3.3）给定。

在具体的模拟中，我们设定百年一遇的大灾发生概率和损失程度分别为 0.01 和 0.8；五十年一遇的大灾发生概率和损失程度分别为 0.02 和 0.5；二十年一遇的大灾发生概率和损失程度分别为 0.05 和 0.3；十年一遇的大灾发生概率和损失程度分别为 0.1 和 0.2；每年都会发生的大灾发生概率和损失程度都为 0.1。模拟主要基于式（3.1）至式（3.5）迭代进行。就模型中其他参数而言，参考有关国内外文献，由于本书主要分析大灾风险冲击和大灾保障机制对农业经济的影响，因此将资本份额 α 赋值为 0.33。结合我国实际情况并借鉴有关文献，储蓄率 s 校准为 0.4。将资本折旧率 δ 校准为 0.1。结合中国近年来人口自然增长率为 3‰～5‰的现实情况，将人口增长率 n 设定为 5‰。参考王小鲁（2000）、徐淑丹（2017）、杨旭等（2017）的研究，将技术进步率校准为 0.02。当一般年份不发生大灾时，影响大灾保障机制的关键参数出险概率 p 为 0.1、损失程度 d 为 0.1、免赔比例 m 为 0.2、市场力量参数 μ 为 1。

二、数值模拟

在数值模拟部分，按照前文中理论模型设定进行。首先我们模拟一次大灾风险冲击对农业经济、补贴对农业经济及对农险公司利润的影响，模拟大灾冲击分别为百年一遇、五十年一遇、二十年一遇和十年一遇的情形。然后考虑到近年来由于全球变暖效应带来的影响，气象大灾频繁发生，经常出现百年一遇或五十年一遇的大灾在两个时间单位内同时发生的现象，因此进一步模拟连续两期内均发生大灾对农业经济、补贴对农业经济及对农险公司利润的影响。

（一）一次大灾冲击的影响

1. 一次大灾冲击对农业经济的影响

图 3.38 和图 3.39 分别为有风险无保险情形和有风险有保险情形下，在模拟时间区间的第 15 期发生不同程度大灾风险对农业经济中人均资本、人均产出、总资本和总产出的影响，在两图中均引入无风险无保险的基准状态作为参照系。可以发现，第一，就一般意义上而言，无风险无保险的基准情形下，农业人均资本、人均产出、总资本和总产出最高；引入大灾风险冲击后，随着损失程度提高，农业人均资本、人均产出、总资本和总产出越来越低；同时引入大灾风险冲击和相应保障机制的情形下，随着损失程度提高，农业人均资本、人均产出、总资本和总产出越来越低，说明随着大灾风险造成的损失提高，越不利于农业经济的发展。第二，我们还发现，在相同的大灾风险损失程度下，有风险无保险的人均资本、人均产出、总资本和总产出要略低于有风险有保险的人均资本、人均产出、总资本和总产出。这表明大灾风险冲击不利于农业经济，而相应的保障机制则可以缓解这种不利冲击的影响。第三，无论是在有风险无保险的情况下还是在有风险有保险的情况下，一次大灾冲击对人均资本和总资本的影响较为持久，其对人均产出和总产出影响恢复的时间更短。

2. 一次大灾冲击下补贴对农业经济的影响

本部分模拟在一次大灾风险冲击下补贴对农业经济的影响，分别将补贴比例设定为 0.3、0.5、0.7，分别展开模拟（图 3.40 至图 3.42）。可以发现大灾风险损失程度提高，会降低农业人均资本、人均产出、总资本和总产出。随着补贴比例的提高，大灾风险损失程度提高对农业人均资本、人均产出、总资本和总产出的降低效应得到了有效缓解。其他规律与一次大灾冲击对农业经济的影响类似，不再赘述。

3. 一次大灾冲击对农险公司利润的影响

本部分模拟一次大灾风险冲击对农险公司利润的影响，按照农险公司利润函数进行模拟（图 3.43），可以发现一次大灾风险冲击对农险公司利润的负向影响较为明显。由于农险公司利润数量级较小，通过对比数据可以发现农险公司利润存在一定波动，但一次大灾风险冲击的影响造成农险公司利润显著降低，并且损失程度越大，农险公司利润越低。同时，一次大灾风险冲击对农险公司利润的影响是暂时性的，主要影响当期利润，在造成当期利润大幅降低后，随后很快恢复正常水平。

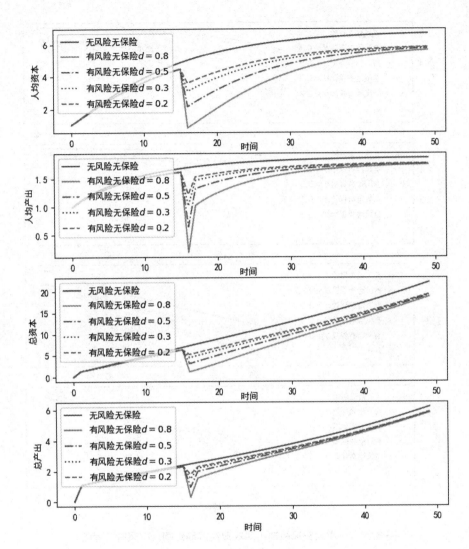

图 3.38　一次大灾风险冲击对农业经济的影响（有风险无保险）

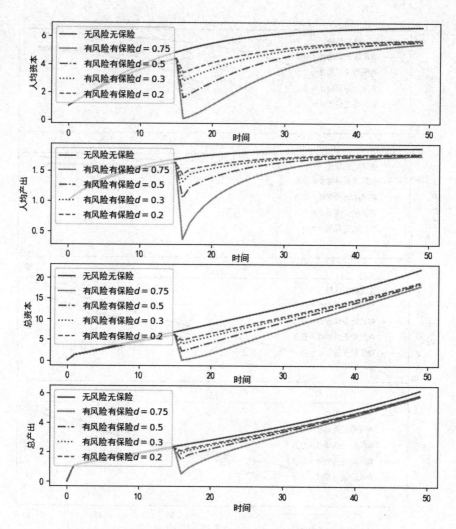

图 3.39　一次大灾风险冲击对农业经济的影响（有风险有保险）

注：如果将百年一遇大灾损失程度设定为 0.8，会出现模拟过程中数据超出范围而无法顺利得出结果的情况，因此在此将百年一遇大灾损失程度设定为 0.75。

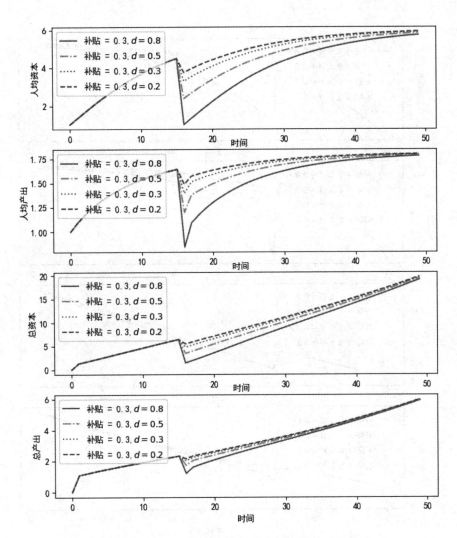

图 3.40　一次大灾风险冲击补贴对农业经济的影响（补贴＝0.3）

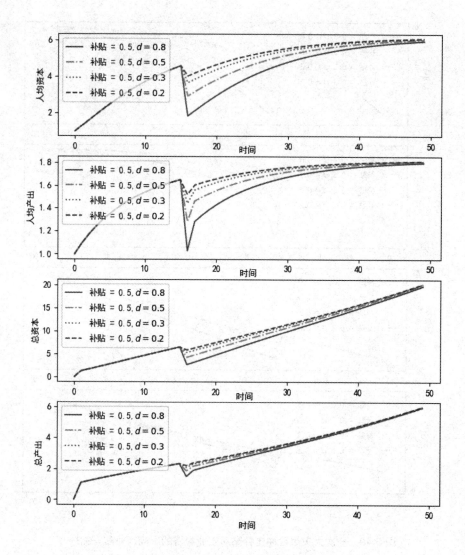

图 3.41   一次大灾风险冲击补贴对农业经济的影响（补贴＝0.5）

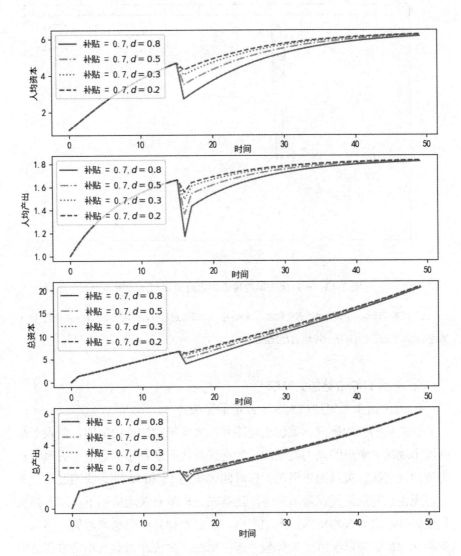

图 3.42 一次大灾风险冲击补贴对农业经济的影响（补贴＝0.7）

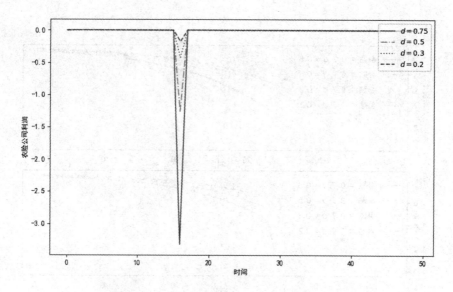

图 3.43　一次大灾风险冲击对农险公司利润的影响

注：如果将百年一遇大灾损失程度设定为 0.8，会出现模拟过程中数据超出范围而无法顺利得出结果的情况，因此在此将百年一遇大灾损失程度设定为 0.75。

（二）大灾冲击叠加的影响

1. 连续两次大灾冲击对农业经济的影响

在此我们开始研究如果出现连续两次大灾风险冲击的影响，假设连续两次出现的大灾风险是同类型的，如连续两次出现百年一遇的大灾风险，仍然假设两次大灾风险出现在模拟时间区间的 15 和 16 期。我们发现：第一，无论在有风险无保险情形下，还是在有风险有保险情形下，随着损失程度提高，农业人均资本、人均产出、总资本和总产出越来越低；第二，保险保障机制可以缓解大灾风险冲击；第三，大灾冲击对人均资本和总资本的影响较为持久，其对人均产出和总产出影响恢复的时间更短；第四，图 3.44 和图 3.45 表明，连续发生的大灾风险冲击的叠加效应并不是就某一类型的大灾损失的直接加总，而是要缓和很多，即第一次大灾冲击影响与一次大灾风险冲击影响类似，第二次大灾风险冲击对农业人均资本、人均产出、总资本和总产出的影响程度明显低于第一次冲击。

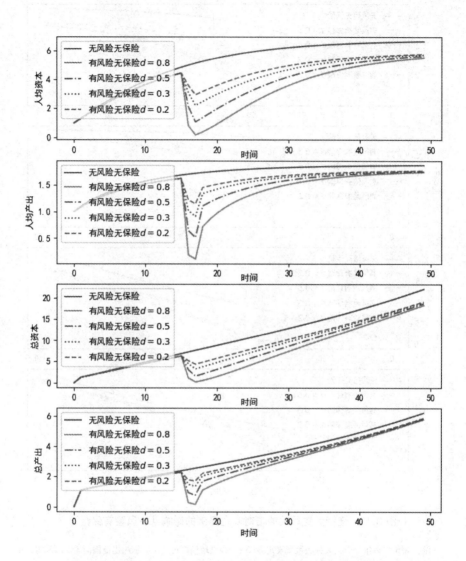

图 3.44　连续大灾风险冲击对农业经济的影响（有风险无保险）

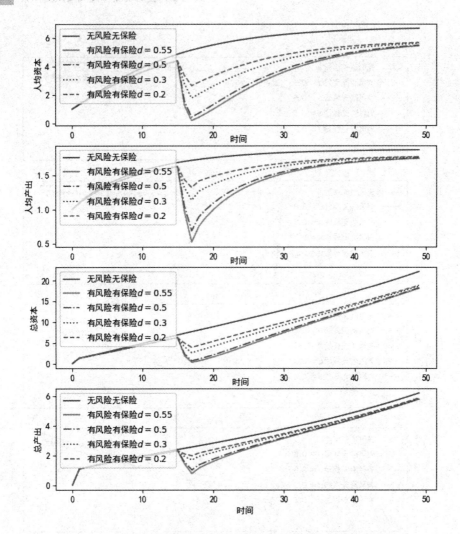

图 3.45   连续大灾风险冲击对农业经济的影响（有风险有保险）

注：如果将百年一遇大灾损失程度设定为 0.8，会出现模拟过程中数据超出范围而无法顺利得出结果的情况，因此在此将百年一遇大灾损失程度设定为 0.55。

2. 连续两次大灾冲击下补贴对农业经济的影响

本部分模拟在连续两次发生的大灾风险冲击下，补贴对农业经济的影响，分别将补贴比例设定为 0.3、0.5、0.7，分别展开模拟（图 3.46 至图 3.48），可以发现大灾风险损失程度提高，会降低农业人均资本、人均产出、总资本和总产出。随着补贴比例提高，大灾风险损失程度提高对农业人均资本、人均产出、总资本和总产出的降低效应得到了有效缓解。第一次大灾冲击影响与一次大灾风险冲击影响类似，第二次大灾风险冲击对农业人均资本、人均产出、总资本和总产出的影响程度明显低于第一次冲击。

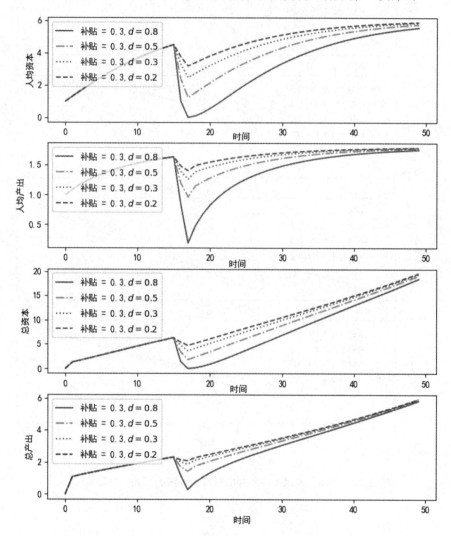

图 3.46　连续大灾风险冲击补贴对农业经济的影响（补贴＝0.3）

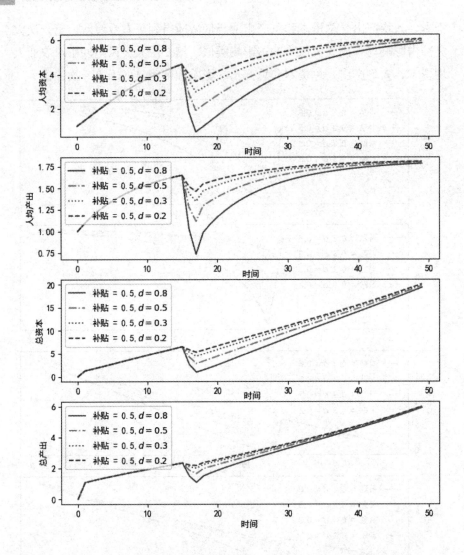

图 3.47　连续大灾风险冲击补贴对农业经济的影响（补贴=0.5）

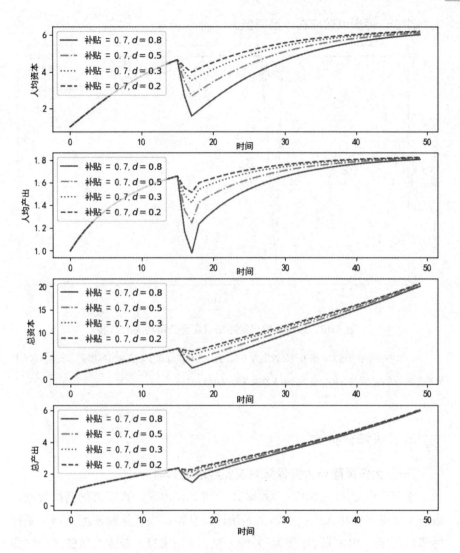

图 3.48 连续大灾风险冲击补贴对农业经济的影响（补贴＝0.7）

3. 连续两次大灾冲击对农险公司利润的影响

本部分模拟连续发生大灾风险冲击对农险公司利润的影响，按照农险公司利润函数进行模拟（图 3.49）。可以发现两次大灾风险冲击的影响造成农险公司利润显著降低，并且损失程度越大，农险公司利润越低。同时显示，连续两次大灾风险冲击对农险公司利润的影响是暂时性的，主要影响当期利润，在造成当期利润大幅降低后，随后很快恢复到正常水平。并且，第一次大灾风险冲击的影响超过第二次大灾风险冲击，表明尽管连续发生大灾冲击，但影响效应在逐渐降低。

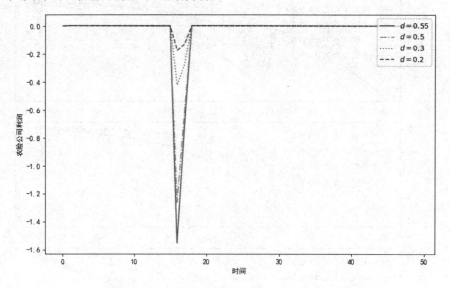

图 3.49　连续大灾风险冲击对农险公司利润的影响

注：如果将百年一遇大灾损失程度设定为 0.8，会出现模拟过程中数据超出范围而无法顺利得出结果的情况，因此在此将百年一遇大灾损失程度设定为 0.55。

三、实证分析[①]

（一）大灾风险与大灾保障对农业经济的影响

本节选取 2011—2017 年我国 31 个省、自治区、直辖市的面板数据，数据大多来自中华人民共和国国家统计局官网。农业保险密度及赔付率指标来自历年《中国保险年鉴》。另外，为了平滑数据，减少变量的波动性和可能出现的异方差，对各变量取自然对数。变量的数据特征如表 3.5 所示。该部分使用的计量软件为 STATA16。

---

① 邵全权，刘宇. 大灾风险冲击、农业资本积累与农业产出[J]. 保险研究，2022（5）：64-86.

表 3.5　各变量的基本统计量

变量	含义	样本数	均值	标准差	最小值	最大值
$\ln Y$	农林牧渔业产值（亿元）	217	7.637	1.075	4.695	9.136
$lded$	自然灾害直接经济损失（亿元）	217	4.105	1.474	−1.609	7.092
$lsub$	各省财政农林水事务支出（亿元）	217	5.998	0.559	4.519	6.931
$\ln k$	农林牧渔业固定资产投资（亿元）	217	5.851	1.212	0.470	7.892
$ltec$	农业机械总动力（万千瓦）	217	7.643	1.107	4.660	9.499
$lscale$	农作物总播种面积（千公顷）	217	8.096	1.212	4.795	9.609
$lpre$	农业保险密度	217	9.673	1.110	6.646	12.142
$lrate$	农业保险赔付率（%）	217	−0.606	0.377	−2.821	0.446
$ldis$	农作物受灾面积（千公顷）	213	6.105	1.473	1.131	8.348
$lpest$	病虫鼠害发生面积（千公顷）	217	3.217	1.152	−0.821	5.304
$lpopu$	乡村人口（万人）	217	7.242	0.940	5.451	8.627
$lgab$	生活垃圾清运量（万吨）	217	6.089	0.873	2.851	7.880
$lpeople$	受灾人口（万人）	213	6.131	1.469	−0.693	8.445

本节重点关注大灾损失与大灾保障两个核心解释变量。为此作出核心解释变量与被解释变量之间的散点图，如图 3.50 所示。

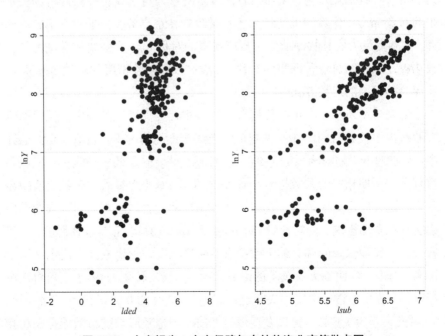

图 3.50　大灾损失、大灾保障与农林牧渔业产值散点图

1. 单方程模型

基于单方程的基本计量方程设计如下：

该方程为经济增长方程，旨在研究大灾风险及大灾保障与农业产出增长的关系。在此采用各省农林牧渔业产值的对数 $\ln Y$ 表示农业产出增长；$lded$ 表示灾害造成的财产损失风险，采用各省自然灾害导致的直接经济损失的对数值衡量；$lsub$ 表示各省对农业经济的保障程度，采用各省财政农林水事务支出的对数值表示。

$$\ln Y_{it} = \alpha_0 + \alpha_1 \cdot lded_{it} + \alpha_2 \cdot lsub_{it} + \sum \alpha_j \cdot X_{jit} + \varepsilon_{Git}$$

另外，因为还有很多其他因素可能会影响农业产出增长，因此需要控制一些可能的影响因素。X 为各控制变量的集合，本节用农林牧渔业固定资产投资 k 表示物质资本；用农业机械总动力 tec 表示技术进步；用农作物总播种面积 $scale$ 表示农业生产规模；此外，商业保险保障程度对农业经济发展也会产生影响，分别用农业保险密度 pre 与农业保险赔付率 $rate$ 来衡量。

本节实证分析用到的变量界定及来源：被解释变量农业产出增长变量为各省农林牧渔业产值的对数 $\ln Y$；风险变量为自然灾害直接经济损失水平的对数 $lded$；保障程度变量为各省财政农林水事务支出的对数 $lsub$。此外，控制变量为农林牧渔业固定资产投资的对数 $\ln k$；农业机械总动力的对数 $lTec$；农作物总播种面积的对数 $lscale$；农业保险密度的对数 $lpre$ 与农业保险赔付率的对数 $lrate$。

如表 3.6 所示，在单方程模型中，确实存在灾害风险与灾害保障影响农业产出增长的机制。在损失变量为连续变量的情况下，混合 OLS 估计中，$lded$ 对 $\ln Y$ 的影响系数是 0.030，且不显著。固定效应与随机效应回归得到了与预期相符的系数符号，且 $lded$ 在 5% 水平上显著，豪斯曼检验显示应当选择固定效应模型。模型系数表明自然灾害风险损失对于农业产出确实存在负面影响。同时注意到 $lsub$ 的系数在 10% 水平上显著为正，说明省级大灾风险保障的确有助于改善农业生产状况，促进农业生产水平不断提高。为进一步明确大灾风险的影响，将灾害损失转化为 0~1 变量再次进行回归，若当年自然灾害损失超过该省当年 GDP 的 0.5%，则取 1，否则取 0，以此表示大灾风险。可以发现混合 OLS、固定效应与随机效应存在相互印证，$dummy$ 系数显著为负，$lsub$ 系数显著为正，进一步证实了灾害损失，尤其是大灾风险损失会降低农业产出水平。

表 3.6　大灾风险与保障对农业经济的影响

变量	(1)	(2)	(3)	(4)	(5)	(6)
	损失变量为连续变量			损失变量为0~1变量		
	混合 OLS	固定效应	随机效应	混合 OLS	固定效应	随机效应
	$\ln Y$					
lded	0.030	−0.011**	−0.012**	—	—	—
	(0.87)	(−2.21)	(−2.22)			
dummy	—	—	—	−0.219***	−0.021**	−0.022***
				(−3.27)	(−2.51)	(−2.59)
lsub	0.744***	0.128*	0.180**	0.671***	0.134**	0.193***
	(5.45)	(1.74)	(2.56)	(4.83)	(2.10)	(3.27)
$\ln k$	0.004	0.098***	0.094***	0.016	0.093***	0.088***
	(0.04)	(4.15)	(3.98)	(0.19)	(4.95)	(4.56)
ltec	0.209	0.118**	0.117**	0.206	0.125**	0.123***
	(1.18)	(2.44)	(2.53)	(1.20)	(2.59)	(2.66)
lscale	0.349*	0.301***	0.472***	0.396**	0.264**	0.458***
	(1.72)	(3.38)	(6.36)	(2.14)	(2.70)	(5.95)
lpre	−0.091*	0.069**	0.056**	−0.104*	0.069**	0.054**
	(−1.79)	(2.67)	(2.20)	(−1.88)	(2.70)	(2.16)
lrate	0.093	0.028	0.022	0.106	0.023	0.015
	(0.96)	(1.31)	(1.04)	(1.09)	(1.13)	(0.76)
_cons	−0.465	2.360**	0.820	−0.069	2.552**	0.822
	(−0.51)	(2.45)	(1.18)	(−0.08)	(2.54)	(1.18)
N	213 000	213 000	213 000	217 000	217 000	217 000
R^2	0.875	0.817	—	0.889	0.818	—

注：括号内为对应的标准差值。"***""**""*"分别表示在1%、5%和10%的显著性水平下显著，以下同。

2. 门槛回归

由面板回归结果可知，大灾风险损失和大灾保障均对农业经济增长产生了显著的线性影响。而由于大灾风险损失和大灾保障对农业经济的影响是多维度的，其影响可能会随着大灾损失、大灾保障水平处于不同区间而呈现不同特点，即变量间可能存在非线性关系。为了检验变量间是否存在非线性关系，接下来采用汉森（Hansen，1999）提出的面板门槛回归模型对上述非线性关系进行检验。门槛回归（threshold regression）作为一种非线性计量经济学模型,其实质就是在反映因果关系的变量中寻找门槛变量,门槛值根据样本数据进行估算,并检验根据门槛值划分的样本组参数是否存在着显著不同(Che,2013)。由于本书重点关注大灾损失与大灾保障两个核心解释变量,设定的面板门槛回归模型如下:

$$\ln Y_{it} = \beta_0 + \beta_1 \cdot lded_{it} \cdot l(q_{it} \leqslant \gamma) + \beta_2 \cdot lded_{it} \cdot l(q_{it} > \gamma) + \sum \beta_j \cdot X_{jit} + \varepsilon_{Git}$$

$$\ln Y_{it} = \varphi_0 + \varphi_1 \cdot lsub_{it} \cdot l(q_{it} \leqslant \delta) + \varphi_2 \cdot lsub_{it} \cdot l(q_{it} > \delta) + \sum \varphi_j \cdot X_{jit} + \varepsilon_{Git}$$

其中,$l(\cdot)$代表示性函数,当括号中表达式为假时,则取值为0,反之取值则为1。根据门槛变量大灾风险损失 $lded$ 与大灾保障 $lsub$ 是否大于门槛值 γ、δ,此时样本区间可以被划分为两个区制,并且两个区制分别采用斜率值 β_1 和 β_2、φ_1 和 φ_2 进行区别。q 表示门槛变量,X 代表控制变量。

类似地,在一门槛值模型的基础上,还可以考虑模型中存在多个门槛值的情形。接下来以两门槛值模型为例,上述模型分别表示如下:

$$\ln Y_{it} = \beta_0 + \beta_1 \cdot lded_{it} \cdot l(q_{it} \leqslant \gamma_1) + \beta_2 \cdot lded_{it} \cdot l(\gamma_1 < q_{it} \leqslant \gamma_2)$$
$$+ \beta_3 \cdot lded_{it} \cdot l(q_{it} > \gamma_2) + \sum \beta_j \cdot X_{jit} + \varepsilon_{Git}$$

$$\ln Y_{it} = \varphi_0 + \varphi_1 \cdot lsub_{it} \cdot l(q_{it} \leqslant \delta_1) + \varphi_2 \cdot lsub_{it} \cdot l(\delta_1 < q_{it} \leqslant \delta_2)$$
$$+ \varphi_3 \cdot lsub_{it} \cdot l(q_{it} > \delta_3) + \sum \varphi_j \cdot X_{jit} + \varepsilon_{Git}$$

(1)以大灾损失为核心解释变量的门槛回归

①$\ln Y$ 为门槛变量

当 $\ln Y$ 为被解释变量,检验 $lded$ 对 $\ln Y$ 不存在门槛值、存在一个门槛值及存在两个门槛值分别进行估计,借鉴 Hansen(1999)的"自助法"(bootstrap),运用 State16 统计软件,通过反复抽样 1000 次得出检验统计量对应的 P 值,判断是否存在着门槛效应,检验结果见表 3.7。

表 3.7　$\ln Y$ 门槛效应检验结果

门槛个数	F 值	P 值	10%临界值水平	5%临界值水平	1%临界值水平
1	31.03	0	13.109 8	16.095 3	23.120 2
2	-6.22	1	19.742	26.85	50.858 5
3	3.64	0.54	8.353 5	9.297 7	13.9

由表 3.7 可知,针对以大灾损失为核心解释变量的回归,当 $\ln Y$ 为门槛变量,可得到以下结论:F 统计量在一门槛模型中,在 1%的水平下显著,即 P 值小于 0.01,因此模型中存在一个门槛值。表 3.8 给出了门槛值估计结果。

表 3.8 lnY门槛值估计结果

门槛值	Y对应值	95%的置信区间
7.684 8	2175.03	（7.659 3，7.698 6）

与表 3.8 相对应，根据门槛模型原理，门槛估计值是似然比统计量 LR 趋近于 0 时对应的 γ 值，图 3.51 为一个门槛估计值 7.684 8 在 95%置信区间下的似然比函数图。其中，LR 统计量最低点为对应的真实门槛值，虚线表示临界值为 7.35，由于临界值 7.35 明显大于 1 个门槛值，可以认为上述门槛值是真实有效的。

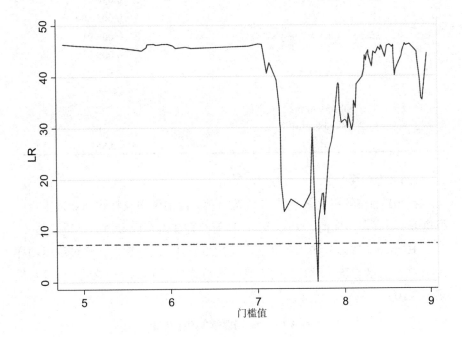

图 3.51 lnY单门槛估计结果

在得出门槛值的同时，得到面板门槛回归结果，具体见表 3.9。

表 3.9 面板门槛模型参数估计结果

变量	lnY
lsub	0.139***
	（0.029 9）
lnk	0.090 9***

续表

变量	$\ln Y$
	（0.012 6）
ltec	0.106***
	（0.033 4）
lscale	0.356***
	（0.069 5）
lpre	0.060 1***
	（0.010 6）
lrate	0.031 3**
	（0.013 8）
lded · *l*（$\ln Y \leqslant 7.684\ 8$）	-0.026 6***
	（0.005 86）
lded · *l*（$\ln Y > 7.684\ 8$）	0.004 91
	（0.005 85）
Constant	2.029***
	（0.561）
Observations	217
Numberofid	31
R^2	0.851

②$\ln k$ 为门槛变量

当 $\ln Y$ 为被解释变量，对 31 个省、市、自治区中农林牧渔业固定资产投资 $\ln k$ 不存在门槛值、存在一个门槛值及存在两个门槛值分别进行估计，借鉴 Hansen（1999）的"自助法"运用 State16 统计软件，通过反复抽样1000 次得出检验统计量对应的 P 值，判断是否存在着门槛效应。检验结果见表 3.10。

表 3.10　$\ln k$ 门槛效应检验结果

门槛个数	F 值	P 值	10%临界值水平	5%临界值水平	1%临界值水平
1	22.10	0.085 0	20.739 0	23.938 2	32.780 4
2	17.43	0.060 0	14.472 6	17.931 3	25.504 2
3	12.65	0.275 0	17.666 8	20.622 2	30.247 3

由表 3.10 可知，针对以大灾损失为核心解释变量的回归，当 $\ln k$ 为门槛变量，可得到以下结论：F 统计量在一门槛、二门槛模型中，至少在 10%的水平下显著，即 P 值均小于 0.1，因此模型中存在两个门槛值。表 3.11

给出了门槛值估计结果。

表 3.11 ln*k* 门槛值估计结果

门槛值	*k* 对应值	95%的置信区间
5.570 6	262.591 6	（5.451 0，5.602 9）
4.487 8	88.925 6	（4.449 6，4.595 5）

与表 3.11 相对应，根据门槛模型原理，门槛估计值是似然比统计量 LR 趋近于 0 时对应的 γ 值，图 3.52 为两个门槛估计值 4.487 8 和 5.570 6 在 95%置信区间下的似然比函数图。其中，LR 统计量最低点为对应的真实门槛值，虚线表示临界值为 7.35，由于临界值 7.35 明显大于两个门槛值，可以认为上述门槛值是真实有效的。

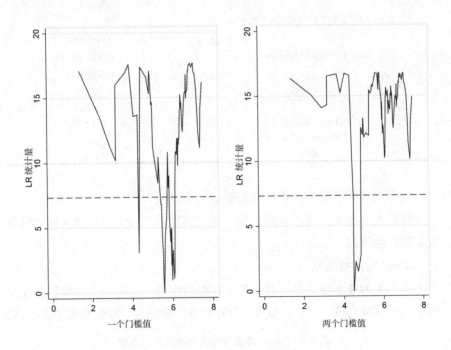

图 3.52 ln*k* 双门槛估计结果

在得出门槛值的同时，得到面板门槛的回归结果，具体见表 3.12。

表 3.12 *lded* 面板门槛模型参数估计结果

变量	$\ln Y$
lsub	0.168***
	(0.033 7)
ltec	0.116***
	(0.038 1)
lscale	0.446***
	(0.078 3)
lpre	0.082 8***
	(0.011 7)
lrate	0.046 6***
	(0.015 6)
lded · *l*（$\ln k \leqslant 4.487\ 8$）	−0.040 5***
	(0.008 43)
lded · *l*（$4.487\ 8 < \ln k \leqslant 5.570\ 6$）	−0.012 5*
	(0.006 64)
lded · *l*（$\ln k > 5.570\ 6$）	0.003 69
	(0.006 50)
Constant	1.365**
	(0.626)
Observations	217
Numberofid	31
R^2	0.806

（2）以大灾保障为核心解释变量的门槛回归

与以大灾损失为核心解释变量一致，同样考察以大灾保障为核心解释变量的门槛回归。

①$\ln Y$ 为门槛变量

当 $\ln Y$ 为被解释变量，对 $\ln Y$ 不存在门槛值、存在一个门槛值及存在两个门槛值分别进行估计，判断是否存在着门槛效应，检验结果见表 3.13。

表 3.13 *lsub* 面板门槛模型参数估计结果

门槛个数	F 值	P 值	10%临界值水平	5%临界值水平	1%临界值水平
1	65.25	0.01	29.981 4	38.704 8	59.533 3
2	35.92	0.15	52.814 7	69.003 4	91.227 1
3	17.76	0.69	56.177	66.640 9	84.459 8

由表 3.13 可知，针对以大灾保障为核心解释变量的回归，当 $\ln Y$ 为门槛变量，可发现 F 统计量在一门槛模型中至少在 5%的水平下显著，因此模型中存在一个门槛值。表 3.14 给出了门槛值估计结果。

表 3.14　*lsub* 面板门槛模型参数估计结果

门槛值	Y 对应值	95%的置信区间
7.417 3	1664.53	（7.383 4, 7.523 8）

与表 3.14 相对应，根据门槛模型原理，门槛估计值是似然比统计量 LR 趋近于 0 时对应的 γ 值，图 3.53 为一个门槛估计值 7.417 3 在 95%置信区间下的似然比函数图。其中，LR 统计量最低点为对应的真实门槛值，虚线表示临界值为 7.35，由于临界值 7.35 明显大于一个门槛值，可以认为上述门槛值是真实有效的。

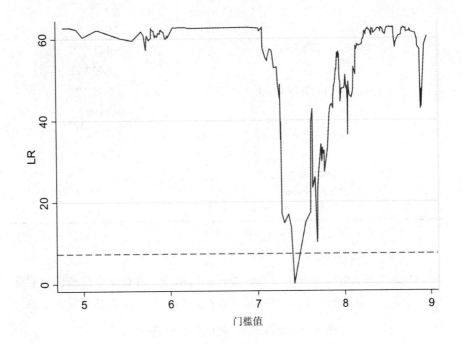

图 3.53　$\ln Y$ 双门槛估计结果

在得出门槛值的同时，得到面板门槛回归结果，具体见表 3.15。

表 3.15　*lsub* 面板门槛模型参数估计结果

变量	$\ln Y$
lded	−0.010 7**
	（0.005 31）
$\ln k$	0.095 5***
	（0.012 6）
ltec	0.098 6***
	（0.033 6）
lscale	0.266***
	（0.069 0）
lpre	0.054 6***
	（0.010 8）
lrate	0.038 1***
	（0.013 9）
$lsub \cdot l$（$\ln Y \leqslant 7.417\,3$）	0.112***
	（0.030 1）
$lsub \cdot l$（$\ln Y > 7.417\,3$）	0.151***
	（0.030 0）
Constant	2.868***
	（0.564）
Observations	217
Numberofid	31
R^2	0.851

②$\ln k$ 为门槛变量

当 $\ln Y$ 为被解释变量，对 $\ln k$ 不存在门槛值、存在一个门槛值及存在两个门槛值分别进行估计，判断是否存在门槛效应。检验结果见表 3.16.

表 3.16　*lsub* 面板门槛模型参数估计结果

门槛个数	F 值	P 值	10%临界值水平	5%临界值水平	1%临界值水平
1	26.12	0.100 0	26.045 2	29.589 7	35.242 2
2	20.35	0.160 0	28.183 5	38.338 1	60.631 1
3	6.24	0.580 0	16.033 4	26.512 5	39.258 5

由表 3.16 可知，针对以大灾保障为核心解释变量的回归，当 ln$k$ 为门槛变量，可发现 F 统计量在一门槛模型中至少在 10% 的水平下显著，因此模型中存在一个门槛值。表 3.17 给出了门槛值估计结果。

表 3.17 $lsub$ 面板门槛模型参数估计结果

门槛值	k 对应值	95%的置信区间
4.715 2	111.631 1	（4.536 7，4.851 9）

与表 3.17 相对应，根据门槛模型原理，门槛估计值是似然比统计量 LR 趋近于 0 时对应的 γ 值，图 3.54 为一个门槛估计值 4.715 2 在 95% 置信区间下的似然比函数图。其中，LR 统计量最低点为对应的真实门槛值，虚线表示临界值为 7.35，由于临界值 7.35 明显大于一个门槛值，可以认为上述门槛值是真实有效的。

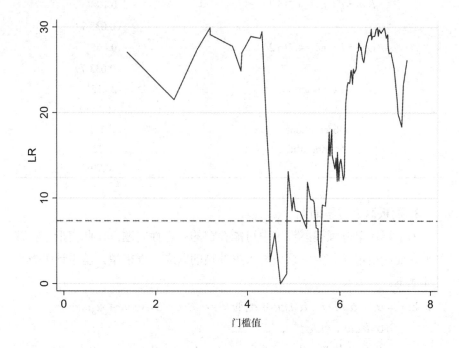

图 3.54 ln$k$ 单门槛估计结果

在得出门槛值的同时，得到面板门槛回归结果，具体见表 3.18。

表 3.18　*lsub* 面板门槛模型参数估计结果

变量	$\ln Y$
lded	$-0.012\,1^*$
	$(0.006\,18)$
ltec	0.134^{***}
	$(0.038\,7)$
lscale	0.307^{***}
	$(0.080\,3)$
lpre	$0.081\,4^{***}$
	$(0.011\,9)$
lrate	$0.051\,2^{***}$
	$(0.015\,8)$
$lsub \cdot l\,(\ln k \leqslant 4.715\,2)$	0.178^{***}
	$(0.033\,7)$
$lsub \cdot l\,(\ln k > 4.715\,2)$	0.205^{***}
	$(0.033\,7)$
Constant	2.215^{***}
	(0.651)
Observations	217
Numberofid	31
R^2	0.798

3. 面板联立方程回归

为了解决单方程模型设定中可能存在的内生性问题，在此情形下构建关于农业产出增长、大灾损失与大灾补贴的联立方程模型，基本计量方程设计如下：

$$\ln Y = \alpha_0 + \alpha_1 lded + \alpha_2 lsub + \alpha_3 \ln k + \alpha_4 ltec + \alpha_5 lscale + \alpha_6 lpre$$
$$+ \alpha_7 lrate + \varepsilon lded$$
$$= \beta_0 + \beta_1 \ln Y + \beta_2 lsub + \beta_3 ldis + \beta_4 lpest + \beta_5 lpopul + \beta_6 lscale$$
$$+ \beta_7 ltec + \beta_8 lgab + \theta$$

考虑到单方程设计中可能会存在双向因果关系即内生性问题，而且大灾风险、大灾补贴与农业产出的关系十分复杂，很多因素相互影响、相互联系，因此仅采用单方程模型很难完整有效地把经济系统各经济变量之间的相互作用关系表达出来，而采用联立方程模型能较好地解决这一问题。在该联立方程中，第一个方程表示农业产出增长方程，第二个方程表示农业大灾损失方程。其中农业产出增长方程与之前的设定一致，不再赘述。农业大灾损失方面，根据麻吉亮等（2020）的研究，农村灾害的形成原因是多方面的，从形成机制来看，主要致灾因素包括客观的气象因素、主观的人为因素及二者的交互作用。自然灾害方面，影响农业的灾害种类主要是旱灾、水灾与生物病虫害等；人为因素方面，主要体现在巨大人口压力与有限耕地面积之间的矛盾，以及新技术和新生产方式的使用对农业灾害发生频率及损失强度的影响。人为-自然因素交互方面，体现在对土地资源的过度开垦及秸秆焚烧、人畜共处、垃圾乱扔等行为上。为此，本文选择各省农作物受灾面积 $ldis$、病虫鼠害发生面积 $lpest$、乡村总人口 $lpopul$、农作物总播种面积 $lscale$、农业机械动力 $ltec$ 及生活垃圾清运量 $lgab$ 作为 $lded$ 的控制变量。

表 3.19 分别展示了普通最小二乘法、两阶段最小二乘法、三阶段最小二乘法的估计结果。此外，对于三阶段最小二乘法而言，也可以进行迭代，即用 3SLS 的残差重新估计协方差矩阵 Σ，然后使用广义最小二乘法（GLS），如此反复直至收敛。因而出于稳健性的考虑，在表中也汇报了采用迭代方式的三阶段最小二乘的结果。

表 3.19　农业产出 ln Y 回归结果

变量	OLS	2SLS	3SLS	3SLS_iter
	ln Y			
$lded$	−0.011*	−0.025***	−0.025***	−0.025***
	（−1.85）	（−2.61）	（−2.88）	（−2.88）
$lsub$	0.128***	0.119***	0.119***	0.119***
	（3.59）	（3.24）	（3.58）	（3.58）
ln k	0.098***	0.100***	0.100***	0.100***
	（6.31）	（6.31）	（7.02）	（7.02）
$ltec$	0.118***	0.117***	0.117***	0.117***
	（3.15）	（3.07）	（3.38）	（3.38）
$lscale$	0.301***	0.339***	0.340***	0.340***
	（3.89）	（4.19）	（4.63）	（4.63）
$lpre$	0.069***	0.069***	0.068***	0.068***

续表

变量	OLS	2SLS	3SLS	3SLS_iter
	(5.88)	(5.76)	(6.32)	(6.32)
lrate	0.028*	0.037**	0.037**	0.037**
	(1.80)	(2.26)	(2.49)	(2.49)
_cons	2.408***	2.184***	2.182***	2.182***
	(3.47)	(3.05)	(3.37)	(3.37)
地区效应	控制	控制	控制	控制
		lded		
ln*Y*	0.701	2.991**	2.971**	2.972**
	(1.08)	(2.32)	(2.55)	(2.56)
lsub	0.207	−0.448	−0.447	−0.447
	(0.61)	(−0.95)	(−1.05)	(−1.05)
ldis	0.963***	1.005***	1.005***	1.005***
	(11.58)	(11.37)	(12.58)	(12.58)
lpest	−0.010	0.009	0.007	0.007
	(−0.03)	(0.03)	(0.02)	(0.02)
lpopul	0.750	2.794	2.732	2.733
	(0.42)	(1.33)	(1.44)	(1.44)
lscale	1.494*	0.520	0.518	0.518
	(1.79)	(0.53)	(0.58)	(0.58)
ltec	0.068	−0.273	−0.267	−0.267
	(0.17)	(−0.61)	(−0.66)	(−0.66)
lgab	0.695	0.496	0.495	0.495
	(1.56)	(1.05)	(1.17)	(1.17)
_cons	−33.678*	−52.241**	−51.619**	−51.631**
	(−1.70)	(−2.33)	(−2.56)	(−2.56)
地区效应	控制	控制	控制	控制
N	213 000	213 000	213 000	213 000
R^2	0.997	0.997	0.997	0.997

注：OLS 是最小二乘估计，2SLS 是两阶段最小二乘估计，3SLS 是三阶段最小二乘估计，3SLS_iter 是迭代式三阶段最小二乘估计。

　　首先，比较 OLS 和其余模型中 *lded* 变量所对应的回归系数可知，运用联立方程消除内生性后，估算得出大灾损失对农业产出的影响相差很大。

联立方程模型采用二阶段回归、三阶段回归及三阶段迭代回归估计系数结果具有稳健性，估计所得大灾损失对农业产出影响的系数均为-0.025，且均在1%的水平下显著，而采用普通最小二乘法估计所得系数为-0.011。其次，OLS和其余模型 lsub 变量对应的回归系数均为正数且都在1%水平上显著，虽然 OLS 系数依旧和其余模型系数差别较大，但还是证明了保障对于农业生产具有正向作用的结论是稳健的。

4. 面板工具变量回归

虽然面板数据能在一定程度上解决遗漏变量（个体异质性）问题，但如果回归模型本身包含内生解释变量，则仍需使用工具变量法。实际操作通常分为两步：首先对模型进行变换以解决遗漏变量问题（比如，使用固定效应模型 FE），然后对变换后的模型使用二阶段最小二乘法（2SLS）。本书使用各省自然灾害受灾人口对数 lpeople 作为 lded 的工具变量，首先受灾人口与自然灾害高度相关，同时受灾人口只受大灾影响，累计受灾人口是多次大灾的结果，与当地的农业产值没有必然联系，因此满足工具变量的两个基本条件。

表 3.20　农业产出 lnY 面板工具变量回归结果

变量	$\ln Y$
lded	-0.015^{*}
	(-1.81)
lsub	0.126^{***}
	(3.49)
$\ln k$	0.098^{***}
	(6.32)
ltec	0.118^{***}
	(3.13)
lscale	0.311^{***}
	(3.95)
lpre	0.069^{***}
	(5.87)
lrate	0.030^{*}
	(1.91)
_cons	2.308^{***}
	(3.66)
N	213 000

面板工具变量回归结果见表 3.20，其中 *lded* 的系数为-0.015，在 10% 的水平上显著，*lsub* 的系数为 0.126，在 1%的水平上显著为正，与先前单方程模型、门槛回归、联立方程回归的结果相互印证，进一步证明了结果的稳健性。

（二）大灾风险与大灾保障对农业资本积累的影响

下面考虑农业经济的第二个维度，即农业资本积累受大灾风险与大灾保障的影响，本节使用各省年末农用大中型拖拉机数量 *lcap* 表示各省农业资本存量；核心解释变量依旧为各省自然灾害直接经济损失 *lded* 与各省财政农林水事务支出 *lsub*；控制变量方面，根据索洛（Solow）模型基本假设，新古典生产函数 $Y = AL^{\alpha}K^{1-\alpha}$ 中，在储蓄率外生给定，人口与技术水平不变的情况下，资本积累主要受投资与折旧的影响，如果将人口增长与技术进步考虑进来，则资本积累主要受储蓄率、折旧、人口及技术因素的影响。在此基础上，由于技术因素难以度量，本节不予考虑，同时假设资本折旧率外生给定，使用农林牧渔业固定资产投资 ln*k* 表示各省的农业投资情况，省级乡村人口 *lpopu* 表示农村人口情况，以地区总储蓄与地区生产总值之比 *lsav* 表示储蓄率。此外，本节还添加了农林牧渔业产值 ln*Y*、农作物总播种面积 *lscale* 及各省的地区生产总值 *lgdp* 作为控制变量。以上变量均经过对数处理，其中由于储蓄率小于 1，取对数为负值，为避免上述情况，使 *lsav*=ln（1+储蓄率）。

本节选取 2011—2017 年我国 31 个省、自治区、直辖市的面板数据，数据来自中华人民共和国国家统计局官网。变量的数据特征如表 3.21 所示。该部分使用的计量软件为 Stata16。

表 3.21　农业资本积累各变量的基本统计量

变量	含义	样本数	均值	标准差	最小值	最大值
lcap	年末农用大中型拖拉机数量（台）	217	11.211	1.550	7.972	13.874
lded	自然灾害直接经济损失（亿元）	213	4.182	1.374	-1.609	7.092
lsub	各省财政农林水事务支出（亿元）	217	5.998	0.559	4.519	6.931
ln*k*	农林牧渔业固定资产投资（亿元）	217	5.851	1.212	0.470	7.892
lpopu	乡村人口（万人）	217	7.242	0.940	5.451	8.627
ln*Y*	农林牧渔业产值（亿元）	217	7.637	1.075	4.695	9.136
lscale	农作物总播种面积（千公顷）	217	8.096	1.212	4.795	9.609
lgdp	各省地区生产总值（亿元）	217	9.572	0.991	6.416	11.426
lsav	储蓄率（%）	217	0.493	0.117	0.314	0.910

本节重点关注大灾损失与大灾保障两个核心解释变量。为此作出核心解释变量与被解释变量之间的散点图，如图3.55所示。

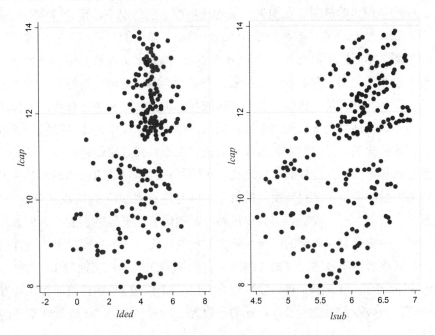

图 3.55 大灾损失、大灾保障与农业资本积累散点图

1. 单方程模型

基于单方程的基本计量方程设计如下：

该方程为资本积累方程，旨在研究大灾风险及大灾保障与农业资本积累的关系。在此采用年末农业机械总动力 $lcap$ 表示各省农业资本存量；$lded$ 表示灾害造成的财产损失风险，采用各省自然灾害导致的直接经济损失的对数值衡量；$lsub$ 表示各省对农业经济的保障程度，采用各省财政农林水事务支出的对数值表示。

$$lcap_{it} = \alpha_0 + \alpha_1 \cdot lded_{it} + \alpha_2 \cdot lsub_{it} + \sum \alpha_j \cdot X_{jit} + \varepsilon_{Git}$$

另外，因为还有很多其他因素可能会影响农业产出增长，因此需要控制一些可能的影响因素。X 为各控制变量的集合，使用农林牧渔业固定资产投资 $\ln k$ 表示各省的农业投资情况，省级乡村人口 $lpopu$ 表示农村人口情况，以地区总储蓄与地区生产总值之比 $lsav$ 表示储蓄率。此外，本节还添加了农林牧渔业产值 $\ln Y$、农作物总播种面积 $lscale$ 及各省的地区生产总值 $lgdp$ 作为控制变量。以上变量均经过对数处理，其中由于储蓄率小于1，取对数为负值，为避免上述情况，使 lsav=ln（1+储蓄率）。

如表 3.22 所示，在单方程模型中，确实存在灾害风险与灾害保障影响农业资本积累的机制。在损失变量为连续变量的情况下，混合 OLS 估计中，lded 对 lcap 的影响系数是-0.034，但不显著。固定效应与随机效应回归得到了相同的系数符号，且 lded 至少在 5%水平上显著。模型系数表明自然灾害风险损失对农业资本积累存在正面影响，这与熊彼特提出的"创造性破坏"理论是一致的。由于灾害破坏了旧的技术和生产体系，灾害发生的不确定性促使人们运用创造性成果，使灾害本身成为重新投资和资本升级的催化剂，促进资本积累和人力资本积累，反过来促进经济繁荣，即根据熊彼特的"创造性破坏"理论，风险对现存事物造成破坏的同时也为较为落后的资本带来更新换代的机会。同时注意到 lsub 的系数至少在 5%水平上显著为正，说明省级大灾风险保障的确有助于促进农业资本积累。为进一步明确大灾风险的影响，将灾害损失转化为 0~1 变量再次进行回归，其中若当年自然灾害损失超过该省当年 GDP 的 0.5%则取 1，否则取 0，以此表示大灾风险。可以发现混合 OLS、固定效应与随机效应存在相互印证，dummy 的系数为负，lsub 的系数为正，进一步证实了连续情形下的结论。

表 3.22 大灾风险与保障对农业资本积累的影响

变量	（1）	（2）	（3）	（4）	（5）	（6）
	损失变量为连续变量			损失变量为 0~1 变量		
	混合 OLS	固定效应	随机效应	混合 OLS	固定效应	随机效应
	$\ln Y$					
lded	-0.034	0.021***	0.017**	—	—	—
	(-0.53)	(3.75)	(2.39)			
dummy	—	—	—	-0.045	0.040**	0.038**
				(-0.25)	(2.23)	(2.00)
lsub	1.483**	0.240**	0.343***	1.420**	0.222**	0.324***
	(2.55)	(2.44)	(4.11)	(2.65)	(2.38)	(4.44)
ln$k$	-0.050	0.013	0.014	-0.030	0.025	0.025
	(-0.28)	(0.24)	(0.37)	(-0.20)	(0.48)	(0.73)
lpopu	-1.101***	-0.188	-0.320*	-1.146***	-0.322	-0.373**
	(-3.11)	(-0.24)	(-1.83)	(-3.48)	(-0.43)	(-2.20)

变量	（1）	（2）	（3）	（4）	（5）	（6）
	损失变量为连续变量			损失变量为0～1变量		
	混合OLS	固定效应	随机效应	混合OLS	固定效应	随机效应
	$\ln Y$					
$\ln Y$	0.122	−0.384	−0.322	0.087	−0.380	−0.317
	（0.22）	（−1.52）	（−1.40）	（0.16）	（−1.44）	（−1.31）
$lscale$	1.329***	0.678**	0.770***	1.346***	0.724***	0.812***
	（3.05）	（2.68）	（5.21）	（3.07）	（2.94）	（5.52）
$lgdp$	−0.534	0.728**	0.507***	−0.499	0.703**	0.505***
	（−1.54）	（2.62）	（3.08）	（−1.47）	（2.58）	（3.14）
$lsav$	1.525	0.601*	0.669**	1.528	0.635*	0.680**
	（0.75）	（1.86）	（2.03）	（0.75）	（1.99）	（2.11）
_cons	3.385	1.168	2.365	3.653	2.039	2.480*
	（1.18）	（0.14）	（1.60）	（1.25）	（0.25）	（1.79）
N	213 000	213 000	213 000	217 000	217 000	217 000
R^2	0.653	0.711	—	0.661	0.707	—

注：括号内为对应的标准差值。"***""**""*"分别表示在1%、5%和10%的显著性水平下显著，以下同。

2. 门槛回归

由面板回归结果可知，大灾风险损失和大灾保障均对农业资本积累产生了显著的线性影响。而由于大灾风险损失和大灾保障对农业资本的影响是多维度的，其影响可能会随着损失、大灾保障水平处于不同区间而呈现不同特点，即变量间可能存在非线性关系。为了检验变量间是否存在非线性关系，仿照农业产出部分的实证做法，本节设定面板门槛回归模型如下：

$$lcap_{it} = \beta_0 + \beta_1 \cdot lded_{it} \cdot l(q_{it} \leqslant \gamma) + \beta_2 \cdot lded_{it} \cdot l(q_{it} > \gamma) + \sum \beta_j \cdot X_{jit} + \varepsilon_{Git}$$

$$lcapY_{it} = \varphi_0 + \varphi_1 \cdot lsub_{it} \cdot l(q_{it} \leqslant \delta) + \varphi_2 \cdot lsub_{it} \cdot l(q_{it} > \delta) + \sum \varphi_j \cdot X_{jit} + \varepsilon_{Git}$$

其中，$l(\cdot)$代表示性函数，当括号中表达式为假时，则取值为0，反之取值则为1。根据门槛变量大灾风险损失$lded$与大灾保障$lsub$是否大于门槛值γ、δ，此时样本区间可以被划分为两个区制，并且两个区制分别采用斜率值β_1和β_2、φ_1和φ_2进行区别。q表示门槛变量，X代表控制变量。

类似地，在一门槛值模型的基础上，还可以考虑模型中存在多个门槛值的情形，接下来以两门槛值模型为例，上述模型可写成如下：

$$lcap_{it} = \beta_0 + \beta_1 \cdot lded_{it} \cdot l(q_{it} \leqslant \gamma_1) + \beta_2 \cdot lded_{it} \cdot l(\gamma_1 < q_{it} \leqslant \gamma_2)$$
$$+ \beta_3 \cdot lded_{it} \cdot l(q_{it} > \gamma_2) + \sum \beta_j \cdot X_{jit} + \varepsilon_{Git}$$

$$lcap_{it} = \varphi_0 + \varphi_1 \cdot lsub_{it} \cdot l(q_{it} \leqslant \delta_1) + \varphi_2 \cdot lsub_{it} \cdot l(\delta_1 < q_{it} \leqslant \delta_2)$$
$$+ \varphi_3 \cdot lsub_{it} \cdot l(q_{it} > \delta_3) + \sum \varphi_j \cdot X_{jit} + \varepsilon_{Git}$$

（1）以大灾损失为核心解释变量的门槛回归

①$lcap$ 为门槛变量

当 $\ln Y$ 为被解释变量，检验 $lded$ 对于 $lcap$ 不存在门槛值、存在一个门槛值及存在两个门槛值分别进行估计，借鉴 Hansen（1999）的"自助法"，运用 State16 统计软件，通过反复抽样 1000 次得出检验统计量对应的 P 值，判断是否存在着门槛效应。检验结果见表 3.23。

表 3.23　$lded$ 门槛效应检验结果（使用 $lcap$ 为门槛变量）

门槛个数	F 值	P 值	10%临界值水平	5%临界值水平	1%临界值水平
1	42.09	0.03	24.747 5	36.305 4	43.931 6
2	20.61	0.28	29.925	34.591 3	46.093 3

由表 3.23 可知，针对以大灾损失为核心解释变量的回归，当 $lcap$ 为门槛变量，可得到以下结论：F 统计量在一门槛模型中，在 1%的水平下显著，即 P 值小于 0.01，因此模型中存在一个门槛值。表 3.24 给出了门槛值估计结果。

表 3.24　$lded$ 门槛值估计结果（以 $lcap$ 为门槛变量）

门槛值	$lcap$ 对应值	95%的置信区间
9.575 0	14 400.237 8	（9.568 0，9.615 8）

与表 3.24 相对应，根据门槛模型原理，门槛估计值是似然比统计量 LR 趋近于 0 时对应的 γ 值，图 3.56 为一个门槛估计值 9.575 0 在 95%置信区间下的似然比函数图。其中，LR 统计量最低点为对应的真实门槛值，虚线表示临界值为 7.35，由于临界值 7.35 明显大于一个门槛值，可以认为上述门槛值是真实有效的。

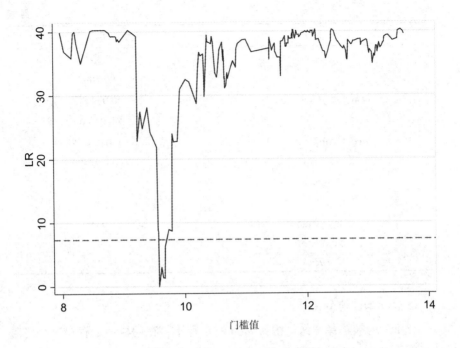

图 3.56 *lcap* 单门槛估计结果

在得出门槛值的同时，得到面板门槛回归结果，具体见表 3.25。

表 3.25 *lded* 面板门槛模型参数估计结果（以 *lcap* 为门槛变量）

变量	*lcap*
lsub	0.206***
	（0.063 3）
ln*k*	0.032 8
	（0.028 1）
lpopu	−0.257
	（0.303）
ln*Y*	−0.287**
	（0.132）
lscale	0.733***
	（0.129）
lgdp	0.615***
	（0.120）

续表

变量	lcap
lsav	0.334*
	（0.200）
lded（lcap≤9.575 0）	−0.034 8***
	（0.013 0）
lded（lcap＞9.575 0）	0.040 4***
	（0.009 51）
Constant	1.725
	（2.991）
Observations	217
Numberofid	31
R^2	0.757

②*lded* 为门槛变量

当 ln$Y$ 为被解释变量，检验 *lded* 对自身不存在门槛值、存在一个门槛值及存在两个门槛值分别进行估计。检验结果见表 3.26。

表 3.26　*lded* 门槛效应检验结果

门槛个数	F 值	P 值	10%临界值水平	5%临界值水平	1%临界值水平
1	8.23	0.24	11.538 8	15.399 6	18.683 9
2	16.12	0.04	12.590 6	15.489	18.914 8
3	12.69	0.5	26.725 3	29.468 9	46.707 8

由表 3.26 可知，针对以大灾损失为核心解释变量的回归，当 *lded* 为门槛变量，可得到以下结论：F 统计量在双门槛模型中，在 5%的水平下显著，即 P 值小于 0.05，因此模型中存在两个门槛值。表 3.27 给出了门槛值估计结果。

表 3.27　*lded* 门槛值估计结果

门槛值	*lded* 对应值	95%的置信区间
4.592 1	98.701 5	（4.563 5，4.595 1）
4.674 7	107.200 4	（4.659 2，4.677 5）

　　与表 3.27 相对应，根据门槛模型原理，门槛估计值是似然比统计量 LR 趋近于 0 时对应的 γ 值，图 3.57 为两个门槛估计值 4.592 1 和 4.674 7 在 95% 置信区间下的似然比函数图。其中，LR 统计量最低点为对应的真实门槛值，虚线表示临界值为 7.35，由于临界值 7.35 明显大于两个门槛值，因此可以认为上述门槛值是真实有效的。

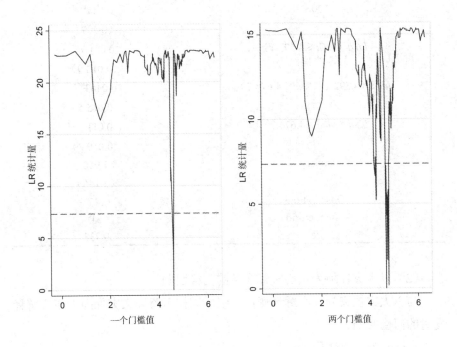

图 3.57　*lded* 双门槛估计结果

在得出门槛值的同时，得到面板门槛回归结果，具体见表 3.28。

表 3.28　*lded* 面板门槛模型参数估计结果（以 *lcap* 为门槛变量）

变量	lcap
lsub	0.192***
	（0.067 0）
ln*k*	0.016 9
	（0.029 4）
lpopu	−0.335
	（0.319）
ln*Y*	−0.453***
	（0.139）

续表

变量	lcap
lscale	0.753***
	（0.137）
lgdp	0.773***
	（0.126）
lsav	0.744***
	（0.207）
lded（lded≤4.592 1）	0.001 77
	（0.012 9）
lded（4.592 1＜lded≤4.674 7）	0.0463***
	（0.015 5）
lded（lded＞4.674 7）	0.011 7
	（0.010 2）
Constant	1.950
	（3.146）
Observations	217
Numberofid	31
R^2	0.733

（2）以大灾保障为核心解释变量的门槛回归

与以大灾损失为核心解释变量一致，同样考察以大灾保障为核心解释变量的门槛回归。

①lcap 为门槛变量

当 lnY 为被解释变量，检验 lsub 对 lcap 不存在门槛值、存在一个门槛值及存在两个门槛值分别进行估计，通过反复抽样 1000 次得出检验统计量对应的 P 值，判断是否存在门槛效应。检验结果见表 3.29。

表 3.29　lsub 门槛效应检验结果（以 lcap 为门槛变量）

门槛个数	F 值	P 值	10%临界值水平	5%临界值水平	1%临界值水平
1	69.72	0	34.344 8	41.850 2	53.942 1
2	59.88	0	25.025 7	28.784	37.509
3	44.02	0.46	73.318 1	82.659 4	89.548

由表 3.29 可知，针对以大灾保障为核心解释变量的回归，当 lcap 为门槛变量，可得到以下结论：F 统计量在双门槛模型中，在 5%的水平下显

著，即 P 值小于 0.05，因此模型中存在两个门槛值。表 3.30 给出了门槛值估计结果。

表 3.30　lsub 门槛值估计结果（以 lcap 为门槛变量）

门槛值	lcap 对应值	95%的置信区间
9.667 8	15 800.549 5	（9.655 0，9.674 1）
11.103 5	66 403.165 0	（10.983 2，11.394 1）

　　与表 3.30 相对应，根据门槛模型原理，门槛估计值是似然比统计量 LR 趋近于 0 时对应的 γ 值，图 3.58 为两个门槛估计值 9.667 8 和 11.103 5 在 95%置信区间下的似然比函数图。其中，LR 统计量最低点为对应的真实门槛值，虚线表示临界值为 7.35，由于临界值 7.35 明显大于两个门槛值，可以认为上述门槛值是真实有效的。

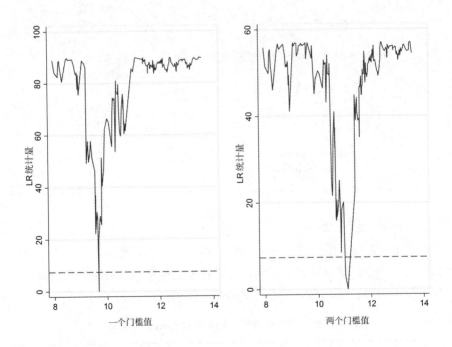

图 3.58　lcap 双门槛估计结果

在得出门槛值的同时，得到面板门槛回归结果，具体见表 3.31。

表 3.31 *lsub* 门槛值估计结果（以 *lcap* 为门槛变量）

变量	*lcap*
lded	0.019 6**
	（0.007 52）
ln*k*	−0.007 40
	（0.024 2）
lpopu	−0.546**
	（0.266）
ln*Y*	−0.173
	（0.113）
lscale	0.303***
	（0.116）
lgdp	0.472***
	（0.104）
lsav	0.209
	（0.172）
lsub（*lcap*≤9.667 8）	0.125**
	（0.053 9）
lsub（9.667 8＜*lcap*≤11.103）	0.204***
	（0.053 3）
lsub（*lcap*＞11.103）	0.299***
	（0.054 0）
Constant	7.911***
	（2.692）
Observations	217
Numberofid	31
R^2	0.830

②*lded* 为门槛变量

当 ln*Y* 为被解释变量，检验 *lsub* 对 *lded* 不存在门槛值、存在一个门槛值及存在两个门槛值分别进行估计，通过反复抽样 1000 次得出检验统计量对应的 P 值，判断是否存在门槛效应。检验结果见表 3.32。

表 3.32 *lsub* 门槛效应检验结果（以 *lded* 为门槛变量）

门槛个数	F 值	P 值	10%临界值水平	5%临界值水平	1%临界值水平
1	14.11	0.06	9.993 8	14.612 4	28.537 6
2	15.33	0.02	10.374 3	12.391 9	17.365 2
3	10.93	0.51	21.500 4	24.362	33.045 5

由表 3.32 可知，针对以大灾保障为核心解释变量的回归，当 *lded* 为门槛变量，可得到以下结论：F 统计量在双门槛模型中，在 5%的水平下显著，即 P 值小于 0.05，因此模型中存在两个门槛值。表 3.33 给出了门槛值估计结果。

表 3.33　*lsub* 门槛值估计结果（使用 *lded* 为门槛变量）

门槛值	*lded* 对应值	95%的置信区间
4.592 1	98.701 5	（4.563 5，4.595 1）
4.674 7	107.200 4	（4.659 2，4.677 5）

与表 3.33 相对应，根据门槛模型原理，门槛估计值是似然比统计量 LR 趋近于 0 时对应的 γ 值，图 3.59 为两个门槛估计值 4.592 1 和 4.674 7 在 95%置信区间下的似然比函数图。其中，LR 统计量最低点为对应的真实门槛值，虚线表示临界值为 7.35，由于临界值 7.35 明显大于两个门槛值，因此可以认为上述门槛值是真实有效的。

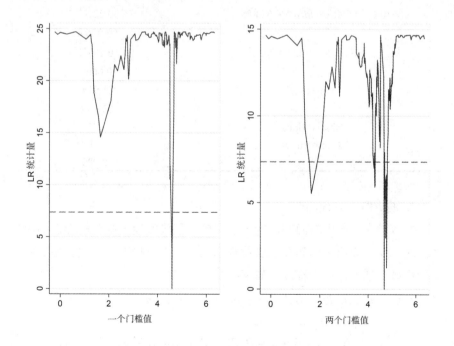

图 3.59　*lded* 双门槛估计结果

在得出门槛值的同时，得到面板门槛回归结果，具体见表 3.34。

表 3.34　*lsub* 门槛值估计结果（以 *lded* 为门槛变量）

变量	*lcap*
ln*k*	0.018 2
	（0.029 1）
lpopu	−0.329
	（0.318）
ln*Y*	−0.461***
	（0.139）
lscale	0.757***
	（0.132）
lgdp	0.777***
	（0.126）
lsav	0.756***
	（0.206）
lsub（*lded*≤4.592 1）	0.188***
	（0.067 0）
lsub（4.592 1＜*lded*≤4.674 7）	0.222***
	（0.066 8）
lsub（*lded*＞4.674 7）	0.197***
	（0.066 7）
Constant	1.914
	（3.134）
Observations	217
Numberofid	31
R^2	0.733

3. 面板联立方程回归

类似对农业产出的回归，为了解决单方程模型设定中可能存在的内生性问题，在此情形下构建关于农业资本积累、大灾损失与大灾补贴的联立方程模型，基本计量方程设计如下：

$$lcap = \alpha_0 + \alpha_1 lded + \alpha_2 lsub + \alpha_3 \ln k + \alpha_4 lpopu + \alpha_5 \ln Y + \alpha_6 lscale$$
$$+ \alpha_7 lgdp + \alpha_8 lsav + \varepsilon lded$$
$$= \beta_0 + \beta_1 lcap + \beta_2 lsub + \beta_3 ldis + \beta_4 lpest + \beta_5 lpopu$$
$$+ \beta_6 lscale + \beta_7 lTec + \beta_8 lgab + \theta$$

　　考虑到单方程设计中可能会存在双向因果关系即内生性问题，而且大灾风险、大灾补贴与农业资本积累的关系十分复杂，很多因素相互影响、相互联系，仅采用单方程模型很难完整有效地把经济系统各经济变量之间的相互关系表达出来，而采用联立方程模型则能较好地解决这一问题。在该联立方程中，第一个方程表示资本积累方程，第二个方程表示农业大灾损失方程。两个方程的设置均在前文有所阐述，不再赘述。

　　表 3.35 分别展示了普通最小二乘法、两阶段最小二乘法、三阶段最小二乘法的估计结果。一方面，比较 OLS 和其余模型中 *lded* 变量所对应的回归系数可知，运用联立方程消除内生性后，估算得出大灾损失对于农业资本积累的影响相差很大。联立方程模型采用二阶段回归、三阶段回归及三阶段迭代回归估计系数结果具有稳健性，估计所得大灾损失对于农业产出影响的系数分别为 0.034、0.035、0.035，且均在 5% 的水平下显著，而采用普通最小二乘法估计所得系数为 0.021。另一方面，OLS 和其余模型 *lsub* 变量对应的回归系数均为正数且都在 1% 水平上显著，虽然 OLS 系数依旧和其余模型系数差别较大，但还是证明了保障对于农业资本积累具有正向作用的结论是稳健的。

表 3.35　农业资本积累 *lcap* 回归结果

变量	OLS	2SLS	3SLS	3SLS_iter
	lcap			
lded	0.021**	0.033**	0.034**	0.034**
	(2.12)	(2.20)	(2.47)	(2.47)
lsub	0.240***	0.237***	0.222***	0.222***
	(3.32)	(3.26)	(3.41)	(3.40)
ln*k*	0.013	0.007	0.025	0.025
	(0.39)	(0.20)	(0.88)	(0.88)
lpopu	−0.188	−0.224	−0.107	−0.107
	(−0.55)	(−0.65)	(−0.35)	(−0.35)
ln*Y*	−0.384***	−0.373**	−0.371***	−0.371***
	(−2.65)	(−2.56)	(−2.92)	(−2.91)
lscale	0.678***	0.635***	0.626***	0.626***
	(4.76)	(4.27)	(4.70)	(4.70)
lgdp	0.728***	0.736***	0.739***	0.739***
	(5.52)	(5.54)	(6.22)	(6.21)

变量	OLS	2SLS	3SLS	3SLS_iter
lsav	0.601***	0.597***	0.555***	0.555***
	(2.75)	(2.73)	(2.88)	(2.87)
地区效应	控制	控制	控制	控制
_cons	1.481	2.011	1.089	1.090
	(0.40)	(0.53)	(0.32)	(0.32)
		lded		
lcap	0.499	1.075	0.912	0.913
	(1.18)	(0.94)	(0.88)	(0.89)
lsub	0.179	−0.087	−0.057	−0.057
	(0.52)	(−0.14)	(−0.10)	(−0.10)
ldis	0.938***	0.923***	0.934***	0.934***
	(11.30)	(10.52)	(11.81)	(11.82)
lpest	0.015	0.051	−0.125	−0.124
	(0.05)	(0.15)	(−0.43)	(−0.43)
lpopu	0.382	0.680	0.489	0.490
	(0.22)	(0.38)	(0.30)	(0.30)
lscale	1.604**	1.386	1.230	1.231
	(2.00)	(1.54)	(1.52)	(1.52)
ltec	0.062	−0.065	0.245	0.243
	(0.16)	(−0.14)	(0.60)	(0.60)
lgab	0.619	0.461	0.640	0.638
	(1.36)	(0.85)	(1.35)	(1.34)
地区效应	控制	控制	控制	控制
_cons	−31.221	−34.949*	−33.419*	−33.429*
	(−1.62)	(−1.70)	(−1.80)	(−1.80)
N	213 000	213 000	213 000	213 000
R^2	0.996	0.996	0.996	0.996

4. 面板工具变量回归

同处理农业产出影响时一样，本书使用各省自然灾害受灾面积对数 *ldis* 作为 *lded* 的工具变量，首先受灾面积与自然灾害高度相关，同时受灾面积只受大灾影响，与当地的农业资本积累没有必然联系，因此满足工具变量的两个基本条件。

面板工具变量回归的结果见表 3.36，其中 *lded* 的系数为 0.032，在 5% 的水平上显著，*lsub* 的系数为 0.237，在 1%的水平上显著为正，与先前单方程模型、门槛回归、联立方程回归的结果相互印证，进一步证明了结果的稳健性。

表 3.36　农业资本积累 *lcap* 面板工具变量回归结果

变量	*lcap*
lded	0.032**
	（2.16）
lsub	0.237***
	（3.26）
ln*k*	0.007
	（0.21）
lpopu	−0.222
	（−0.64）
ln*Y*	−0.373**
	（−2.56）
lscale	0.637***
	（4.28）
lgdp	0.735***
	（5.54）
lsav	0.598***
	（2.73）
_cons	1.615
	（0.47）

（三）大灾风险对农险公司利润的影响

本节选取中原农险、中航安盟、国元农险、安信农险、安华农险与阳光农险 2011—2019 年的面板数据（其中中原农险为 2015—2019 年），数据均来自历年《中国保险年鉴》。另外，为了平滑数据，减少变量的波动性和可能出现的异方差，对各变量取自然对数。变量的数据特征如表 3.37 所示。该部分使用的计量软件为 Stata16。

表 3.37　各变量的基本统计量

变量	含义	样本数	均值	标准差	最小值	最大值
lprofit	公司年利润（百万元）	43	4.365	1.182	1.413	6.166
lcomp	公司年农险赔付额（百万元）	47	6.347	1.624	1.151	11.525
lcompr	公司年农险赔付率（%）	50	0.478	0.586	0.000	4.264
lprem	农险保费收入（百万元）	50	7.105	0.824	4.254	7.967
lpremr	农险保费收入增长率（%）	50	0.266	0.521	−0.137	1.986
lasset	保险公司资产（百万元）	50	8.085	0.559	6.956	9.293
lgrowth	保险公司资产增长率（%）	50	0.155	0.252	−0.733	1.027
ldebt	保险公司负债（百万元）	50	7.494	0.813	3.967	9.176
lshare	农险市场份额（%）	50	0.038	0.023	0.000	0.087

　　本节重点关注公司农险赔付额这个核心解释变量。为此作出核心解释变量与被解释变量之间的散点图，如图 3.60 所示。

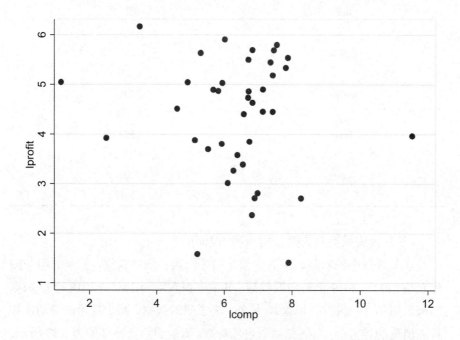

图 3.60　农险公司年赔付额与公司年利润散点图

1. 单方程模型

基于单方程的基本计量方程设计如下：

lprofit 是各公司每年的利润对数值，衡量农险公司利润增长状况；*lcomp* 是各公司每年农险赔付额对数值，为主要解释变量。本节同时构建大灾虚拟变量 *dummy*，若当年农险赔付额占当年公司保费收入比重大于140%，取值为1，否则为0。

$$lprofit_{it} = \alpha_0 + \alpha_1 \cdot lcomp_{it} + \sum \alpha_j \cdot X_{jit} + \varepsilon_{Git}$$

另外，还有很多其他因素可能会影响农险公司利润，需要控制一些可能的影响因素。*X* 为各控制变量的集合，本节用保险公司资产的对数值 *lasset* 表示公司资产状况；*lgrowth* 表示资产增长情况；保险公司农险保费收入对数 *lprem* 表示农险保费收入情况；*lpremr* 表示保费收入增长情况；*ldebt* 表示公司负债情况；保险公司农险市场份额对数 *lshare* 测度保险公司业务规模的影响，其中市场份额为当年农险保费收入占市场保费总收入的比例。

表 3.38 显示，在单方程模型中，确实存在灾害损失赔偿影响农险公司利润的机制。在损失变量为连续变量的情况下，混合 OLS 估计中，*lcomp* 对 *lprofit* 的影响系数是-0.071，固定效应与随机效应回归分别为-0.045 和-0.071，且三者均至少在5%水平上显著。模型系数表明自然灾害风险损失赔偿对于农险公司利润存在负面影响。为进一步明确大灾风险赔偿的影响，将灾害损失转化为 0～1 变量再次进行回归，可以发现混合 OLS 与随机效应模型存在相互印证，*dummy* 的系数为负，进一步证实了连续情形下的结论。

表 3.38　大灾风险对农险公司利润的影响

变量	(1)	(2)	(3)	(4)	(5)	(6)
	赔偿变量是连续变量			赔偿变量是 0～1 变量		
	混合 OLS	固定效应	随机效应	混合 OLS	固定效应	随机效应
	lprofit					
lcomp	-0.071**	-0.045**	-0.071***	—	—	—
	(-2.64)	(-2.73)	(-2.64)			
dummy	—	—	—	-0.740**	0.040	-0.740***
				(-3.57)	(0.05)	(-3.57)
lprem	-1.788	2.202	-1.788	-1.748	2.354	-1.748
	(-1.31)	(1.38)	(-1.31)	(-1.49)	(1.64)	(-1.49)

变量	（1）	（2）	（3）	（4）	（5）	（6）
	赔偿变量是连续变量			赔偿变量是0～1变量		
	混合 OLS	固定效应	随机效应	混合 OLS	固定效应	随机效应
lpremr	−2.687***	−1.145	−2.687***	−2.698***	−1.019	−2.698***
	（−5.18）	（−1.29）	（−5.18）	（−5.04）	（−1.09）	（−5.04）
lasset	4.553*	0.194	4.553**	4.279*	−0.026	4.279**
	（2.16）	（0.09）	（2.16）	（2.37）	（−0.01）	（2.37）
lgrowth	1.367	1.992	1.367*	1.436	1.976	1.436*
	（1.74）	（1.69）	（1.74）	（1.75）	（1.54）	（1.75）
ldebt	−3.215**	−1.246	−3.215***	−3.097**	−1.130	−3.097***
	（−2.84）	（−1.11）	（−2.84）	（−2.96）	（−0.99）	（−2.96）
lshare	43.477	35.257	43.477*	43.379*	38.104	43.379**
	（1.77）	（1.22）	（1.77）	（2.02）	（1.33）	（2.02）
_cons	3.531	−4.975	3.531	4.150	−5.610	4.150
	（0.98）	（−1.31）	（0.98）	（1.25）	（−1.28）	（1.25）
N	35 000	35 000	35 000	37 000	37 000	37 000
R^2	0.583	0.511	—	0.584	0.503	—

注：括号内为对应的标准差值。"***""**""*"分别表示在1%、5%和10%的显著性水平下显著。

2. 门槛回归

由面板回归结果可知，大灾风险损失赔偿对农险公司利润产生了显著的线性影响。而由于大灾风险损失赔偿和公司利润之间的影响是多维度的，其影响可能会随着利润水平、赔偿水平处于不同区间而呈现不同特点，即变量间可能存在非线性关系。为了检验变量间是否存在非线性关系，仿照农业产出与农业资本积累部分的实证做法，本节设定面板门槛回归模型如下：

$$lprofit_{it} = \beta_0 + \beta_1 \cdot lcomp_{it} \cdot l(q_{it} \leq \gamma) + \beta_2 \cdot lcomp_{it} \cdot l(q_{it} > \gamma) + \sum \beta_j \cdot X_{jit} + \varepsilon_{Git}$$

其中，$l(\cdot)$ 代表示性函数，当括号中表达式为假时，则取值为 0，反之取值则为 1。根据门槛变量大灾风险损失赔偿是否大于门槛值 γ、δ，此时样本区间可以被划分为两个区制，并且两个区制分别采用斜率值 β_1 和 β_2、δ_1 和 δ_2 进行区别。q 表示门槛变量，X 代表控制变量。

类似地，在一门槛值模型的基础上，还可以考虑模型中存在多个门槛值的情形，接下来以两门槛值模型为例，上述模型分别表示如下：

$$lprofit_{it} = \beta_0 + \beta_1 \cdot lcomp_{it} \cdot l(q_{it} \leqslant \gamma_1) + \beta_2 \cdot lcomp_{it} \cdot l(\gamma_1 < q_{it} \leqslant \gamma_2)$$
$$+ \beta_3 \cdot lcomp_{it} \cdot l(q_{it} > \gamma_2) + \sum \beta_j \cdot X_{jit} + \varepsilon_{Git}$$

接下来以大灾损失为核心解释变量，以 $lprofit$ 为门槛变量进行门槛回归，当 $lprofit$ 为被解释变量，检验 $lcomp$ 对 $lprofit$ 不存在门槛值、存在一个门槛值及存在两个门槛值分别进行估计。借鉴 Hansen（1999）的"自助法"，运用 State16 统计软件，通过反复抽样 1000 次得出检验统计量对应的 P 值，判断是否存在门槛效应。检验结果见表 3.39。

表 3.39　大灾风险赔偿对农险公司利润的影响

门槛个数	F 值	P 值	10%临界值水平	5%临界值水平	1%临界值水平
1	67.04	0	12.015	14.142 5	25.534 4
2	33.8	0	9.747 4	12.511 9	14.3
3	7.99	0.77	24.174 4	26.420 2	31.244 6

由表 3.39 可知，针对以大灾损失赔偿为核心解释变量的回归，当 $lprofit$ 为门槛变量，可得到以下结论：F 统计量在双门槛模型中，在 5%的水平下显著，即 P 值小于 0.05，因此模型中存在两个门槛值。表 3.40 给出了门槛值估计结果。

表 3.40　$lprofit$ 门槛值估计结果

门槛值	$lprofit$ 对应值	95%的置信区间
3.804 7	44.911 8	（3.016 5，3.849 7）
4.633	102.822 1	（4.518 6，4.732 9）

与表 3.40 相对应，根据门槛模型原理，门槛估计值是似然比统计量 LR 趋近于 0 时对应的 γ 值，图 3.61 为两个门槛估计值 3.804 7 和 4.633 在 95%置信区间下的似然比函数图。其中，LR 统计量最低点为对应的真实门槛值，虚线表示临界值为 7.35，由于临界值 7.35 明显大于两个门槛值，由此可以认为上述门槛值是真实有效的。

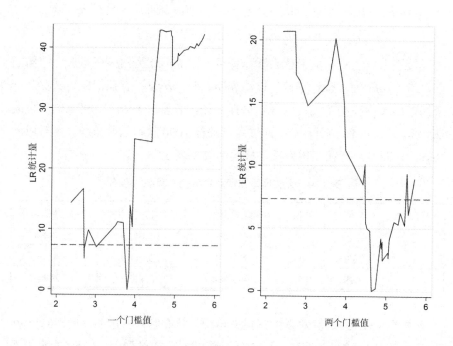

图 3.61　*lprofit* 双门槛估计结果

在得出门槛值的同时，得到面板门槛回归结果，具体见表 3.41。

表 3.41　面板门槛模型参数估计结果

变量	*lprofit*
lprem	0.380**
	（0.174）
lpremr	0.048 0
	（0.204）
lasset	−0.243
	（0.362）
lgrowth	1.092***
	（0.254）
ldebt	−0.192
	（0.347）
lshare	0.451
	（4.891）
lcomp（*lprofit*≤3.804 7）	−0.262***
	（0.041 1）

变量	lprofit
lcomp（3.804 7＜lprofit≤4.633）	−0.071 8*
	（0.036 8）
lcomp（lprofit＞4.633）	0.059 6
	（0.038 0）
Constant	5.357***
	（1.609）
Observations	45
Numberofid	5
R^2	0.894

第三节　结　论

本章介绍了我国种植业和养殖业的大灾风险状况。第一节主要采用定性分析的方法，首先对我国农业灾害及大灾规律进行基本介绍，发现我国农业灾害频率总体呈下降趋势但绝对水平依旧处于高位，同时灾害损失规模大、波动高这两个事实。接下来从灾因分析入手，重点介绍了种植业的主要灾因——旱灾、洪灾、冷冻灾及养殖业的主要灾因——禽流感、猪流感。之后，利用 GIS 技术分析了种养业主要灾因损失的地域分布特点，发现旱灾高发于我国北方及西南地区，洪灾则主要分布于我国季风区的大江大河沿岸，冷冻灾集中在我国北方，禽流感与猪流感则主要发生在养殖大省，同时由于运输问题，暴发区域往往呈现"片状化"特征。同时，进一步分析了灾因损失情况，发现种植业的三大灾因都具有损失大、频率高的特点，对我国粮食安全及经济发展都产生了负面影响。相比之下，养殖业大灾更具有偶发性特征，暴发突然且损失巨大。此外，还分别使用原始数据及蒙特卡罗模拟得到了全国层面和不同省份灾害损失的分布，以及 95%、99% 两个分位点的 VaR 数据，分析发现我国农业大灾损失存在明显的厚尾特征，同时省份的 VaR 数据也清楚地反映了不同省不同灾害损失的情况，进一步印证了其地域分布特点。最后利用保险赔付率分析了农业保险的赔付情况，通过将保险赔付率分解为受益率及单位保险赔付额两个指标，发现种植业、养殖业的保险赔付状况存在差异，但总体上我国农业保险的保障水平在不断提高。

第二节利用理论模型和数值模拟分析了农业大灾风险的影响。首先搭建了理论模型，分别是大灾风险及保障对农业经济的影响、大灾补贴对农业经济的影响，以及大灾风险及保障对农险公司利润的影响三个模型。其次，在理论模型的基础上进行数值模拟，考虑一次大灾冲击下三个模型各自的表现。在对农业经济影响的模型中，分为有风险无保险和有风险有保险两种情形进行讨论，发现保险可以有效缓解大灾的不利冲击；在大灾补贴模型中，设置了不同的补贴比例进行模拟，补贴比例越高，灾损缓解效果越明显；在农险公司利润模型中，通过改变损失程度，发现大灾风险会导致公司利润显著下降，且下降程度与损失程度呈正相关，并且利润的影响主要集中在当期。之后在一次大灾冲击的基础上进一步考虑大灾冲击叠加的情形，具体考虑连续两次大灾冲击的影响。相比一次大灾冲击，连续两次大灾冲击中第二次大灾冲击的影响要显著小于第一次，而第一次大灾冲击的情形与一次大灾冲击下十分相似。最后，进行了实证分析，一共包括三个回归：一是大灾风险与保障对农业产出的影响；二是大灾风险与保障对农业资本积累的影响；三是大灾风险损失赔偿对农险公司利润的影响。在回归中为了克服内生性问题，分别采用了面板固定效应、门槛回归、联立方程模型和面板工具变量等手段进行实证研究，发现不同方法之间能够相互印证，结果具有很强的稳健性。实证表明：在宏观层面，大灾风险会导致农业产出下降，但会促进农业资本积累上升，大灾保障对于农业产出与资本积累均有显著正向作用；在微观层面，大灾风险导致的损失赔偿则会显著降低农险公司的利润水平。

第四章 国外农业保险大灾风险分散机制的经验借鉴及启示

第一节 国外农业保险大灾分散机制的主要模式

一、美国农业保险大灾风险分散机制

美国农业保险大灾风险分散机制主要以再保险为核心，包含直接保险、再保险、大灾专项基金及紧急预案四层结构（李琼、单言、王硕、王铭，2018），利用再保险、财政补贴、农业巨灾风险证券化、紧急贷款政策等方式，实现风险从低到高的逐级分散，有效保障美国农业的稳健发展。图4.1为美国农业保险大灾风险分散机制框架。

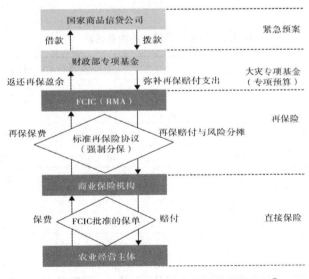

图 4.1 美国农业保险大灾风险分散机制[①]

[①] 李琼，单言，王硕，王铭. 美国农业再保险体系运行模式及启示 [J]. 保险理论与实践，2018（9）：85-105.

农业生产者与直接保险公司签订合同，以实现风险的第一层分散。农业生产者向直接保险公司投保，直接保险公司按照美国联邦农作物保险公司（FCIC）批准的保单与农业生产者签订合格农作物保险合同，政府则在此层面上对获得国家审批许可且与FCIC签订《标准再保险协议》（SRA）的直接保险公司及购买农业保险的农业生产者进行保费补贴和经营费用补贴。

直接保险公司将汇聚的农业大灾风险通过再保险分给FCIC和商业再保险机构，同时通过巨灾期货、巨灾债券、巨灾期权等多种工具在全球范围内分散风险（范丽萍，2015）。在再保险结构层面，FCIC行使国家再保险公司职能，与直接保险公司签订SRA，其再保险模式可总结为以"成数+超赔+净额成数分保+利润共享、损失共担"为核心的政府主导型再保险模式（李琼、单言、王硕、王铭，2018）。

《联邦农作物保险法》（1980）、《联邦农作物保险改革法》（1994）、《农业风险保护法》（2000）三部法律的颁布，确立了SRA在美国农业再保险体系中的重要地位。SRA不仅对美国农业再保险运行的具体实施细则进行了规范，同时还明晰了联邦政府与农业保险经营机构的风险分散安排。表4.1显示了保险公司承担的损益份额，图4.2显示了2022年SRA的风险分散安排。

表 4.1　保险公司承担的损益份额

赔付率	强制性基金 ARF（%）	商业性基金 CF（%）	
		州组 1	州组 2、州组 3
收益			
0～50%	3	5	5
51%～65%	13.5	40	40
66%～100%	22.5	75	97.5
损失			
100%～160%	7.5	65	42.5
161%～220%	6	45	20
221%～500%	3	10	5

资料来源：2022年《标准再保险协议》。

注：州组1为低风险组，包含伊利诺伊州、印第安纳州、艾奥瓦州、明尼苏达州和内布拉斯加州。州组2、州组3均为农业风险较高、农业保险发展情况不佳的地区。

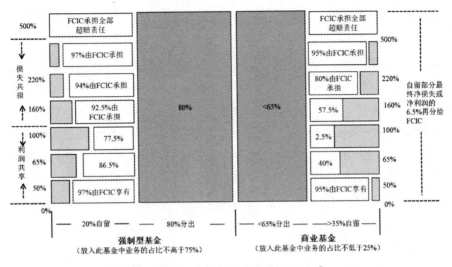

图 4.2 美国 SRA 的风险分散安排 ①

注：图中纵轴为赔付率，中间灰色部分代表 FCIC 分享利润和分担损失的比例，外面灰色部分代表直接保险公司自留损失及自享利润的占比。对于商业型基金，图中比例是按照州组 2、州组 3 的规定绘制。

  第一，直接保险公司依据其经营计划将其在各州承保的业务分险种、分州地放入以州为单位的强制型基金和商业型基金，若在规定截止日仍未确定将业务放入何种基金，业务将自动被放入商业型基金。第二，由于强制型基金中直接保险公司自留比例为 20%，分出比例为 80%，分出比例较高且固定，因此直接保险公司通常将风险较大的高风险业务放入强制型基金中；商业型基金给予了直接保险公司自主决定分出比例的灵活性，直接保险公司可在 0～65% 的范围内选择分出比例，在 35%～100% 的范围内选择自留比例，因此直接保险公司更偏好将风险可控、预期收益较好的业务放入商业型基金。与此同时，直接保险公司放入强制型基金的保险业务的账面净保费不得超过该公司在每个州所有业务账面净保费的 75%，若超过75%，应当将放入强制型基金中的账面净保费和赔付减少至 75%，剩余部分由 FCIC 分配给该州的商业型基金。第三，在前述直接保险公司与 FCIC 以成数分保方式分散风险的基础上，双方还针对直接保险公司自留部分业务建立了利润分享与损失分摊机制，当直接保险公司的承保利润大于 0（赔

  ① 魏加威，杨汭华. 我国农业再保险体系建设：国际经验与启示[J]. 当代经济管理，2021，43（9）：89-97.

付率小于 100%），直接保险公司需将自留部分利润分享给 FCIC，且随着承保利润增加，直接承保公司的自享利润比例越高，FCIC 的分享利润比例越低。同时可以发现，在相同赔付率水平下，商业型基金中直接保险公司的自留利润比例大于强制型基金中的自留比例。当直接保险公司赔付率大于100%，出现承保亏损时，FCIC 将承担直接保险公司的一部分自留损失，且随着赔付率的增加，FCIC 分担损失的比例变大，当赔付率超过 500%时，FCIC 将全额承担直接保险公司的自留业务损失，同时注意到，在同等赔付率水平上，强制型基金中 FCIC 分担损失的比例要高于商业型基金中 FCIC 分担损失的比例。第四，为进一步平滑各保险公司及全行业的农业保险经营成果，在 SRA 中还规定了净额成数分保和利润返还机制，直接保险公司还需将自留部分最终净损失或净利润的 6.5%再分给 FCIC；当 FCIC 承保所有 AIP（与 FCIC 签订《标准再保险协议》的直接保险公司）业务的净利润为正时，FCIC 将把所有承保净利润总额的 1.5%返还给 AIP。

农业保险专项基金（或称专项预算）承担更高层风险。当 FCIC 的再保赔付能力不足时，美国财政部设立的农业保险专项基金将会为 FCIC 的再保赔付提供资金支持。农业保险专项基金的资金来源于每年的财政预算及 FCIC 的再保险业务盈余，主要用于补偿大灾发生时超过再保险体系赔付能力部分的损失及补贴 FCIC 的经营成本。FCIC 根据联邦农业保险计划向财政申请预算，如有农业保险专项基金结余则返还财政部，如有不足则启动紧急预案。

政府紧急预案为美国农业保险大灾风险兜底。当 FCIC 的专项基金发生赔付能力不足时，不仅政府直接出资弥补超出再保险体系的赔付损失，依据《联邦农作物保险法》的规定，FCIC 还可以启动紧急预案募集资金，向商品信贷公司申请贷款，或发行财政部允许的专门票据、债券等，以及时获得应急资金，缓解农业巨灾产生的赔付压力。

综上所述，政府主导的再保险体系是美国农业保险大灾风险分散机制的核心，机制清晰、全面，具有如下特征：一是农业大灾风险实现从低到高逐级分散，政府是最终兜底赔付人；二是财政支持力度大，不仅对农业生产者和直接保险公司进行财政补贴和税收优惠，当 FCIC 偿付能力不足时，还给予 FCIC 资金支持；三是相关法律法规完备，对农业保险大灾风险分散机制的核心机构、职能、运行机制和融资安排作出了规范。

二、加拿大农业保险大灾风险分散机制

加拿大农业保险模式特征可以概括为"政府主导、联邦和省两级政府负责、省政府成立专门的机构运作"（朱俊生，2013）。加拿大农业保险大灾风险分散机制包含农业保险公司、省政府和联邦政府三个层次，具有浓厚的政府主导色彩，政府将业务运营、财政支持等融于一身。图4.3显示了加拿大农业保险大灾风险分散机制。

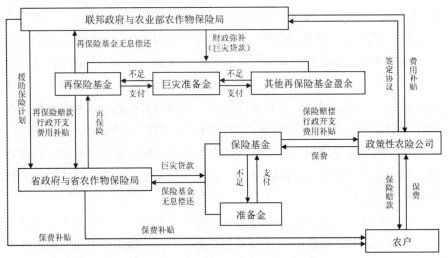

图4.3　加拿大农业保险大灾风险分散机制[①]

加拿大各省政府组织成立农险公司，垄断经营，商业保险公司因为难以获得政府支持，很少经营农业保险业务（中原农业保险公司加拿大农业保险考察团，2016）。在农业保险的参保率方面，受到各地区风险大小不同等因素的影响，加拿大农业保险在各省的参保率各不相同，但总体较高，能有效转移农业生产者的农业大灾风险，彼特·史莱德（Peter Slade，2020）计算得出，2018年，曼尼托巴省的作物投保率（按面积计算）为90%，萨斯喀彻温省为76%，阿尔伯塔省为70%，安大略省为68%，魁北克省为66%；在农业保险的保费方面，农业生产者只支付保费的40%，省政府补贴24%的保险费，联邦政府补贴36%的保险费；在农业保险产品方面，主要有作物产量多灾害险（MPCI）、冰雹保险和西部畜牧价格指数保险（WLPIP）；在大灾准备金方面，各农险公司均制定了准备金制度，对准备

[①] 陈利，杨珂. 国际农业巨灾保险运行机制的比较与借鉴[J]. 农村经济，2013（4）：126-129.

金的来源、管理、使用等作出了较为明晰的规定。以曼尼托巴省的《农业服务公司法》为例，省农险公司设立农业保险基金，该基金的资金来源主要是种植年度内基金支付完赔款及管理费用后的剩余部分（蒲应龚、吕晓英，2015），对于部分储备基金，省农险公司将其投资于资本市场，以获取投资收益。

联邦政府和各省级政府依法为农业保险提供再保险支持。各省所属的农业保险经营公司可以分别向省级政府或者联邦政府购买再保险服务，或同时向两级政府寻求再保险支持。各省级政府均设立再保险账户，账户的主要资金来源是该省指定的农业保险经营公司用于支付再保险合同的保险费和其他费用；该账户资金如因大灾发生等因素，余额不足以承担赔款责任的，该省财政厅可通过预付款项的形式予以补足。值得一提的是，该笔款项需在后续期间偿还，且可免除利息。联邦政府在其下辖的农业部门设立了"农作物再保险基金"（范丽萍，2015）。同样，基金由各省农业保险公司支付的再保险费用组成，如该账户上资金余额不足以承担分保责任赔款，则由联邦财政部予以临时贷款，贷款款项需在后续期间尽快偿还，且可免除利息。

综上所述，加拿大农业保险大灾风险分散机制具有浓厚的政府主导色彩，主要以联邦和省政府提供的再保险为主，当再保险机制难以满足农业大灾造成的巨额赔付需求时，可通过农作物再保险基金、联邦财政部和省财政厅以免息贷款等融资方式予以补充。

三、日本农业保险大灾风险分散机制

日本农业保险大灾风险分散机制体现了"多级分散"与"政府兜底"的农业保障政策理念，包含农业共济组合、农业共济组合联合会、国家农业共济再保险和紧急预案四个层次（包璐璐、江生忠，2019），利用再保险、巨灾债券、农业共济基金、临时贷款等方式实现农业保险大灾风险的有效分散。图4.4显示了日本农业保险大灾风险分散机制。

第一层，农业共济组合。农业共济组合是民间不以营利为目的的保险相互会社，在市町村范围内经营农业保险，收取保费，承保水稻、小麦等农作物和牲畜，受都道府县知事的指导和监督。在农业共济组合管辖区域内，有住所且养殖、种植达到一定规模的农户，都需要加入该组织，成为其成员，并与其签订保险合同，当参保农作物和牲畜遭受损失时，农业共

济组合为参保农户提供赔偿。此外，农业共济组合还会为其成员提供防灾防损的工具和器械，如防治病虫害的工具、器材，以及被保险家畜卫生防疫器械等。

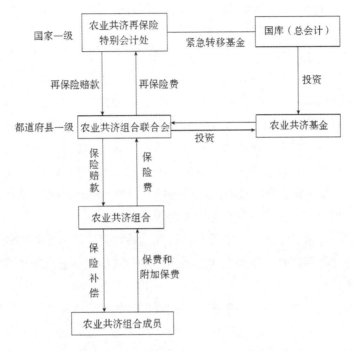

图 4.4　日本农业保险大灾风险分散机制[①]

　　第二层，农业共济组合联合会。农业共济组合联合会由都道府县创建，主要向其成员提供再保险支持，为其进一步分散农业大灾风险，增强其抵御风险的能力。该都道府县内的所有农业共济组合都是其成员，并向其进行分保。最初，分保实行的是成数再保险，每个农业共济组合将保险金额的 10%自留（同时自留 10%的保险费），将剩余 90%分给联合会。1963 年以后，农业共济组合自留部分增加到了 50%～80%，也就是说，分保给农业共济组合联合会的部分减少到 20%～50%（张晓丽，2015）。

　　农业共济组合联合会通过收集保险费建立补偿基金，并以此基金承担大部分正常灾害损失的赔偿责任。但若发生大灾损失且超过补偿基金的偿付能力时，农业共济基金可以向农业共济联合会提供临时的借贷融资。农业共济基金，由中央政府和二级农业共济组合联合会共同出资成立，中央

---

① 马丽华. 国外农业保险巨灾风险分散模式及其启示[J]. 世界农业，2017（4）：91-96.

政府和二级农业共济组合联合会各占 50%的比例，初始资金为 30 亿日元（卜庆国，2017）。若发生农业大灾，补偿基金难以承担巨额赔偿，农业共济基金可提供免息贷款。此外，日本还允许农业共济联合会在国际资本市场发行巨灾债券（范丽萍，2015），也允许其向国际市场分保（庹国柱等，2010），进一步分散农业大灾风险。

第三层，国家农业共济再保险。为进一步分散农业保险大灾风险，对于法定保险项目，农业共济再保险特别会计处提供第二次再保险支持。国家农业共济再保险采用的是超额赔款再保险，在任何一年里，联合会所承保的保险标的损失超过一定水平，超过部分将由再保险特别会计处给予赔偿。一般而言，农业共济组合、农业共济联合会、国家农业共济再保险的保险责任分担比例分别为 10%～20%、20%～30%、50%～70%。当发生农业大灾时，国家农业再保险的保险责任可增加至 80%～100%，从而保证了农业共济组合和农业共济联合会保险经营的稳定性。

第四层，紧急预案。当农业共济再保险特别会计处再保险基金发生不足以支付超额赔款时，还可以通过向国库申请紧急转移基金的形式予以补偿和支持。

值得一提的是，以上是传统的两层再保险的三阶段模式，为了减少中间环节、提高组织效率、缩短赔付时间，东京都、福井县、熊本县、神奈川县等部分都道府县目前采取的是"一县一组合"的两阶段新模式，即共济组合直接向政府缴纳保险费，并在出险后直接向政府领取保险金。基于上述"一县一组合"的二阶段新模式，当农户的投保标的遭受自然灾害或者价格损失时，可以在较短时间内得到由政府兜底的共济金赔付，用于灾后正常生活生产的恢复（江生忠、费清，2018）。

综上所述，无论是传统的三阶段模式，还是"一县一组合"的两阶段新模式，日本中央政府始终扮演着最后保险人的角色。在三阶段模式中，农业保险大灾风险分散机制主要体现为两层再保险，还包括农业共济基金、巨灾债券、紧急贷款等，保障了大灾损失的及时赔付，维护了农业保险的高质量发展。

四、其他国家

（一）法国

法国的农业保险起源于农民自发成立的农业相互保险组织。1900 年法国政府颁布《农业互助保险法》；1964年设立国家农业灾害保障基金；1966年在大区范围内设立再保险机构，建立逐级分保的再保险体系；1986年组建国家保险公司专门经营农业保险及相关业务，形成了民办官助、逐级分保的风险分散体系，政府是农业保险大灾风险的最终承担者。法国的农业保险大灾风险分散机制由农业相互保险合作社、农业相互保险公司、中央再保险公司和国家农业风险管理基金四个层次组成（王铭，2017）。

在农业相互保险合作社层面，农业相互保险合作社数量众多，几乎覆盖了法国的各个乡镇，主要承担底层风险；在农业相互保险公司层面，法国依据大区划分建立了农业相互保险公司，按照"互保社-大区分公司-全国总公司"分保，向辖区内的互保社提供再保险保障；在中央再保险公司层面，中央再保险公司作为法国再保险体系中的顶层机构，代为行使政府职能，向农业保险机构提供再保险保障，承担农业保险经营风险的最终责任；在国家农业风险管理基金层面，当发生农业大灾，农业保险组织无力对农业巨灾风险进行补贴性补偿时，国家农业风险管理基金将对农业大灾风险造成的超常损失进行补贴性补偿（杨铁良，2017），有效维护了法国农业保险体系的稳定运行。

综上所述，法国农业保险大灾风险分散机制总体上具有浓厚的政府色彩，形成农业相互保险合作社承担低层风险、农业相互保险公司和中央再保险公司承担中层风险、国家财政兜底承担高层风险的局面。

（二）印度

作为新兴市场典型的市场化国家，印度高度重视农业大灾风险，建立了以国有再保险为主体、商业再保险为补充、农业保险大灾风险国家财政兜底的政府支持型的农业大灾风险分散机制（王野田、李琼、单言、王铭，2019），实现了农业保险大灾风险的逐级分层分散。

印度逐步形成了"国家再保险为主体，商业再保险参与"的再保险格局，印度国有再保人GIC在印度农业保险大灾风险机制中具有重要地位。一方面，GIC代表联邦政府持有国家农业保险公司（AIC）35%的股权，是最大股东和实际控制人，对农业保险经营具有重要影响，与此同时，GIC依据农业保险的经营数据，制定各邦农业保险的基础费率；另一方面，GIC享受优先选择权和法定分保，印度以立法形式，相继颁布了保险法、保险监管法等，对再保险行业经营主体的所有制结构、再保市场中的公司顺位、法定分保条件等进行了明确规定，印度国有再保人GIC为再保的第一顺位，且保险公司必须将一定比例的农业保险分保给 GIC。

为进一步应对农业大灾风险，印度政府采取政府与市场共同分担的方式，建立了"成数分保为主，政府财政兜底"的大灾风险分散模式。直接保险公司承担低层风险，再保险承担中层风险，普遍采用"成数合约+超赔合约"的再保合约模式，即各公司自留份额一般为 25%，GIC 依法获得 5% 的法定分保份额，剩余的 70%以成数合约方式在国内及海外市场排分。超赔合约的起赔点一般高于 110%，合约限额一般设置在 250%。政府承担高层风险，根据最新的印度再保险制度，联邦政府和各邦政府承担赔付率超过 350%的农业大灾损失。图 4.5 展示了印度农业保险大灾风险分散机制。

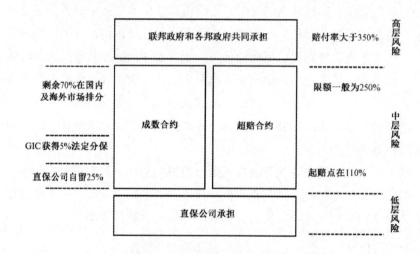

图 4.5 印度农业保险大灾风险分散机制

资料来源：魏加威，杨汭华.我国农业再保险体系建设：国际经验与启示[J].当代经济管理，2021，43（9）：89-97.

此外，为了最大限度地发挥农业保险的功能和作用，印度政府对农业保险的政策支持在不断优化，对保险经营、管理费用和保费补贴的比例进行调整，扩大对农户和保险公司的利益保障（卜庆国，2017）。针对印度干旱和洪涝灾害频发的特性，印度政府特别注重大坝和水库等防洪工程的建设，也不断加强对农业大灾保险等保险产品的开发和推广，与此同时，建立了大灾风险保障基金来分担农业大灾风险（李晓佳，2016）。

综上所述，印度建立了政府支持的农业保险大灾风险分散机制。该机制包括直接保险、再保险与大灾风险财政兜底。直接保险获得印度中央和地方两级财政的高额补贴并承担低层农业风险；以国家再保险公司 GIC 为主体的再保险体系承担中高层风险；对于赔付率超过 350%的大灾风险全部由政府承担，实现了农业风险从低向高的逐层分散，政府的支持政策贯穿于各个风险分散层级，体现了国家对农业保险大灾风险分散的支持（王野田等，2019）。

第二节　国外农业保险大灾风险分散机制的比较

一、国外农业保险大灾风险分散机制的共性分析

（一）建立了较为健全的法律保障体系

纵观美国、加拿大、日本等国基本都有较为完善和健全的法律法规，为农业保险大灾风险分散机制的持续运行和健康发展搭建了一个良好的制度框架平台，确保了农业保险大灾风险分散机制的规范化。例如，美国有《联邦农作物保险法》《农作物保险法》《农业风险保护法》等；加拿大有《草原农场援助法》《联邦农作物保险法》等；日本有《家畜保险法》《农业保险法》《农业灾害补偿法》《地震保险法》等；法国有《农业互助保险法》《农业指导法》《农业灾害补偿法》等；印度有《保险法》《保险监管法》等（陈利、杨珂，2013）。

（二）政府给予较大的财政支持

提供较大的财政支持是上述国家的常规做法，一般而言，财政补贴主要体现为对投保农户的保费补贴、对保险公司的经营补贴等。美国农业保险大灾风险分散机制的财政支持主要由联邦政府提供，加拿大主要由联邦政府及省政府联合提供，日本主要由中央政府提供，印度主要由联邦政府及各邦政府提供。科学精准的财政支持，不仅提高了农业生产者的生产积极性，有助于保障国家粮食安全，也提高了农业生产者对农业保险的支持力度，进一步维护了保险公司的正常运转，有助于农业保险大灾风险的有效分散。

（三）农业保险风险分散方式的多元化

美国、加拿大、日本等国家农业保险大灾风险分散的方式均具有多元化特征。美国专门发行巨灾证券、巨灾期货等金融衍生品来拓宽保险公司融资渠道，以缓解其面临农业保险大灾风险时的巨额赔付压力；加拿大农

业保险具有浓厚的政府主办色彩，完全是政策性保险，通过建立再保险基金和大灾风险准备金来分散风险；日本采取的是三级农业互助共济的形式，通过政府财政兜底来分散风险；法国农业保险大灾分散机制整体上也带有明显的政府主办性质，基本上形成低层风险由互保社承担、中层风险通过政府主办的互保公司和再保公司分散、高层风险由政府财政兜底的模式；印度的农业保险大灾风险分散机制，政府除了财政补贴之外，还通过再保险机制及强化农业基础设施建设的方式从源头上防止大灾风险的发生。

二、国外农业保险大灾风险分散机制的差异比较

（一）政府与市场的关系

纵观上述国家，虽然各国政府都直接或者间接参与了本国的农业保险大灾风险管理，但介入和干预程度是不同的。加拿大具有浓厚的政府主导色彩，农业保险公司和再保险均涉及政府直接干预；美国主要是市场化运作，鼓励市场主体参与分散农业保险大灾风险，政府则通过财政补贴、设立 FCIC 等方式间接参与；日本政府也不直接参与，主要通过再保险机制分散农业保险大灾风险；法国在私营公司市场化经营基础上建立互助保险机构来分散农业大灾风险，建立农业灾害基金和政府全资的中央再保险公司进行再保险；印度政府主要通过财政补贴、再保险等方式介入和干预本国的农业保险大灾风险分散。

（二）保险主体的参与形式

从参与形式来看，采取强制保险与自愿参与相结合的国家占大多数，但不同国家对于强制与自愿的条件设置也存在差异。一类是将农业大灾保险与其他服务挂钩以激励农户参与农业大灾的管理，如美国和加拿大。其中，美国《农作物保险改革法》规定，将参与农业风险保险计划与享受灾后涉农福利相结合，即只有参与区域风险保障计划的农户，在受灾时才能享受一系列救助和补贴；加拿大将参与农作物保险计划与农业信贷、农业补贴等政策挂钩，提高农户的参与积极性。另一类是根据农作物的种类或农户的经营规模不同进行区分，如日本、法国和印度，对于粮食作物、重要经济作物等关系国计民生的农作物种类，强制农户参与农业大灾保险计划；对于一定规模的农业经营主体，同样强制参加，而其他则自愿（陈利，2014）。

第三节　国外农业保险大灾风险分散机制对我国的启示

一、法律保障是根本

成熟的农业保险大灾风险分散机制需要配套完善的法律法规予以支撑，美国、加拿大、日本、法国、印度的农业保险大灾风险分散机制均有配套的法律法规作为保障。参照以上各国的经验，我国需要建立健全与农业保险大灾风险管理相关的法律法规以保障农业保险大灾风险机制的平稳健康运行。首先，对于各相关利益主体，以立法形式明确其权利义务范围，规范其行为；其次，在顶层设计上，中央层面统一规范全国综合性的农业保险大灾风险分散方案；最后，因地制宜，立足我国基本国情和各省农业保险大灾风险状况及其影响等具体情况，因城施策，给予各地自由调整的权限。

二、财政支持是关键

有效的财政支持是农业保险大灾风险分散机制平稳运行的关键。纵观上述国家，政府均对农业保险大灾风险分散提供了必要的财政支持。美国、印度、日本以保费补贴、经营费用补贴等形式提供支持，加拿大以免息贷款形式提供支持，法国以直接补贴方式提供支持。政府的资金支持增强了各国农业保险抵御大灾风险的能力，我国可借鉴上述国家的做法，适当提高财政补贴比例，增加补贴方式，推动农业保险大灾风险机制健康运行。

三、厘清政府和市场的关系

农业保险是具有正外部性的准公共产品，需要政府的支持和引导，单纯依靠市场机制容易造成市场失灵。但是政府的干预应当是适度的，若过度干预，则会致其失去活力。回看前述国家的做法，大都是利用市场机制分散风险，政府在此过程中提供一定的财政支持，当保险机制和再保险机制难以承担赔付责任时，再由政府兜底。立足本国国情，我国可借鉴上述国家的经验，坚持"政府引导、市场运作"，给予市场较高的自主性，同时对其进行监管和指导。

四、设立完善合理的再保险机制

再保险是农业保险大灾风险分散机制的重要抓手。美国、加拿大、日本等国均有成熟且符合本国国情的再保险制度。借鉴上述国家的做法，立足我国实情，第一，我国可以建立政府主导的两层再保险体系，第一层为中国农业再保险公司，统筹管理全国的农业再保险业务，第二层为各商业再保险公司，分别负责各省的农业再保险业务；第二，也可允许外资保险公司部分参与经营农业再保险业务；第三，针对灾害情况不同的省份可以设立不同的再保险费率，对大灾发生较为频繁的地区可制定较高的再保险费率，对风险较低的地区则可制定较低的再保险费率。

五、设立有财政支持的农业保险大灾风险基金

结合美国、加拿大、日本、法国的经验，农业大灾风险具有地域性、集中性的特点，一旦发生，就会产生高额的赔付。因此，为了有效缓解再保险压力，对再保险机制进行补充，建立农业大灾保险的专项基金很有必要。从资金来源来看，一方面可以由政府资金支持，另一方面也可从保费中按一定比例计提预留到基金中。

六、利用资本市场分散风险

借鉴美国、日本等国家经验，可以通过农业保险大灾风险证券化，设计一些金融衍生品，如巨灾债券、巨灾期权、巨灾期货等，在全球资本市场上进行风险分散。一方面能够纾解农业大灾风险造成的高赔付可能会使保险公司陷入资金流动性较差的困境，另一方面可降低投资组合的风险。因此，我国也可以将农业保险市场与资本市场相结合，开发设计巨灾债券等，进一步分散农业保险大灾风险。

第五章 我国农业保险大灾风险分散机制的构建

第一节 我国农业保险大灾风险分散机制参与主体
及其职能

构建农业保险大灾风险分散机制是一个复杂的系统工程,涉及社会、政治、经济等多方面的协调和合作,因此,需要多种风险管理方法和手段的综合运用。我国农业保险大灾风险的特征决定了任何单一组织、单一风险分散方式都很难真正地解决问题,必须在客观上建立起以政府为主导、市场多方参与、风险共担、多层分散的多主体、多层次、多元化的农业保险大灾风险分散机制,提高农业保险大灾风险分散机制抵御农业风险的能力,实现政府、企业、农户的利益均衡和农业可持续发展的系统性规划。首先,多主体参与的农业保险大灾风险分散机制需要各利益相关者共同分担农业大灾风险。其次,我国农业保险大灾风险分散机制的多层次分散体现在确定各主体具体分担比例时,须兼顾各主体的风险承受能力和分担能力。最后,建立我国农业保险大灾风险分散机制应采取多元化的分散方式,并充分发挥财政补贴、再保险市场、资本市场等多种分散方式的作用,使农业保险大灾风险可以在更广泛的范围内得到有效分散。也就是说,要形成农户个人自保、保险公司承保、国内外再保险公司分保、资本市场运作、政府支持的农业保险大灾风险分散机制。在这个机制中所有主体及各种分散手段的共同作用下,我国农业保险大灾风险的有效分散才能得以实现。

一、农户

农户是农业大灾风险的直接受冲击者,也是农业保险合同的当事人和关系人。农业保险合同可以通过设置免赔额或免赔率的方式,将参加农业保险的农户纳入我国农业保险大灾风险分散机制中。

由于信息不对称的原因,农业保险业务中逆向选择和道德风险现象十分常见。保险公司应在保险合同中设定一定的免赔额或免赔率,以降低农民的道德风险。同时降低繁多的小额赔付所消耗的理赔成本，这也是国际保险界通用的做法。免赔额或免赔率的设置，可以有效地降低投保农民的道德风险，并鼓励农民通过提升农业基础设施的抗灾能力和灾后自救来减小损失程度。可以降低保险保费水平，减轻投保农户的负担，提高参保率，增加风险单位；能减少小额索赔，从而使保险公司有更多的人力、物力、财力应对大灾风险。

二、农业保险经营机构

农业保险经营机构是农业保险的经营主体。作为原保险人，农业保险经营机构在农业保险大灾风险分散机制中的功能表现为在时间和空间上对农业大灾风险进行初步分散。在时间维度上，通过持续经营实现资金积累，以备大灾之年的赔付，平滑不同年份的农业经济损失；在空间层面，以大数法则为基础，通过承保多个区域的农业风险，将农业风险在广阔范围内进行分散，从而实现未出险的投保人对出险投保人的"救助"。

农业保险经营机构直接对接农户、农业生产经营主体，是农业大灾风险发生时的第一道也是最重要的风险屏障。农业保险经营机构的风险分散水平直接关系到一个国家的农业可持续生产能力。建立农业保险大灾风险分散机制，农业保险经营机构可以计提农业保险大灾风险准备金，通过再保险市场分出农业保险业务、联合政府建立农业保险大灾风险基金、发行农业保险大灾债券等制度安排，参与我国农业大灾风险分散。

三、再保险机构

再保险市场可以将风险纵向转移，农业保险再保险是当前世界上普遍采用的一种转嫁农业大灾风险的方式。通过再保险体系，可以将农业大灾风险向区域外转移和分散，扩大风险分散范围，从而实现风险分散的目的。

构建我国农业保险大灾风险分散机制，再保险机构是一个必不可少的参与主体。在农业保险大灾风险分散机制中，再保险机构的功能与农业保险经营机构相似，都是在时间和空间维度上通过持续运营和扩展业务来实现农业大灾风险的有效分散。再保险作为一种更高层次的制度安排，是原保险人为了增强其风险抵御能力而进行的一种更高层次的风险分散行为。与原保险人相比，再保险机构的风险抵御和风险偿付能力更强，而且因其业务范围更加广泛，一般业务遍布世界各地，因而可以在空间、地域上更好地分散农业大灾风险。

四、政府部门

政府部门是构建我国农业保险大灾风险分散机制的核心主体。农业大灾风险不仅会对农业生产经营产生冲击，还会通过产业系统的层层传导，对宏观经济运行产生一定的影响，从而使居民的幸福感下降，政府出于职责考虑，必须参与农业保险大灾风险管理工作。基于农业保险的准公共物品属性，政府必然要成为农业保险大灾风险分散机制的核心。

政府在我国农业保险大灾风险分散机制中的主要职能是组织建立农业保险大灾风险分散机制并为该机制的运行提供有力支持。首先，政府机构在制定制度、组织建立、协调部署、分担风险等方面都起着重要作用。政府应该投入一定的公共资源，构建多层次的农业大灾风险分散机制，通过提供保费补贴、减免税收、强制政策等行政手段，将农户、农业保险经营机构、再保险机构、社会组织等纳入我国农业保险大灾风险分散机制中，改变以往农业大灾损失由农户、政府补助承担为主，社会救济为辅的方式，转变为多个参与主体共同分担的方式。其次，政府要完善我国农业保险再保险体系，健全再保险制度，支持农业保险机构购买再保险，将风险进一步在更大范围内分散。同时，我国中央政府应组织地方政府、农业保险经营机构、再保险公司，合作建立全国和省级农业保险大灾风险基金，健全农业保险大灾风险基金制度，通过国家级和省级农业保险大灾风险基金，可以更好地实现农业大灾风险在国家和省市之间按比例共同分担。同时，政府应健全农业保险大灾风险分散机制相关的法律法规体系。在缺少政府介入的情况下，仅仅依靠保险市场来制定相关的规章制度，可能无法充分考虑农业保险消费者和农业保险经营者之间的公平性。而且，与保险公司相比，政府对法律部门的监督更加具有效率，所制定的法律法规更加具有公信力，人民群众更加认可。只有在政府的主导下，在实际操作中掌握农业保险大灾风险分散的难点和瓶颈，才能更好地督促法律部门完善农业相关法律法规，健全法律体系，为我国农业保险大灾风险管理提供法律上的有力支持。最后，政府应制定相关紧急预案。当前，我国国家层面尚未以规章制度或政策文件的形式明确提出农业大灾发生时的紧急预案，即在农业灾害损失超过现行制度安排偿付能力的情况下尚无对剩余部分的处置方案。在我国部分地区实践中，一些地方政府制定了农业大灾损失应急预案，以上海为例，当农户、农业保险经营机构和再保险机构三个层面的农业大灾准备金不能补偿农业大灾损失时，由地方财政采取一事一议的办法进行兜底补偿。我国中央政府也应制定相关农业大灾损失紧急预案，以应对损失程度巨大的农业大灾风险。

第二节　我国农业保险大灾风险分散机制分散途径设置

结合国内外农业保险理论研究和实践情况，以及前文所述的国外发达国家农业保险大灾风险的分散途径和分散机制可以看出，每种分散方法的分散路径和机制各有不同，这对于我国农业保险大灾风险分散机制分散途径的选择具有一定的参考价值，可为我国农业保险大灾风险分散机制的构建与完善提供借鉴。本节在前文基础上讨论构建我国农业保险大灾风险分散机制的分散途径。

一、增加风险单位

增加农业保险风险单位是分散农业保险大灾风险的一种手段。在直接保险层面上，通过大数法则实现农业大灾风险在空间上的分散。此外，若能在较大范围内持续开展农业保险，则可以将农业大灾风险从时间上进行分散。建立我国农业保险大灾风险分散机制，增加风险单位是最基础的手段。

目前，我国农业保险尚处于探索发展阶段，还没有进行严格意义上的风险划分与费率区分，费率厘定非常粗糙。但是在不同区域，农业风险情况不尽相同，若农民实际缴纳的保费与其所面对的风险水平不相适应，就会造成逆向选择现象的发生，费率与风险水平不匹配程度越高，逆向选择现象就越严重，而风险较小的农户则会失去参与农业保险的意愿。而且，即使是农户投保农业保险，也有可能只对高风险的作物、地块或牲畜进行投保，而将低风险作物、地块或牲畜的风险自留，这就会进一步制约保险公司的农业风险分散能力。在此情况下，农业保险市场所面对的风险主体主要以高风险群体为主，难以实现农业保险的可持续发展。

在我国自愿投保的条件下，信息不对称会导致严重的逆向选择现象产生，进而会降低农业保险的投保率，农业保险分散农业大灾风险的效率就会降低。提高农户投保率，增加风险单位，对我国农业保险大灾风险的有效分散有着重要意义。因此，当前亟待解决的问题是进一步强化风险区划的理论研究，在成本控制的前提下，对各区域农业风险进行更加明确的划分，以保证农民的风险水平和保险费率水平相适应，从而减少逆向选择现象的发生。同时，适当补贴保费，有效增加风险单位，提高农户投保率，使我国农业保险大灾风险在更广阔的保险标的范围内得以分散。

二、构建完善的农业再保险体系

农业再保险是各个国家应对农业大灾风险最常见的一种处理方式。当前世界各国普遍的做法是对农业再保险进行政策性补贴，许多国家也专门成立农业再保险公司负责农业再保险的具体实施运作。农业再保险可以将农业保险经营机构承保的特定区域内累积的农业大灾风险，向区域外转移和分散，使得风险的扩散范围更广，从而实现风险分散的目的。

要建立一个健全的农业保险大灾风险分散机制，完善的农业再保险体系是不可或缺的。我国应建立起以中国农业再保险公司为核心的再保险体系，充分发挥再保险市场在农业大灾风险分散中的重要作用。我国不同区域的农业生产与农业风险存在着显著的差别，以省、自治区、直辖市为单位的分散式农业保险的市场结构在短期内很难发生变化。因此，建立一套完善的、全国统一的农业再保险体系，能够有效地平衡不同区域间的农业风险差异。同时，通过完善的农业再保险体系，可以有效整合全国的农业保险业务，并利用国际再保险市场，甚至资本市场，在更大范围内转移和分散农业大灾风险，从而使我国的农业大灾风险分散能力得以进一步增强。我国农业保险大灾风险再保险体系的具体做法将在第八章展开叙述。

三、建立国家级、省级农业保险大灾风险基金

农业保险大灾风险基金是预防和分散农业大灾风险的有效手段之一。目前，全球主要国家和地区都设立了较为完善的大灾风险基金。虽然农业保险经营机构和再保险体系形成的两级大灾风险分散体系能够分散大部分农业大灾风险，承担大多数的农业大灾赔付责任，但是在极特殊情况下，大额的农业大灾损失赔付责任仍然难以完全消化。构建我国农业保险大灾风险分散机制，建立省级、国家级的农业保险大灾风险基金是有很有必要的。双层大灾风险基金可承担大额农业大灾损失赔付缺口，减少政府的财政开支，增强农业大灾风险分散机制的稳定性。结合国际经验与中国国情，

我国应在政府主导下，组织农业保险经营机构、中国农业再保险公司建立省级、国家级双层农业保险大灾风险保障基金，以增强其抵抗大灾风险的能力。我国农业保险大灾风险基金的具体做法将在第六章展开叙述。

四、推进农业保险大灾风险证券化

由于全球大型灾害频繁发生，灾害损失程度具有很大的不确定性，大灾风险证券化已成为国际保险业在应对大灾时的一种重大技术革新。相对于农业保险的灾害损失而言，资本市场的资金规模巨大，能够将农业大灾风险转移至资本市场，对于提升我国农业保险市场抵御风险的能力有着十分重要的作用。农业保险大灾证券化打破了农业大灾风险在投保人、原保险人和再保险人之间转移和分散风险的限制，它将保险市场所承保的农业大灾风险向资本市场转移，在资本市场中寻找新的融资渠道，扩大自身承保大灾风险的能力，从而在更广泛的领域中更好地进行风险分散。

结合国际经验，农业保险大灾证券化也将成为我国农业保险大灾风险分散机制建设的一个重要层面，它既可以在一定程度上将不可保的大灾风险通过资本市场进行有效转移和分散，扩大保险市场经营能力和风险扩散范围，又可以有效地解决农业大灾后的资金短缺问题，提高农业保险公司和再保险公司的偿付能力。我国农业保险大灾风险证券化的具体做法将在第七章展开叙述。

五、财政兜底、财政担保或向金融机构贷款

通过设置以上几个层次的分散途径，我国农业保险大灾风险可以有效地进行分散。但是，当损失巨大的农业大灾发生时，以上几种分散途径仍无法赔偿损失，这个时候就需要政府的参与。中央政府和地方政府应制定相关紧急预案，以应对损失程度巨大的农业大灾风险。

在损失巨大的农业大灾发生后，农业保险经营机构、再保险市场无法弥补风险损失时，农业保险经营机构、再保险公司可由政府财政担保向银行或金融机构贷款，政府财政也可发行专门的债券，在资本市场上进行融资，这些债务可以通过农业保险经营者盈余年度的保费收入逐步进行偿还。同时，政府可对超额损失进行部分兜底，在农业保险出现大额赔款时，超额赔付部分由政府财政直接负担。

第三节　我国农业保险大灾风险分散机制的运作模式

农业保险大灾风险分散机制的建设与完善是一个巨大的系统工程，它需要不同主体、不同媒介的相互配合，涉及各个方面的合作和协调，综合运用各种风险管理工具和手段。国外许多国家和地区在农业大灾风险管理方面已有多年的实践，建立了较为完善的风险分散运作模式，并在实践中积累了丰富的管理经验，为我国农业保险大灾风险分散机制提供了有价值的借鉴。

本节从中国的实际情况出发，结合中国农业生产的特点，充分吸收借鉴国内外成功的管理经验，探讨分析适用于我国农业保险大灾风险分散机制的运作模式，增强我国农业保险抵御农业大灾风险的能力，最终保证我国农业健康、可持续发展。

一、我国农业保险大灾风险分散机制动作原则

构建我国农业保险大灾风险分散机制，必须明确"政府主导、市场运作、服务'三农'"的基本原则。我国农业保险体系的首要原则是政府主导，农业保险大灾风险分散机制是农业保险体系的重要组成部分，政府理应充分发挥其主导作用。首先，政府作为政策的制定者，要制定和完善有关农业保险的法律法规，明确农业保险大灾风险分散机制的规章制度，这对于构建一个全国统一的农业保险大灾风险分散机制是十分必要的。其次，政府应主导建立以中国农业再保险公司为核心的农业再保险体系，为经营政策性农业保险业务的保险公司提供再保险支持，并在此基础上，通过政府组织建立省级、国家级农业大灾风险基金，对农业大灾进行损失赔偿。最后，政府应为农业保险大灾风险分散机制提供财政支持，其中包括向投保农户提供保费补贴、对经营农业保险业务的保险公司提供各种费用补助，同时政府应承担起最后保险人的角色，在农业大灾损失程度超出现有制度安排时进行财政兜底。

构建我国农业保险大灾风险分散机制离不开市场运作。虽然政府在我国农业保险大灾风险分散机制中起主导地位，但是投保农户、农业保险经营主体、再保险市场、资本市场等也是分散机制中不可缺少的一部分。农户、农业生产经营主体要积极进行防灾防损，降低大灾风险和减少大灾损

失。农业保险经营机构要按照《农业保险大灾风险准备金管理办法》的规定计提大灾风险准备金，根据自身的风险承受能力，可以将部分农业保险业务进行分保，将农业大灾风险转嫁。农业保险经营机构还要积极联合政府参与建立农业保险大灾风险基金（赵鹏，2015）。农业再保险机构要积极开发农业大灾风险证券化产品，把农业大灾风险转移到资本市场，扩大资金规模。资本市场投资者也可以通过购买农业大灾风险证券化产品参与到农业保险大灾风险分散机制中来。

农业保险的目标是为"三农"服务，因此，农业保险大灾风险分散机制必须从保证农业生产经营稳定、防范农业巨灾风险入手，切实维护和保护农民利益，最终实现服务"三农"的宗旨。

二、我国农业保险大灾风险分散机制各分散途径分摊比例

目前，不同的国家的农业保险大灾风险分散机制各个分散途径分摊比例设置各不相同。以我国几个典型省份为例：在北京市，保险公司承担赔付率在160%以下的损失补偿责任，政府拨付财政资金为赔付率在160%～300%的风险购买再保险，政府按农业生产总值的1‰计提大灾风险准备基金，为赔付率超过300%的风险提供保障；而在上海市，农业保险经营机构承担赔付率在90%以下的损失，采取"以险养险"方式运作，农业保险机构按需购买再保险，承担赔付率在90%～150%的损失，农业保险经营机构计提农业大灾风险准备金承担赔付率超过150%的损失，仍不能弥补的损失由财政通过一事一议的方式予以安排解决（包璐璐、江生忠，2019）。

在美国，《标准再保险协议》中明确规定了损失分担比例，直保公司依据其经营计划将其承保的业务分险种分州放入强制型基金和商业型基金，直保公司和联邦农作物保险公司按照规定的比例承担赔付率在500%以下的损失。当损失赔付率超过500%时，联邦农作物保险公司全额承担直接保险公司的自留业务损失。而在印度，由直保公司承担赔付率在110%以下的损失，直保公司、印度国有再保人GIC及国内外其他再保险公司承担中层风险，赔付率超过350%的大灾风险全部由政府承担。

设计我国农业保险大灾风险分散机制的具体分摊比例，要做到多层次性合理分摊。为实现最优的资源配置效率和最佳的风险分散效果，针对不同主体对农业大灾风险的容忍程度和分散能力，将农业大灾风险在各个参与主体之间进行合理分配。根据国内外实践经验和我国基本国情，本书建

议我国农业保险大灾风险分散机制各分散途径分摊比例设置如表5.1所示。

表 5.1 农业保险大灾风险分散机制各分散途径分摊比例

保险责任层次	损失分担主体或分散途径	承担损失规模（赔付率）
第一层	农户	5%
第二层	农业保险经营机构	6%～150%
第三层	再保险体系	
第四层	省级农业保险大灾基金	151%～200%
	国家级农业保险大灾基金	201%～300%
第五层	政府兜底	301%以上

投保农户自身承担第一层次的农业风险，通过在农业保险合同中设定一定的免赔额或免赔率，使得小额损失由投保农户自身承担。尽管这并不属于超额赔付风险的一部分，但通过这种方式，可以有效预防道德风险现象的发生，督促农户积极采取相应的防灾防损措施，从而降低保险公司面临的农业保险大灾风险。农业保险经营机构和再保险体系承担在免赔额以上、赔付率150%以下的损失金额。具体分摊比例的设置，政府可借鉴美国的标准化再保险条例，制订适合我国国情的再保险协议。省级、国家级农业保险大灾基金承担赔付率在151%～300%的损失，在此层次内，农业大灾损失也可在省级和国家级农业保险大灾基金中进行合理分摊。例如，省级大灾基金承担赔付率在151%～200%的损失，国家级大灾基金承担赔付率在201%～300%的损失。政府承担最后一个层次的农业大灾风险损失，当农业大灾导致的损失赔付率超过300%时，由政府作为最后再保险人，对农业保险大灾风险损失进行兜底。

三、我国农业保险大灾风险分散机制的运作模式

通过前文的分析，构建我国的农业保险大灾风险分散机制涉及投保农户、农业保险经营机构、再保险机构、政府等多方主体，农业保险大灾风险通过增加风险单位、再保险体系、省级和国家级农业保险大灾风险基金、大灾风险证券化、财政兜底五级分散途径分散，运作模式如图5.1所示。

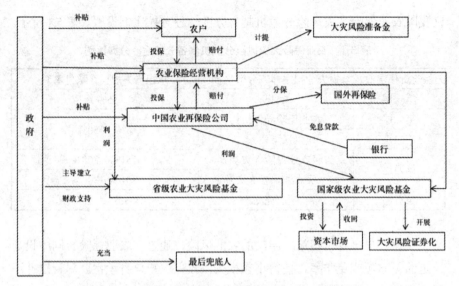

图 5.1　我国农业保险大灾风险分散机制运作模式图

　　投保农户自身承担第一层次的风险。为了增强投保农户的风险防范意识，鼓励投保农户进行防灾防损，可以通过在农业保险合同中设置一定的免赔额或免赔率，使农户自己承担一小部分风险。免赔额或免赔率设置不应过高，建议免赔率设置在5%以下，过高的免费额或免赔率会降低农户的投保积极性，降低参保率。同时，通过更精确的风险区划合理厘定农业保险费率，降低逆向选择现象的发生概率，并且政府根据《中央财政农业保险保费补贴管理办法》对投保农户进行保费补贴，提高农户参保率，有效地增加风险单位，降低农业保险经营机构面临的农业保险大灾风险。

　　农业保险经营机构负责承担第二层次的风险。农业保险经营机构承担着销售、承保、理赔、管理经营农业保险的职责，其通过政府的财政补贴、公司自有资本积累和保费收入所形成的准备金可以承担绝大多数的农业风险和一定的农业大灾超额赔付风险。笔者建议由省级农业保险公司来承担赔付率在 150%以内的农业风险，以保证农业保险公司的稳定经营。一方面，在农户投保后，农业保险经营机构将农业风险归集并根据农业风险大小，按比例向中国农业再保险公司购买再保险；政府可借鉴美国 SRA 的规定安排我国农业保险的再保险业务。另一方面，农业保险经营机构每年按《农业保险大灾风险准备金管理办法》计提农业保险大灾准备金，以备灾年之需。同时，农业保险经营机构应配合政府组织建立省级、国家级农业保险大灾风险基金。政府也应对农业保险经营机构进行管理成本、经营费用补贴，提供税收优惠政策，从而帮助农业保险经营机构分散经营风险，激励其长期经营农业保险业务。

再保险体系承担第三层次的风险。中国农业再保险公司是再保险体系的核心，在农业保险经营机构、国外再保险市场之间发挥承上启下的纽带作用。一方面，中国农业再保险公司可以充分发挥其自身优势，接受全国范围内农业保险经营机构农业保险业务的分保，农业保险经营机构可以通过赔付率超赔再保险或者比例再保险等方式部分转移其所承担的赔付率在150%以下的农业风险。政府可以参考美国的做法，制定标准农业再保险协议，明确分保关系，约定分保业务比例、价格和内容。另一方面，中国农业保险公司可根据自身经营状况和承保风险大小进行二次分保，将农业大灾风险转移至国际保险市场，提高自身经营的稳定性。在此过程中，政府应为中国农业再保险公司提供相应的财政补贴和税收优惠政策，鼓励支持其开展农业再保险业务。同时，政府应组织中国农业再保险公司建立国家级大灾风险基金，中国农业再保险公司将其经营利润按一定比例存入国家级农业大灾风险基金，政府提供相应的财政预算拨款。

省级、国家级农业大灾风险基金负责承担第四层次的风险。政府主导建立的省级、国家级农业大灾风险基金主要承担赔付率在150%～300%的农业大灾风险。各地政府组织省级农业保险经营机构建立省级农业保险大灾基金，各省份农业保险经营机构在盈利年份将经营利润按比例存入省级农业保险大灾基金。中央政府组织各个农业保险经营机构总公司、中国农业再保险公司建立国家级农业保险大灾基金，将盈利年份利润按比例存入国家级农业保险大灾风险基金，同时政府为大灾风险基金提供财政支持。本书建议省级农业保险大灾基金负责承担赔付率在150%～200%的农业大灾风险，国家级农业保险大灾基金负责承担赔付率在200%～300%的农业大灾风险。政府也可通过发行农业保险大灾债券，进行基金投资，管理农业保险大灾基金，以获得更大范围的资金来源，并通过农业保险大灾债券将一部分农业大灾风险转移至资本市场，以提高风险分散能力。

政府是农业大灾风险最后的承担者，本书建议其承担赔付率在300%以上的农业大灾风险。政府要充当最后保险人的角色，制定农业大灾相关紧急预案，当风险损失超出现有制度安排的偿付能力时，对超额损失部分进行处理。当农业大灾损失赔付率超过300%时，政府作为最后保险人，由财政对农业保险大灾损失进行兜底。政府可以考虑利用财政资金、捐赠、政策性贷款等方式对农业大灾后的损失进行补偿。

第六章　我国农业保险大灾风险基金的建立与实施

第一节　农业保险大灾风险基金基本理论与方法

一、农业保险大灾风险基金建立的必要性与作用

　　当出现超过农业保险经办单位和本地农民保险风险承担履行范围的巨大损失时，农业保险大灾基金是从区域同质性损失的视角，对农业保险经办单位和地区的大灾损失实现风险分散转移的一项重大的机制安排，该制度安排对中国农业保险的稳定运行和可持续发展具有重大作用。农险大灾风险基金的建立具备两个层面的效果：一是积累资金，完善巨灾保障制度，对全省区域进行巨灾风险保障；二是平滑不同年份的中央政府救灾开支结构，以减轻巨灾年份中央政府与地方二级政府的财务负担。

　　具体而言，国家应通过把农业风险区分为大灾风险与一般风险，经再保赔付后，由大灾风险保障基金承保大灾风险来扶持农作物保险发展。针对一般商业保险公司无力担保的水灾和干旱等农业巨灾风险，政府通过巨灾风险保障基金作出风险分散配置，一般性的农业风险则由商业保险公司自行承保。农业产业的正外部性决定了支持和促进农业保险的财政支出，必须在中央与地方财政间形成合理的分配机制，才能有助于资金支持农业保险投入的落实。许多国家在大灾基金的建立与运行上，充分考虑了农业生产安全与发展的局部与整体的利益协调与平衡。其中，中央财政对全社会利益的分配有再调节的作用，在农业保险的发展中应当充分发挥其主要财政支持作用。在加强中央与地方财政支持力量合作的同时，还需要进一步充分调动各地政府和地方财政部门的作用。具体来看，中央财政将重点承担国家政策性农产品再保险的经营补贴，承担国家粮、棉、油等关系到国计民生的大宗农产品的农业保险经营补助，而各地财政部门则将重点承

担国家畜牧业、部分经济作物等地方优势农产品的运营补助。因此，多数国家由联邦政府和州政府各自建立保护范围和保障内容不同的二级巨灾基金，或是由联邦政府和州政府以不同的比率共同投资设立全国范围的农业保险大灾基金，为农业巨灾风险损失提供保障。

这种农业保险大灾风险基金资产池，既能够做到地区内风险的整合、共享、互助，也能够实现与区域外的合作。我国农业大灾风险基金应采取由中央财政和地方省级财政部门分级设置、由中央财政具体管理运作的方式。国家通过出台农业产业发展计划来规定由中央财政和地方财政部门每年向不同层级的农业大灾资金划拨的财政资金的份额。由中央财政制定国家农业大灾资金运用的一般原则和规定，而各地财政部门也应在一般原则和规定的基础上针对当地特色，制定满足当地农业风险转移需求的特殊原则和要求。国家农业大灾风险基金通过确定政策性农业保险的投保标的及其保障责任，制定各地区针对农业保险投保人保险费的补偿政策，同时明确不同业务类别的针对农业保险原保险人的管理费用补贴政策，由国家税务总局推行对有关农业保险业务进行税费减免的政策，制定针对农业保险原保险人经营的政策性农业保险业务的提取大灾基金的比例和对有关资金账户的专户监控措施，出台了有关的农业再保险业务在工作进程中的资金保障措施等。各地财政部门可针对当地农业发展情况，设置满足当地农业风险管理需求的政策性保险业务的补贴和相关的保险业务的监管机制。中央财政与各地财政部门均要相应出台政策性农业保险保障范围以外的农作物巨灾损失补贴政策和具体实施制度。

政府作为主导者，能为该机制的长期稳定运作提供资金支持和制度保证。通过大灾基金可以分散保险业在经办农业保险时遇到的巨灾经营风险，从而推动农业保险健康快速发展。当前我国以省级政府为主体形成的地方性巨灾准备金保障制度，其基金规模受当地财政实力及保险业经营状况的影响很大，因当地经济社会发展水平不同而出现很大差距，出现当地巨灾准备金的筹资规模和农业经济损失规模不相符的情况。市场经济发展好的地区，通常农业基础设施比较完善，抵抗风险实力较强，同时这种地区又以第二、第三产业居多，农业巨灾危机对国民经济发展带来的影响相对较小；在经济欠发达的省份，农业占比较大，且处理农业巨灾风险的能力薄弱，一旦发生巨灾风险，将会对农业生产和民众生活带来恶劣影响，所以设立农业保险大灾风险基金也是实现我国乡村振兴与共同富裕战略中必不可少的一环。另外，因为地方性巨灾准备金的规模相对较小，处理特大自然灾害的能力薄弱，当地财政救助面临很大压力，所以我们主张设立全省统筹的中央政府与地区二级的农业保险大灾风险基金。

二、农业保险大灾风险基金的属性

设立农业大灾基金的主要目的在于解决农险经营主体的灾后偿付能力不足问题，并确保风险在农业保险合同的承保责任内能够足额赔付。在我国农业保险大灾基金管理中，政府将起到核心作用。

（一）农业大灾保险基金属于政府专项基金

政府参与建立的各类基金，主要为了全体社会公众的共同利益，为全体公民履行资金募集与管理职能，这些基金包括对公民、法人和社会团体课征的政府性基金，公共财政直接资助建立的专项基金，变卖国有资产或获取企业利益所建立的基金，通过捐资建立的由财政代管的基金等形式（如社会保险与风险管理领域的养老基金、医疗保险基金、失业金，经济发展领域的产业促进基金、中小企业成长基金等，政府行政管理领域的残疾人就业保障基金、公路铁路修建基金、水库移民扶持基金等）。鉴于在农业风险方面存在严重的市场失灵，农业保险已经成为政府部门提供的准公共产品，政府部门参与其中也成为必要。同时基于财政预算收紧和巨灾救济的社会意义，政府部门也开始考虑从另一个角度解决农业风险管理的问题。此外，以往巨灾融资的主要手段均通过再保险市场，但是随着农业风险市场保险标的高度集中及系统性问题的出现，即便是发达国家的农险市场也需要依靠政府的财政资助来分散巨灾风险，面对巨大的财政负担和压力，以市场化基金的形式代替拨款救济也逐渐成为主要解决方式。与农业大灾风险准备金不同，农业巨灾保险基金是由政府部门负责建立的进行农业巨灾风险补偿的专项基金，用于缓解广大低收入农民在遭受农业自然灾害时的风险损失，是维护农业保险制度平稳运转的基础和保证。

（二）农业巨灾保险基金属于灾害类基金

农业巨灾保险基金是农业自然灾害损失赔付的最后"防火墙"。极端气象灾害导致的农业损失多是巨灾损失。当前影响粮食作物产量的主要灾害有洪水、旱灾、低温冻害、冰雹、沙尘暴、强风（包括台风）等天气灾害，沙漠化、土壤侵蚀等生态灾害，蚱蜢、鼠科、恶性杂草等生物灾害，以及强地震、破坏性山体塌方、泥石流等地质水文灾害。当发生这些极端气候灾害时，极易出现农业保险、再保险等传统赔付方法无法补偿投保人经济损失的情况，此时农业巨灾保险基金对农险投保人起到损失兜底的功能。农业巨灾风险基金作为灾害类基金的一种，可以发挥市场化的风险转移和分散功能，利用市场基金管理与经验，提升农业巨灾风险管理水平。

三、农业保险大灾风险准备金建立和管理的原则

合理设计和明确政策性农业保险大灾风险准备金，必须深入研究并制定该准备金的原则，设置和管理该准备金的运作准则。上述准则主要涵盖五大方面，即财政支持原则、风险共担原则、风险匹配原则、有限补偿原则及持续运营原则（庹国柱等，2013）。

1. 财政支持原则

该基金属于政策性农业保险的一项主要的责任准备金，鉴于政策性农业保险运营的高风险、高成本和长期性等特征，仅靠各运营农产品保险的保险公司和地方自己筹集将会出现许多问题，中央财政和（或）地方财政部门成为这个基金的主要筹集人是必然选择。

2. 风险共担原则

大灾风险准备金主要是为了解决同一个地区（或）国家的农业保险对大灾风险的超赔承担问题，从而提高农业风险管理水平，强化各参加机构的风险和责任意识，有必要时共同负担农业保险的成本风险。当然，这种分担方式也需要体现下述风险原则。

3. 风险匹配原则

风险匹配原则是指各参加单位所得到的超赔补偿的比例与金额应与其实际资金能力大致相匹配，也就是说，除中央财政筹资外，大灾风险概率高和风险赔偿金额较大的参加单位，所需要缴纳的基金数额较多，也就是风险损失和风险成本在原则上应该一致。

4. 有限补偿原则

因为大灾风险准备金的数量是有限的，所以它仅能覆盖各组织机构相应的超赔风险金额，无法履行对超赔补偿的无限责任。一旦达到基金的上限，由投资机构再次寻找融资途径，比如可能另外发行巨灾风险证券或者通过财政和银行贷款等。

5. 持续经营原则

政策性农业保险有其自身的政策目标和任务，即通过对农作物产量损

失的赔偿来保证农业生产经营者的利益，从而维护国家粮食安全和人民收入稳定。因此，这项保险制度应当具备持久性，而设立基金体系的主要目的正是在于实现政策性农业保险的可持续经营，这就需要该基金体系必须具备持久性。而所有商业性农业保险和大灾分散制度都以利润最大化为基本原则，市场进出机制以利润为导向，经营的可持续性所占比重不大。

第二节　我国农业保险大灾风险基金规模测定
——以种植险为例

一、基本假设

第一，假设各地都采取"保成本"的农作物保险政策。

第二，以耕地面积作为投保依据，各省所有农作物都在保障范围内。

第三，大灾基金规模测算中每单位面积耕地保额和保费相同，与耕地所种作物种类无关。

第四，由于各地农作物投保赔付的绝对免赔率与起赔点不尽相同，为简便起见，统一认定全国各地农作物投保为绝对免赔，免赔率均为20%。

二、测算思路

鉴于农业保险公司的实际理赔资料存在漏洞和不足之处，所以使用农作物损失模拟数据对中央大灾准备金的数量作出估计。

1. 运用历史数据推算各地农作物因灾损失序列

因为在某个很大的空间尺寸下，某些农民的高风险或许会被其他低经营风险农户抵消或平滑，所以，如果以大空间维度的作物产量评价农民的经营风险，会出现"数据空间加总和经营风险低估现象"。但由于民政部门所统计分析的农作物受灾信息中含有大量的农作物生产损失信息，同时可克服农业风险低估，所以基于受灾情况的评价方式也是判断作物因灾损失的一种方法。本书主要运用全国各地农作物的受灾信息（成灾、受灾和绝收）来估算全国各地农作物的因灾危险序列。

2. 采用参数法对全国各省农作物损失的概率密度与分布（PDF）进行拟合

在采用参数模型拟合作物风险分布中选取正确的参数分布类型至关重

要，因此本书主要通过 AD 检验、K-S 检验和卡方检验加以研究，若三者的结果相同，则以该结论为准；若三项检验结论均不相同，而其中两个方案的检验结论一致，则以该多数结论为准；若三个方案的检验结论均不一致，则以 AD 检验结论为准。因此 AD 检验为上述三项检测方式中较为稳妥的一项。

3. 使用蒙特卡罗模拟得到 10 000 个全国各省农作物因灾损失的模拟数据

采用蒙特卡罗模拟法，能够较好地补偿数据量过少所造成的计算误差，所以我们在拟合了全国各地粮食作物的因灾损失概率密度比例之后，采用蒙特卡罗模拟法共创建了 10 000 个粮食作物损失的模拟数值，并使用此数值作为未来全国农业保险补偿测算及国家自然灾害损失储备金评估的基础，以提升最终计算的准确性。各省农作物播种规模在 10 000 个模拟数据中基本维持不变，以下为源数据及最新一年的实际播种面积。

4. 根据农业保险条款对可能的保险赔偿的估计

首先收集并整理我国 31 个省区种植业保险的情况（保额、费率、免赔率），对资料不足的省区采用其邻近省区的投保条件加以替代，然后依据农业保险情况，采用下式对各地可能发生的农业保险赔付比率（即企业保额的赔付）加以预测。p 省在 t 年的农业保险赔付比率 $IPRpt$ 如下：

$$IPRpt = max\,(\,0,\,Lpt - DPRp\,)$$

其中，Lpt 为 p 省在第 t 年的作物损失率，$DPRp$ 为 p 省的农业保险免赔率。

5. 在估算出各省农业保险赔付序列以后，对中央在这三种情景下对省 p 在 t 年的农业保险摊赔金额 $Payoutpt$ 进行测算

$$Payoutpt = IAPAp \times CAp \times max\,(\,0,\,IPRpt - Triggerp \times PRatiop\,)$$

其中，$IAPAp$ 为 p 省单位面积的保险金额；CAp 为 p 省的承保面积，为计算方便，假设其为常数；$IPRpt$ 为 p 省在第 t 年的农业保险赔付率；$Triggerp$ 为 p 省承担的保险赔付责任上限，我们假定三种上限情景，分别为200%、300%和500%；$PRatiop$ 为 p 省的农业保险费率。

6. 对各省需向中央大灾风险准备金缴纳的"保费"进行测算

按照风险匹配的理论，由于风险较高地区获得中央为其提供摊赔的金额与频率均要大于风险较低地区，所以风险较高地区自身需要向中央巨灾准备金支付更高的"保费"。本书通过上面计算的摊赔序列 $Payoutpt$，对全国各省份要支付的"保费"（RP）数量作出了简要估算，具体估计方式如下：

$$RP_p = \frac{\sum_{t=1}^{10\,000} Payout_{pt}}{IAPA_p \times CA_p}$$

7. 中央大灾风险准备金的规模测算

自然灾害的发生存在时空差异，中央可以利用我国各地大灾出现日期从时间上把风险加以分散。因此，在对中央大灾风险准备金总量进行估计时，不可简单地对我国各地某自然灾害的损失予以加总。本书使用了大量中国农作物自然灾情数据，模拟我国农作物经济损失的概率密度情况，进而通过外在风险评估（VaR）的方法得到中央大灾风险准备金为应对某种程度自然灾害（20年或50年一遇的自然灾害）所需要的准备金数量。

三、数据来源

本书农业灾情数据来自《中国统计年鉴》和《中国农村统计年鉴》，数据时限为 1978—2019 年；各省农业保险条款数据是编者通过对中国银保监会资料和网上公开资料进行梳理而得。

四、测算结果（见表 6.1 和表 6.2）

表 6.1　各省份需向中央大灾风险准备金缴纳的"保费"（种植业）　单位：亿元

省（区、市）	>200%	>300%	>500%	省（区、市）	>200%	>300%	>500%
安徽	3.74	2.25	0.66	湖南	0.00	0.00	0.00
北京	3.14	1.79	0.47	辽宁	8.01	6.71	4.67
重庆	0.00	0.00	0.00	内蒙古	31.98	28.48	21.67
福建	5.23	4.08	2.40	宁夏	0.00	0.00	0.00
甘肃	3.06	1.78	0.41	青海	0.89	0.28	0.01
广东	0.00	0.00	0.00	山东	0.00	0.00	0.00
广西	0.00	0.00	0.00	上海	0.00	0.00	0.00
贵州	5.05	3.96	2.41	陕西	2.94	1.47	0.14
海南	0.00	0.00	0.00	山西	8.20	5.75	1.96
河北	88.79	86.10	80.74	四川	536.72	531.80	522.02
黑龙江	15.30	12.94	8.70	天津	0.00	0.00	0.00
河南	0.81	0.25	0.01	西藏	0.00	0.00	0.00
湖北	0.00	0.00	0.00	新疆	120.72	118.55	114.23

续表

省（区、市）	>200%	>300%	>500%	省（区、市）	>200%	>300%	>500%
江苏	0.65	0.24	0.02	云南	13.79	10.82	6.09
江西	0.00	0.00	0.00	浙江	5.88	4.26	2.02
吉林	5.43	2.88	0.42	—	—	—	—

注：不包括中国港澳台地区，下同。

表 6.2 中央大灾风险准备金向各省（区、市）的摊赔额度（种植业） 单位：亿元

省（区、市）	>200%		>300%		>500%	
	平均值	最大值	平均值	最大值	平均值	最大值
安徽	0.66	4.02	0.40	3.62	0.12	2.83
北京	0.92	13.92	0.53	12.38	0.14	9.30
重庆	0.00	0.00	0.00	0.00	0.00	0.00
福建	1.23	10.28	0.96	9.72	0.56	8.59
甘肃	0.45	2.37	0.26	2.04	0.06	1.38
广东	0.00	0.00	0.00	0.00	0.00	0.00
广西	0.00	0.00	0.00	0.00	0.00	0.00
贵州	0.89	10.10	0.70	9.62	0.42	8.67
海南	0.00	0.00	0.00	0.00	0.00	0.00
河北	15.61	43.14	15.14	42.66	14.20	41.71
黑龙江	2.69	9.69	2.28	9.21	1.53	8.26
河南	0.14	2.05	0.04	1.58	0.00	0.63
湖北	0.00	0.08	0.00	0.00	0.00	0.00
湖南	0.00	0.00	0.00	0.00	0.00	0.00
江苏	0.11	2.54	0.04	2.06	0.00	1.11
江西	0.00	0.00	0.00	0.00	0.00	0.00
吉林	1.59	6.71	0.85	5.61	0.12	3.41
辽宁	0.94	9.41	0.79	9.20	0.55	8.78
内蒙古	7.50	19.0	6.68	18.17	5.08	16.48
宁夏	0.00	0.00	0.00	0.00	0.00	0.00
青海	0.16	2.09	0.05	1.61	0.00	0.66
山东	0.00	0.00	0.00	0.00	0.00	0.00
上海	0.00	0.00	0.00	0.00	0.00	0.00
陕西	0.52	2.06	0.26	1.66	0.03	0.87
山西	1.44	4.03	1.01	3.55	0.35	2.60
四川	188.74	775.20	187.01	773.29	183.57	769.49
天津	0.00	0.00	0.00	0.00	0.00	0.00
西藏	0.00	0.00	0.00	0.00	0.00	0.00
新疆	21.2	71.28	20.85	70.89	20.09	70.10
云南	4.04	19.73	3.17	18.41	1.78	15.77
浙江	1.38	10.62	1.00	9.92	0.47	8.51

测算表明，假设设立中央大灾风险基金在 20 年一遇的灾损水平下，承担各省份当年 200%以上赔付率超赔责任，预备基金规模需达到 419 亿元；在 50 年一遇的灾损水平下，承担 200%以上赔付率超赔责任，预备基金规模大约为 529 亿元（见表 6.3）。当然，这个基金规模可以通过逐年拨付和申报的方法建立。

表 6.3　中央大灾风险准备金需要的资金规模（种植业）　单位：亿元

大灾水平	总承保损失	承担 200%以上赔付责任时
20 年一遇	1633	419
50 年一遇	1743	529

第三节　国外相关基金实施办法

一、加拿大农业再保险基金

《加拿大联邦农作物保险法》规定，中央财政设立农作物再保险基金。

主体及职能：（联邦、省级）政府主导，政策性农业保险公司承保经营（非营利）。

风险分散方式：保险公司与省级政府或联邦政府分保，或者与两者同时分保。

基金来源：由各省交付的再保险费、联邦财政资金（财政拨款）组成。

基金使用：在需由该资金摊赔各地区农作物保险、再保险分出人的赔款时，经农业部部长要求，财政部对该资金予以支出。一旦基金无法承担摊赔责任，则经议长同意，由另一财务资金"合并税收基金"（Consolidated Revenue Fund）借款支付，并由农作物再保险基金清偿，不计利息。

不过法律也对"合并税收基金"承担再保险公司摊赔责任作出限定，规定不得高于省政府当年缴纳的赔款总额和以下三种总额之差的 75%：①省政府在当年所收保费和应缴的社会保费之差；②省政府赔偿准备金；③省政府当年总赔款责任的 2.5%。

二、美国

（一）农业灾害救援信托基金

主体：农业部。

来源：关税收入的 3.08% 与基金运营收益、其他费用（如裁军费）。

使用方式：一是农业收入赔偿，国家灾害救援信托基金将赔偿农户因巨灾导致农场实际收入损失的 60%；二是牲畜赔偿项目，由自然灾害救助信托基金按家畜死亡前一天的市值价格的 75% 进行补偿；三是牲畜饲养灾害计划，因火灾、干旱等导致的饲养环境破坏，由国家自然灾害救助保险机构予以赔付；四是特殊应急救援，补偿牲畜、蜜蜂等因风险因素造成的环境伤害。

（二）美国农业标准再保险

主体及职能如表 6.4 所示。

表 6.4　美国农业标准再保险主体及职能

机构	职能
FCIC	1996 年以前，FCIC 直接办理农业巨灾保险；1996 年以后，FCIC 职能开始转型，业务办理和巨灾保险规则制定、稽查、投资和监督并重；2000 年以后，FCIC 开始退出所有的农业保险业务领域，只经营农业再保险业务
风险管理局（RMA）	监督 FCIC，与私人保险公司保持沟通和衔接，提供农业保险与再保险的政策支持
私人保险公司	直接经营农业巨灾保险，获得联邦政府的保费补贴、经营费用补贴及税收优惠
农作物保险协会	非营利性的社会组织，为巨灾保险运行中的行政机构、协会成员和农场主提供信息、理论及技术等方面的支持
保险科研机构	进行保险理论及相关数据研究，为农业巨灾保险提供科研上的支撑

资料来源：卜庆国. 农业巨灾保险国际典型模式的比较研究[J]. 世界农业，2017（5）：84-90.

（三）风险分散方式

再保险：见第四章介绍。

紧急贷款政策：区域风险计划（GRP）要求在发生巨灾风险频率较高区域，强制农场主参与。

（四）来源

FCIC 提供再保险保障。

（五）使用

2022 年《标准再保险协议》见第四章介绍。

（六）投资

农业巨灾保险证券化。

三、韩国农渔业灾害再保险基金

（一）主体

韩国农业、粮食和农村事务部，海洋和渔业部。

（二）来源

保险经营机构的再保险费，政府及民间部门的捐款，再保险摊回赔款，基金运作收益，政府部门借款，从农村发展特别税收融资项目账户中转移的资金（如有必要，部门协商后从金融机构、基金等借款）。

（三）使用

再保险金的支付，基金的管理和运营所需的经费支出，再保险业务维持和改善所必需的经费支出，借入资金的本息偿还，其他业务收入。

（四）投资

《农渔业灾害保险法总统令》第 20 条规定，农林水产食品部长官可以按照以下方法运用农渔业灾害再保险基金的剩余资金：根据《银行法》委托给银行；购买国债、公债；根据《有关资本市场和金融投资业的法律》第 4 条的规定，买入其他证券。

四、日本共济制农业保险

（一）主体

农业共济组合，农业共济组合联合会，政府。

（二）机构及职能（见表 6.5）

表 6.5　日本共济制农业保险机构及职能

机构	职能
基层农业共济组合	直接面向农户，收取保费，进行承保、定损、防灾防损等
农业共济组合联合会	接受下一层次的保险业务，向上一层次寻求再保险业务
全国农业保险协会	为各地提供再保险，指导和监督农业共济组合联合会
农业共济再保险特别会计处	

（三）风险分散方式（见表 6.6）

表 6.6　日本共济制农业保险风险分散方式

层级	主体及再报方式	财政支持
第一层	农业共济组合保费 70%分保下一层	总共济保费 40%
第二层	农业共济组合联合会保费自留 90%	总共济保费 25%
第三层	农业共济再保险特别会计处	

（四）来源

中央政府和联合会各以 50%的比例形成原始资本 30 亿日元的基金，以及联合会收缴的农业保险费。

（五）使用

风险损失在 50%～70%的部分由政府承担。为了保证农业共济组合机制的实施，政府对特大灾害进一步承担 80%～100%损失部分的赔款责任。风险损失较低的部分由农业共济组合（10%～20%）和农业共济组合联合会（20%～30%）分别承担。

（六）投资

风险证券化，发行大灾债券。

（七）相关法规

日本《农业共济基金法》《农业灾害补偿法》。

五、法国国家农业风险管理基金（FNGRA）

（一）主体

中央再保险公司（CCR）。

（二）风险分散方式

法国农业保险大灾风险分散机制（由低层向高层逐层分保），如表 6.7 所示。

表 6.7　法国农业保险大灾风险分散机制（由低层向高层逐层分保）

层级	主体
第一层	农业相互保险合作社
第二层	农业相互保险公司
第三层	总公司
第四层	中央再保险公司
补充	国家农业风险管理基金

（三）来源

基金由政府补贴与按 11% 计提的保费组成，若发生大灾导致基金不足时，政府也可进行直接补贴，政府每年补贴金额为 1 亿欧元左右。

（四）使用

当大灾发生时，基金只负责补贴超产损失的部分，其余部分仍由保险公司或再保险公司承担。

第四节　我国大灾风险基金实施办法

一、农业保险大灾风险基金的风险分散机制框架

整体的大灾风险基金管理制度可以有多种安排，参照国外成熟的大灾基金模式，我们认为在直保公司自己购买再保险的基础上，安排当地和中央大灾风险准备金进行第二层次的风险分散，第三层安排是其他风险融资计划。如图 6.1 所示。

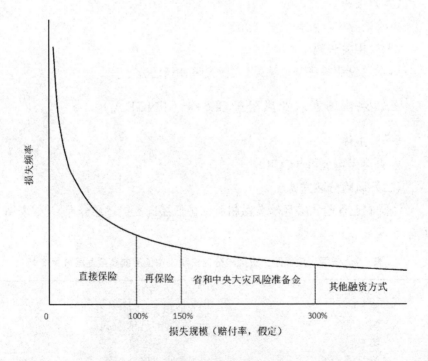

图 6.1　三层式大灾风险基金管理制度安排示意图

　　设立大灾风险基金作为农业风险分散和管理的手段和工具之一，只是一个选项而非必须的制度安排。在很多农业保险发达国家的立法中都有针对农业保险人出现了严重灾害损失或者保险人的责任准备金不够支付赔款等情况的融资安排。比如美国的立法中明文规定，在责任准备基金不够应付赔款时可向"商品贷款公司"借钱；加拿大联邦省级农业保险法规也明文规定允许向财政部门借款，但是通常都没有设立覆盖范围更大的大灾风险基金。加拿大各省的农业保险人都有类似于"大灾准备金"的基金，是根据"正常年份"的责任准备金结余设立的，这些特殊的准备金无须缴纳任何税款，也可无限额积累。当遇到重大自然灾害损失，当年准备金不够偿付时可使用该基金，当基金也不足以赔偿时，才可向地方财政部门借款。

二、农业保险大灾风险基金的筹资机制

（一）财政投入和税收优惠政策等税式支出形成的资金

　　主要资金筹措渠道有由中央和地区财政部门直接划拨已形成项目的原始资金，中央各部门财政预算经费，地方财政政策性农业保险工作的补助经费等；税式支出，指政府因对国家农业经济大灾基金的投资项目实行税费减免，或因税收优惠政策而产生的税收减少或牺牲。

　　将开展政策性农业保险业务的保险机构列入基金会员。会员会费的收取模式可分为初始会员费、会员年费、基金认购等，还可按照企业缴费规模与成为会员的时机等各种因素，设定会员级别，再按照会员级别进一步设定年费缴纳比率及相应缴纳规则。

（二）保险公司政策性农业保险保费收入及部分营运利润

　　政策性农业保险保费收入也是农业巨灾基金最重要的资金来源，所以保险人每年都可在保费收入中按规定的比率提取资金。此外，由于农业巨灾风险相对于一般农业风险损失来说存在着发生概率较小、偶然性、区域性等特点，当农业巨灾损失出现较少的年份，尤其是部分种植业的农业保险业务发生盈余的年份，对承保政策性农作物保险业务的保险人来说这是可能的。保险人可以把当年结余依照要求按一定比率转为农业大灾准备金。

（三）其他来源

　　农业大灾巨灾资金来源还包括社会各界捐赠和保险投资收益等，保险人还可以通过民政部门审批成为巨灾风险彩票的发行单位。

（四）明确农业大灾基金的财政紧急融资方式

在加拿大，通过联邦财政开支和税式支出等手段进行应急投资，在资金缺失时期，利用联邦财政开支补充赔偿不足或采取减免利息等手段进行财政投资。可以看出，利用这种紧急的筹资手段可以满足巨灾年份融资的紧迫需求，是当前值得探索的筹资手段，并应在此基础上积极探索满足基金建设需求的筹资新渠道。

三、农业保险大灾风险基金的管理主体

我国应该在实际情况的基础上，参考外国的经验做法，组建直接负责农险大灾基金的监督管理部门或组织，类似全国社会保障资金、保险保障资金等。应该特别地成立"全国农业保险大灾风险基金"，负责监督管理的应该为财政部、农业农村部、气象局、审计局、银保监会等部门的专职工作人员。该部门的重要任务还包括把握宏观态势，制定大灾基金的相关制度、市场投资运作及监督管理措施；确立并进一步健全农业大灾资金管理人的行业准入要求及退市管理机制。当然，不必特意设置管理机构，利用现成的国有"再保险公司"的设备和资源，进行统一管理和使用也不失为合理的办法。各地的农业保险大灾风险基金也应该与拟议中的"全国农业保险大灾风险基金"同属一家单位，分别负责管理和使用这些资金。

四、农业保险大灾风险基金管理办法

我国《农业保险条例》明确规定："由国务院财政部门会同国务院有关部门制定财政支持的农业保险大灾风险基金的具体管理办法。"我们认为国务院财税主管部门应会同我国农业主管部门、保险公司监督管理机构等尽早制定国家层级的大灾基金管理办法，对投入项目的管理与职能、经办单位的设置与职能、经费的来源、经费的动用规模和情况、超赔保证标准、经费划拨与收回标准、结余经费的投入方法、事项办理流程、审查、监管与惩罚等方面作出规范。此外，为完善我国中央农业巨灾风险投入项目的财务管理，高效使用基金，还应从财务方面给出具体的行为准则和标准。

五、中央农业保险大灾风险投资管理办法

农业大灾基金所选择的投资方式应该以安全性为主要原则，必须确保基金规模足够大，并在此基础上探讨实现投资的保值增值和稳定性的办法。

当前中国的资本市场还不够成熟，投资渠道还不是很健全，因此投资方式的选择必须慎重，可以积极参考国外经验稳步进行。从国际上农业保险大灾风险基金的投资实践来看，其投资方法已呈现出多样化倾向，权益类产品和权益类的投资方法相结合。因此，应该建立健全法律法规和行业准则，对农业巨灾资金投入的各类投入比例加以约束，才能确保资本增值和资金安全。此外，让投资者、管理人员全面掌握资金投入的运作情况，增加使用情况的透明化，进而加强对资金的监管，健全信息公开机制十分关键。为此，基金管理人应定期报告其农业大灾基金的投入成本、各类资产投资比率、长期投资效率。为有效保障基金的安全性，管理机构也需要对农业大灾基金管理人出具的资金运作审计报告进行有效稽核，发现问题并及时改进，防患于未然。确立必要的财税扶持政策及完善的资金监督管理措施，是农业大灾基金管理制度形成与顺利运作的关键，但制度执行过程中仍需要探索财税政策的扶持效应并不断改进和优化有关规定。

第五节　地方农业保险大灾风险基金实施办法

建立省级大灾风险准备金，需要重点关注在省级范围保险人负担的理赔责任范围外相应额度的风险责任，比如，目前有的地区给保险人设立的理赔阈值为简单赔付率160%（北京）、200%（浙江）等，如果超出该阈值，则政府负担部分，甚至全部。

我们认为，在保险人承担大部分大灾赔付责任的基础上，省级政府也可以适当承担部分超赔的责任。假设按照约定设置相应的赔偿责任区间，保险人负担赔付率150%以内的赔偿；如若实际赔付率超过250%，且低于300%，则该部分可由省级大灾基金赔偿；若实际赔付率超过300%，则可申请由中央大灾风险基金赔偿。由此，中央大灾准备金所担负的最高风险责任，可以定在赔付率500%以内，即实际赔付率300%~500%的部分由中央大灾基金承担。此外，当省级大灾基金承担超赔责任时，还可采用类似"联合再投保"的方式，由大灾基金和保险人一起承担风险，以此降低省级大灾基金的赔付压力。

一、地方农业保险大灾风险基金的主体

省级大灾风险基金可在风险准备金的基础上借鉴地方社保基金的模式

进行管理。2008 年山东率先尝试设立省、地、县三级农村巨灾风险准备金，预备金由各级财务主管部门根据当年农业险保费总收入的一定比率纳入预算，用于对大灾之年超出保险赔偿负责之外的部分予以相应补偿，最大赔付按保费总收入的三倍封顶。其后，江苏、四川、内蒙古、辽宁、河北、河南、江西、安徽、陕西、浙江、广东、海南等省（区、市）也相继发布了有关设立农村巨灾风险准备金的政策性指引文件。值得一提的是，江苏省在 2010 年 8 月颁布的《江苏省农业保险试点政府巨灾风险准备金管理办法》，专项针对农业巨灾风险准备金保护的农业保险险种适用范围、资金和监督管理、政府财政部分与准备金的责任分担进行了详尽规范。

二、地方农业保险大灾风险基金的来源

我国当前建立起的农业巨灾风险准备金制度主要资金来源一般是由地方保险公司根据保费总收入和每年保险结余的一定比率缴纳，再加上由地方财政根据预算划拨资金所组成。而按照中国各地的实际状况，省级农业巨灾风险基金的主要出资方法可能有以下三种：其一是由财政筹资，比如北京市人民政府每年根据上年农村增加值的 1‰ 提供农业巨灾风险基金；第二是从保险公司的总保费中计提，提取比率由全国各地农业保险的主管部门与保险人约定；第三是地方政府与保险人联合筹资，由中央政府每年提出一笔资金额度，由各个保险人再在历年赔付的结余中贡献一部分。

三、地方农业保险大灾风险基金管理办法

当前试点地方没有特别设立管理大灾风险准备金的单位，多数选择由政府财政部门独立管理或商业农险企业管理。根据"政府推动、商业运作、节余滚存、风险共担"的原则进行试点。

以江苏省为例，江苏省对农业大灾风险基金的使用有着严格的规范，由各主管部门负责，做到专户储存、专门会计核算、滚动累计、定向运用。基金的使用时期一般是巨灾年份和非巨灾年份。例如当江苏省面对巨灾赔付时，触发县、市和省的要求有所不同，承受的风险也有所不同，但坚持了多层保险分摊的原则。

（一）县级超赔安排

情况一：县级赔偿超出了当年保费总收入，但农村巨灾保险资金并没有出现超赔。县级承担 80%，市级承担 20%。

情况二：县级超赔额是在当年保费总收入的 20%左右，市级承担 50%，县级承担 50%。

情况三：县级超赔额在当年保费总收入的 50%～100%，超出部分由市级和县级根据 7:3 的比例进行分配承担。

情况四：县级超赔额在当年保费总收入的 101%～200%，超出部分由市级和县级根据 8:2 的比例进行分配承担。

情况五：县级地区超赔额达到当年保费总收入的 201%，超出部分全部由市级承担。

（二）市级超赔安排

情况一：市级超赔额不超过国家级农业巨灾风险准备基金，超赔部分由省级承担。

情况二：若市级政府超赔金额超过省农村巨灾保险资金，差额部分将由省财政部门酌情补贴。

除了赔付期间资金的运用状况外，非巨灾年度内，资金的使用状况主要是指资金的使用与投资状况，江苏省的资金可以用来投资国债与定期存款，但不得投资于风险太大的金融产品。

四、地方农业保险大灾风险基金投资办法

非巨灾年份，资金的使用情况主要包括资金的管理与投入。仍以江苏省为例，江苏省规定基金只能用来购置国债和定期存款，不得购置风险过高的金融商品。

五、地方农业保险大灾风险基金使用办法

省级农业大灾风险基金承保辖区内全省农业保险机构一定赔付率的赔偿金额，如 150%～300%的农业大灾风险损失，即当任意一个省级农业保险机构的年赔付率在 150%～300%时，省级农业大灾风险基金可以正式启动运行。

六、地方性及区域性的农业大灾基金管理展望

1. 在各省市试验的基础上，不断探讨和改进适合自身农情、灾情特点的大灾基金管理制度和经费筹措方法

进一步健全由地方实施的来源于保险收入、保险利润等的资金筹措方

式，充分发挥当地金融服务的功能，促进当地大灾资金的筹措和利用。

2. 设立全国性的农业巨灾基金

针对农业自然灾害所产生的地域性和差异化特征，在地震、水灾、旱灾、大风等农业巨灾风险的多发区域设立了地区性农业巨灾保险资金。地区性的农业巨灾保险可由各地区人民政府联办，按照各区域特殊巨灾资金数量，划拨相应数额资金存入地区特殊风险农业巨灾资金账户中，或委托国家农业巨灾资金监督管理委员会进行集中管理和经营运作，在地区特殊巨灾损失出现后进行及时赔付。

3. 研究国家级与地方性农业大灾保险制度的建立和衔接问题

一是研究确定国家级与地方性农业大灾保险制度之间的关系。农业巨灾保险基础制度可以分为国家与地方二级制度，是根据当时国家金融分权的实际情况建立的。农业巨灾风险一般具有准公共产品性质，而公有产品又可有国家级与地区性公有产品之分，所以农业巨灾保险被分成国家与地方二级也是必然的。而地区性农业巨灾保险也必须被纳入国家有关政策的体制结构中，由本级人民政府会同地方有关保险机构共同研究政策制定的可行性，并根据本地方农产品巨灾风险出现的可能性和风险程度，确定对本地资金支持的重点，并统筹筹集本地资金。地区农村巨灾基金承担区域性巨灾风险赔偿，国家农村巨灾基金承担国家特大自然灾害的赔偿。

第六节　保险公司农业保险大灾风险基金实施办法

一、保险公司农业保险大灾风险基金的计提办法

承保机构各自根据农业保险费用总收入与超额承保总收入的相应比率，计提大灾基金，并逐年滚存。保险机构应根据有关法律法规，公正、合理地制定农业保险条款和费用，并根据风险损失、运营情况等建立健全计提调整机制。投保单位计提投保预备金，应单独以播种业、畜牧业、林木等大类险种的投保总收入为计提基数。保险机构计提保险基金的比例按照规定的区间范围，并在听取省级财政部门等相关主管部门意见的基础上，根据农村自然灾害危险程度、风险影响情况、农村安全管理情况等因素合理判断。保险机构应当根据有关要求计提大灾储备金，在当年财务报告中加以体现，并逐年滚存，逐渐积累应对农业自然灾害危害的实力。

股份制保险公司购买再保险后，就不必再设立本企业的大灾经营风险基金了，综合性保险在各地的分支机构引入全省的大灾经营风险制度。当国家和省级大灾风险分散制度建立之后，合作保险组织（包括相互保险公司）也须被纳入全国的制度体系。

二、保险公司农业保险大灾风险基金的使用办法

农业保险大灾基金专项用于弥补农业大灾风险损失，可以在农业保险各大类险种之间统筹使用。保险机构使用大灾基金，应当履行内部相关程序。保险机构应当以当地农业保险大类险种的综合赔付率作为使用大灾基金的触发标准。大灾基金的使用额度，以农业保险大类险种实际赔付率超过大灾赔付率部分对应的再保后已发生赔款为限。保险机构应当采取有效措施，及时足额支付应赔偿的保险金，不得违规封顶赔付。

三、保险公司农业保险大灾风险基金的管理办法

机构当期计提的大灾基金，在成本中列支，计入当期损益。保险机构应当与有关方面加强防灾防损，并通过再保险等方式，多渠道分散农业大灾风险。保险机构计提大灾准备金，按税收法律及其有关规定享受税前扣除政策。保险机构不再经营农业保险的，可以将以前年度计提的保费准备金作为损益逐年转回，并按照国家税收政策补缴企业所得税。各级财政、行业监管部门依法对大灾准备金的计提、管理、使用等实施监督。

四、区域差异化的激励与约束机制

目前，我国已经初步形成了农业保险多层次的大灾风险准备金体系，可在此基础上建立中央农业保险大灾风险基金，形成对农业保险经营机构的激励和约束机制，可借鉴美国国家再保险制度的激励和约束机制。一是利润分配，即在全国范围内，将某一盈利区域内的农险业务利润根据赔付率区间，在省级农险大灾基金及农险经营机构之间进行一定比例的划分。同时，通过各种激励手段，促使农险经营机构降低业务经营费用。可以采用将利润与经营绩效联合考评的方式，提高风险防范意识。二是加快各级风险区划，根据不同风险等级进行精细化费率制定，调整超赔比例，充分调动经营主体承保高风险区的积极性。

第七章 农业大灾风险证券化

第一节 农业大灾风险证券化的理论基础

一、农业大灾风险证券化的概念及相关介绍

农业大灾风险证券化是指通过发行金融证券的方式将农业大灾风险转移到资本市场的过程。通常情况下，大灾风险证券化包含两个步骤：一是将大灾风险打包设计为可交易的证券化工具，二是在资本市场中将这些证券化产品出售。当前农业大灾风险证券化产品主要是巨灾债券，巨灾债券的发行主体有两个，一是保险公司自行发行，二是委托再保险公司进行证券发行。农业巨灾债券的参与主体主要有5个，包括投保人、债券发起人、特殊目的机构（SPV）、专项信托账户管理者、投资人。大灾风险证券化运行机制可以概括如下：在巨灾债券发行的初期，发行主体将所承担的风险通过不同方式进行打包处理，设计为可交易的产品；随后评级机构对相关产品进行评级，SPV将巨灾债券在资本市场进行公开发行，并将筹得的资金交付指定的信托机构；投资者在资本市场中买入债券以进行资本投资，在这一过程中，发行主体与SPV机构签订协议，发行主体向SPV支付一定的费用，作为债券利息支付给投资者。在保险期限内，一旦发生合同约定的巨灾风险，SPV通过信托机构将发行债券筹得的资金支付给债券发行主体，用于支付其巨灾损失。

二、农业大灾风险证券化的必要性

通常情况下，原保险公司常见的大灾风险分散方式是再保险，但是再保险机制的局限性促进了大灾风险证券化的产生与发展。首先，传统再保险产品本身存在一定的缺陷。一方面，传统再保险对承保的巨灾风险类型有较为严格的要求，因此部分巨灾事件不在再保险的承保范围之内；另一

方面，传统再保险产品的供给过于依赖保险公司的财务实力，一旦保险公司的经营状况出现问题，投保人在售损失的概率很高，这将影响保险功能的实现，最终威胁保险业的稳定性。其次，传统再保险的风险分散仅局限在再保险市场中，一旦巨灾发生，便会使保险业遭受重大损失。最后，再保险市场的供求不平衡。巨灾风险通常造成的损失范围与损失金额相对较大，再保险的承保积极性相对较差。但是随着巨灾风险频繁发生，投保人对购买巨灾风险保险的意愿不断增加，对再保险的需求不断提高。在这两种因素的影响下，巨灾再保险市场的供求严重不平衡。

三、农业大灾风险证券化发展的可行性

与其他发达国家相比，我国大灾风险证券化起步较晚，直至 2006 年，中国才朝大灾风险证券化方向迈出了重要的一步，正式进入国家探索阶段：原保监会、中国再保险（集团）股份有限公司、国家开发银行联合瑞士再保险、英国劳合社及慕尼黑再保险公司，探索开发基于中国损失情况的巨灾风险证券。近年来，我国在巨灾债券发展方面也积累了一定的经验，在资本市场的完备程度、农业数据的可得性等方面都取得了一定的突破，为农业巨灾证券化产品的落地奠定了一定基础。

其一，我国资本市场的成熟度不断提高。虽然我国资本市场起步较晚，但是发展速度还是相对较快的。具体表现在以下几点：①交易品种不断增加，我国资本市场的交易产品开始向各类金融衍生品方向发展。②交易规模不断扩大。③交易制度不断完善。上市公司的交易透明度越来越高，退市制度也在逐步完善，市场主导的机制不断发挥作用，让我国资本市场的制度建设基础变得更加坚实有力，为金融市场的健康发展打下了良好基础。

其二，农业数据的可得性与精确度不断提高。气象、灾害损失、区域产量等历史数据是农业大灾风险证券化能否实现的关键性因素。当前，随着卫星技术的应用，农业气象数据的搜集变得更加高效；无人机测绘实现了在地形复杂山区精确测量的目的；电子标签技术在养殖业领域的推广很好地解决了养殖业中突出的道德风险问题。这些先进技术的应用使得精准农业数据的可获得性增强，农业大灾风险证券化也变得更加有据可依。

第二节 大灾风险证券化的国际经验与中国选择

一、大灾风险证券化的国际经验

大灾风险证券化产品作为一种风险转移工具，通过证券的方式将风险转移到资本市场当中，其产品的收益率与相关损失事件发生与否息息相关，与损失程度也息息相关，与损失程度也息息相关，它是资本市场、保险市场与再保险市场相结合的产物。大灾风险证券化在发达经济体的发展时间相对较长，因此大灾风险证券有着多年的实践经验，但就产品而言，目前相对成熟的产品主要包含巨灾期货、巨灾期权、巨灾债券及巨灾互换。

（一）巨灾期货

巨灾期货作为套期保值的工具，在分散巨灾风险、保障原保公司业务稳定方面十分有效。以 1992 年美国芝加哥期货交易所的巨灾期货产品为例，该产品的价格基于买卖双方认可的保险损失提供的一个"损失率指数"，该指数是根据一个季度内 26 家保险公司因巨灾风险所产生的赔付费用除以一定的保费金额得到的。用 2500 美元的"合同尺寸"来乘该"损失概率指数"，就可以得到一个标准的期货合同价格。其中，期货合同的价格和巨灾发生造成的损失是正相关的，损失越大，合约价格越高。

（二）巨灾期权

巨灾期权最典型的例子是 PCS 期权（财产索赔服务期权），由芝加哥期货交易所提出，该期权种类属于欧式看涨期权，它是以 9 种赔付指标为基础进行交易的，该指标由财产索赔服务公司提供（见表 7.1 和表 7.2）。PCS 期权的拥有者（保险公司）可以选择 6～12 个月的发展期，即在超出损失期后的发展期内，财产索赔服务公司的估计继续影响赔付期内的指数，在发展期结束后，PCS 指数才作为执行指数执行。

表 7.1 美国 9 种 PCS 指数

全国指数	地区指数	州指数
50 个州+华盛顿地区	东部、东北部（包括华盛顿地区）、东南部、中西部、西部	佛罗里达州、加利福尼亚州、得克萨斯州

表 7.2　PCS 指数与损失比较

PCS 指数	实际损失	期权价值
0.1	1000 万美元	20 美元
1	1 亿美元	200 美元
20	20 亿美元	4000 美元
500	500 亿美元	10 000 美元

（三）巨灾债券

巨灾债券和普通债券在本质上是一致的，发行主体以发行债券的方式在资本市场进行融资，债券发行者承诺到期支付本息或在约定时间内支付利息，到期偿付本金。不同之处在于巨灾债券的收益与债券发行保险公司所承包的特定风险是否发生、风险造成的损失有多少直接挂钩，如果在保险期限内保险公司未发生保险事故，那么债券购买者就可以到期收回本金及相应的利息；如果在保险期限内发生保险事故，那么根据约定，债券购买者可能没有利息收入，甚至本金也会受到影响。还有一种巨灾债券是可转换巨灾债券，这种债券的特点是当巨灾发生后，债券的发行人有权将债券转化为公司股票。巨灾债券是新型的风险转移工具，其应用很早且应用广泛，其有效连接了保险市场和资本市场并且为二者提供了相互沟通的途径，有效转移了保险公司所承保的巨灾风险，稳定了原保险公司的业务。

（四）巨灾互换

巨灾互换是指交易双方将自己所承担的巨灾风险按一定条件进行相互转换。巨灾互换适用于不同的国家、不同地区之间的交易，但是由于不同国家或者地区的风险特征存在较大差异，因此风险发生的频率与损失程度也有很大不同，所以参与巨灾互换的双方可以以风险相对数为依据签订巨灾风险互换协议。巨灾互换最大的问题在于信息不对称导致的道德风险，所以交易所制定了一系列的规范措施来约束交易双方主体，以尽量减少逆向选择的出现。巨灾互换自产生以来发展势头十分迅猛，目前在市场中存在相当的交易规模，为保险公司规避风险提供了大量的成功案例。

二、大灾风险证券化的启示与中国选择

通过上文对国外大灾风险证券化发展的叙述可知，大灾风险证券化对

金融市场的要求相对较高，不仅要有足够容量的买方市场，还要有充足的数据和具有一定创新能力的卖方市场。此外，还需要完善的法律及各部门的协调合作。虽然中国资本市场逐渐成熟，但是从实际来看，我国并不适合国外所有的大灾证券化产品。对此，笔者对常见的 4 种大灾证券化产品进行了简单比较（见表 7.3）。

表 7.3　大灾证券化产品的比较

类型	运行机制	运行条件
巨灾期货	价格与巨灾保险损失赔付率成正比，保险公司巨灾损失赔付越多，巨灾期货价格越高	存在准确的巨灾损失相关指数、买方数量必须足够多、具有很好的流动性、具有成本优势
巨灾期权	买入方支付期权费获得在未来一段时间内买入或者卖出巨灾合约的权利	存在准确的损失相关指数、期权卖方必须有强大的资金量、巨灾损失指数变动和保险公司损失之间必须有很好的对应
巨灾债券	保险公司向 SPV 每年支付一定额度的保险费，获得一笔资金。SPV 在市场上出售与保险公司面临的巨灾风险相关的债券，该债券的给付额度和巨灾风险的发生密切相关	能够找到一个合适的 SPV、有评级机构对债券进行评级、担保充足、保险公司可以获得稳定的年收保险费
巨灾互换	通过相关系数较小的不同巨灾风险之间的互换，当一方发生巨灾损失时可以从对方获得赔偿	存在相关系数小的不同风险、风险造成的损失基本一致、互换双方的互换风险信息透明、互换双方信誉良好

　　比较而言，发行巨灾期货与巨灾期权的基础是巨灾损失相关指数，但是当前我国在数据开发与建设方面仍存在不足，所以以上两种证券化形式在短期内很难在我国展开。巨灾互换的适用范围相对狭窄，对风险种类要求较高，同时还要求互换双方的风险信息透明，中国现阶段的金融市场并不完全适合。笔者认为巨灾债券是当前我国进行巨灾风险证券化的最优形式。一是我国债券发行的历史悠久，具有良好的基础；二是巨灾债券发行在我国也是有先例的，再次发展起来算是轻车熟路；三是理论分析主要在

巨灾债券方面。综上几点，目前我国巨灾风险证券化的发展方向适合放在巨灾债券上。

第三节　农业巨灾债券设计

自 2017 年对农业保险进行财政补贴以后，我国农业保险发展取得了长足进步，农险公司的保费业务在不断增长，与此同时，农险公司面临的农业大灾风险也在不断增加。从当前来看，我国农险经营主体面临着较为严重的赔付风险并且无法分散。以黑龙江为例，2013 年前 8 个月黑龙江全省保费收入约为 26 亿元，其中包含经营费用 4.7 亿元及规定的大灾风险准备金 11.7 亿元。但是 2013 年 8 月初及 8 月中旬，东北地区出现洪涝灾害，导致农业保险赔付金额接近 25 亿元，直接导致阳光农业相互保险公司及安华农业保险股份有限公司两家分公司当年亏损严重。

承保标的风险集中是大灾风险无法分散的重要原因之一。农业生产风险通常具有较强的关联性，重大灾害的发生通常会导致多个地区都受到影响并产生损失，一次风险多地赔付的现象较为普遍，保险公司很难做到充分的风险分散。

虽然中央政府与地方政府为防止农业大灾均建立了大灾风险准备金，但是运作过程中准备金具体如何收取、准备金比例如何设定、准备金如何运作等都未有明确的规定，因此大灾风险准备基金的作用有限。在此情况下，农业大灾风险证券化是一种更为有效的风险分散方式。因此，农业巨灾风险证券化的实务探索急需在农业发展中展开。

基于此，本书以普通债券发行机制作为基础，针对当前我国农险业务的不足之处设计可行的大灾风险证券化产品。

一、结构设计

虽然巨灾债券正逐步向公开化和标准化的方向发展，但其基本运行机制已经相当成熟。如图 7.1 所示，典型的巨灾债券运行包括 5 个参与主体和 3 种交易关系。其中 5 个参与主体分别为发起人、SPV、投资者、信托机构和交换方。3 种交易关系包括巨灾债券发起人与 SPV 之间的关系、投资者与 SPV 之间的关系、信托机构与交换方之间的关系。

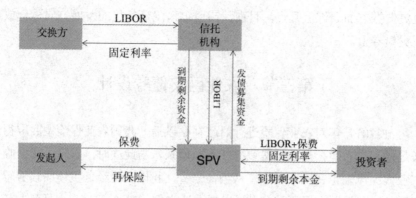

图 7.1　巨灾债券的运行机制

注：LIBOR 为伦敦同业拆借利率。

（一）参与主体

1. 发起人

巨灾债券的发起人通常为（再）保险公司，即巨灾风险的规避者。发起人通过发行巨灾债券把巨灾风险转移给资本市场中的投资者。若事先约定的触发事件未发生，发起人全额支付投资者本金和利息；若事先约定的风险发生，发起人可免除、减少或延迟支付本金和利息。

2. 特殊目的机构（SPV）

发起人一般通过设立一家离岸的 SPV 来发行债券，此时 SPV 相当于巨灾债券发起人与资本市场投资者之间的中介机构，只为发起人提供再保险服务。巨灾发生之后，SPV 动用信托机构中的资金向巨灾债券发起人进行赔款。如果约定的巨灾风险没有发生，则 SPV 向投资者支付本金和利息。

3. 投资者

巨灾债券的投资者通常为投资银行、对冲基金、保险公司和基金公司等。投资者可在巨灾风险未发生的情况下获得本金与利息，在风险发生时可能损失部分或全部本金和利息。

4. 信托机构

信托机构与 SPV 签订信托合约，托管 SPV 募集的巨灾债券资金，并将其投资于短期、高信用等级的美国国债，同时与互换方签订利率互换合约，从而获得浮动利率。当风险未发生时，其向 SPV 支付浮动利率；而当风险发生时，其出售国债获得现金并通过 SPV 对发起人的损失进行赔付。

5. 交换方

交换方与信托机构达成利率互换协议，定期以浮动利率向对方支付一系列现金流，来换取固定利率的现金流。

（二）交易关系

1. 巨灾债券发起人与 SPV 之间的关系

巨灾债券发起人向 SPV 支付巨灾再保险费，SPV 则向发起人提供巨灾事件关联赔付承诺合约。合约性质视巨灾债券的触发机制而定：如果采用损失赔偿机制，则合约属于再保险性质的合约；如果采用指数或混合型的触发机制，则合约属于金融性质的合约。

2. 投资者和 SPV 之间的关系

投资者向 SPV 购买巨灾债券并获得与巨灾事件相关的息票，SPV 则将所得资金存入信托机构。息票的利息由两部分构成：一是 SPV 从互换方获得的浮动利率价差，二是巨灾债券的发起人向 SPV 支付的保费。

3. 信托机构与交换方之间的关系

信托机构将 SPV 的存款与交换方进行利率互换，来换取浮动现金流并提供给投资者。利率差价的大小由互换合约类型、交换方的信用等级及其他相关因素确定。

（三）巨灾债券的运行机制

首先，巨灾债券的发起人（如保险公司）设立一家离岸的 SPV 向投资者发行巨灾债券。其次，SPV 将发行巨灾债券所募集得到的资金存入信托机构，以减少信用风险。最后，信托机构将短期投资的收益与互换方进行利率互换，以便获取 LIBOR 等浮动利率收益，从而减少利率风险。当触发约定的巨灾风险事件时，SPV 动用信托资金向巨灾债券发起人进行赔付，如果未触发巨灾风险事件，则 SPV 向投资者支付利息并返还本金，此时发起人损失保费。

二、农业大灾风险债券的定价设计——以洪涝灾害为例

洪涝灾害是常见的农业生产风险，因此本书以洪涝灾害为研究对象，对农业大灾债券进行定价设计。

（一）数据来源与选取

本书选取的灾害数据为 2014—2020 年洪涝灾害造成的各地区的直接

经济损失[①]，来源为中国经济金融研究（CSMAR）数据库。本书以单一灾害事件造成的直接经济损失为单位进行分析。在以往的研究中，通常以不同地区的损失为样本单位进行数据拟合与分析，但是这存在一个问题：同一风险事件可能对两个相邻地区都有影响，因此二者之间的损失存在相关性。例如，在研究数据中，2014 年 5 月 12 日，南方出现大范围持续性强降雨过程，这一事件影响了包括湖南、广东、广西及贵州在内的 4 个省份。若分别以上述 4 个地区的经济损失为样本单位进行数据分析，样本之间会因不满足相对独立的假设而造成误差偏误，因此在数据处理上将两地的经济损失进行加和，作为一个灾害事件样本进行分析。

基于以上处理，对 2014—2020 年共 501 次洪涝灾害事件造成的直接损失进行描述性统计分析，见表 7.4。可以看出，洪涝灾害造成的直接经济损失之间存在着巨大的差距，最小损失为 30 万元，最大损失高达 76.8 亿元。从分布的特点来看，损失分布的偏度为 6.791，大于 0，说明左偏；峰度为 57.081，大于 3，说明尖峰。可以看出，洪涝灾害造成的直接经济损失的分布具有极少的极大值，且均值右侧的离散程度要远大于均值左侧的离散程度，因此不满足正态分布。

表 7.4   描述性统计

灾害事件	均值（千万元）	标准差（千万元）	最大值（千万元）	最小值（千万元）	偏度	峰度
洪涝灾害造成的损失	21.484	67.416	768	0.03	6.791	57.018

（二）模型估计

进一步运用常见的损失金额分布函数，对样本数据进行拟合，然后运用矩估计或极大似然估计对相应的参数进行估计，最后通过 q-p 图和 K-S 检验拟合优度找出最优的损失分布模型。

首先选取正态分布、对数正态分布、指数分布、广义帕累托分布、伽马分布及威布尔分布 6 种常见分布模型，通过 q-p 图进行检验，结果见图 7.2。可以看出，不同的分布设定下其拟合效果不同，但是这 6 种分布对前

---

① 从数据库中的相关数据可以看出，洪涝灾害造成的损失主要为农作物的损失及房屋等财产的损失。但由于数据可得性问题，无法将农业风险进行剥离，因此将以上造成的直接损失看作农业损失数据。

端数据的拟合效果较好，而对尾部数据的拟合效果不是非常好。

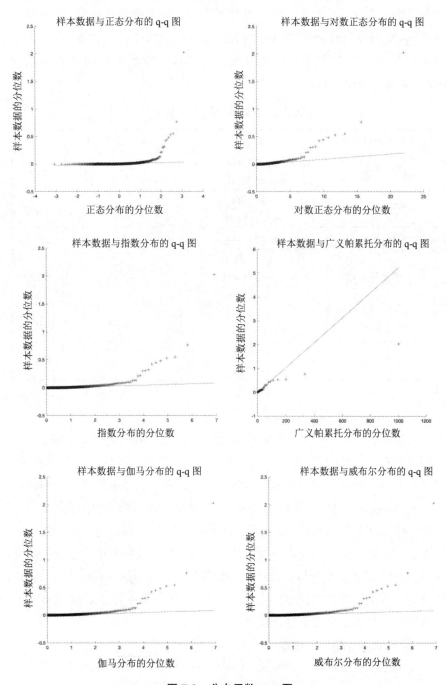

图 7.2　分布函数 q-q 图

进一步通过 K-S 检验选取最优的拟合模型，结果见表 7.5。可以看出，对数正态分布及广义帕累托分布设定下通过了 K-S 的假设检验，其 P 值分别为 0.422 与 0.259，相比之下，对数正态分布的拟合优度更高，因此本书设定对数正态分布形式进行模拟及分析。极大似然估计的参数结果为 mu=1.366，sigma=1.848。

表 7.5　参数估计及 K-S 结果

概率分布函数类型	参数估计	K-S 检验统计量	P 值
正态分布	mu=21.484 sigma=67.416	0.375	0.000
对数正态分布	mu=1.366 sigma=1.848	0.039	0.422
指数分布	mu=21.484	0.364	0.000
广义帕累托分布	k=1.183 sigma=3.426 theta=0	0.045	0.259
伽马分布	a=0.389 b=55.291	0.142	0.000
威布尔分布	A=9.978 B=0.536	0.087	0.001

（三）债券定价模型的选取

当前对于灾害风险债券的定价运用最多的是 CAPM 模型、Wang 两因素模型和 Christofides 模型。CAPM 模型以理想化的市场状态为假设前提，这意味着对于相关参数的获取较为容易，因此对数据精准度的要求相对较低。而 Wang 两因素模型和 Christofides 模型虽然计算结果更加精准一些，但对数据精准度的要求较高（杨晔，2009）。目前，我国尚建立完善的灾害风险管理市场，相应的灾害损失数据库也未成型，数据精准度获取的难度较高。而 CAPM 模型的计算过程较为简单，人们对其熟知程度也更高，这样也更有利于投资者的理解和接受。基于此，本书选择将 CAPM 模型作为灾害风险债券的定价模型进行探讨。

（四）债券收益率的确定

本书选取资本资产定价模型（CAPM 模型）对洪涝风险债券的收益率进行计算。模型的公式为 $E(r_i) = r_f + \beta_i \left[E(r_m) - r_f \right]$。其中，$E(r_i)$ 为预期回报率，β_i 为系统性风险，r_f 为无风险收益率，$E(r_m)$ 为市场的期望收益。

通过拟合、参数估计及相关检验，本书选用拟合效果较好的对数正态分布，求出不同自变量对应的累计分布函数值，结果见表7.6。

表7.6　经济损失分布累计分布函数值　　　　单位：千万元

损失金额	累计分布值	损失金额	累计分布值	损失金额	累计分布值	损失金额	累计分布值	损失金额	累计分布值
0.030	0.004	3.900	0.499	9.200	0.678	20.800	0.817	47.100	0.911
0.040	0.007	4.000	0.504	9.300	0.680	21.000	0.818	48.000	0.912
0.058	0.011	4.100	0.510	9.400	0.682	22.100	0.825	49.000	0.914
0.100	0.024	4.200	0.515	9.600	0.686	22.200	0.826	49.100	0.914
0.200	0.054	4.300	0.520	9.800	0.690	22.300	0.827	50.000	0.916
0.250	0.068	4.400	0.525	9.900	0.692	22.400	0.827	51.000	0.918
0.300	0.082	4.500	0.530	10.000	0.694	22.900	0.830	52.000	0.919
0.400	0.108	4.600	0.535	10.205	0.698	23.600	0.834	54.000	0.922
0.500	0.133	4.700	0.539	10.700	0.707	24.000	0.837	57.000	0.926
0.600	0.155	4.800	0.544	10.900	0.710	25.200	0.843	58.000	0.928
0.700	0.176	5.000	0.552	11.000	0.712	25.300	0.844	60.600	0.931
0.800	0.195	5.100	0.557	11.100	0.713	26.200	0.848	62.000	0.932
0.900	0.213	5.200	0.561	11.300	0.717	26.500	0.849	63.000	0.934
1.000	0.230	5.300	0.565	11.400	0.718	27.000	0.852	64.000	0.935
1.100	0.246	5.400	0.569	11.500	0.720	27.300	0.853	71.700	0.942
1.200	0.261	5.500	0.573	11.600	0.721	27.500	0.854	72.200	0.943
1.270	0.271	5.600	0.577	12.000	0.728	28.000	0.856	74.000	0.944
1.300	0.275	5.700	0.580	12.100	0.729	28.600	0.859	76.700	0.946
1.400	0.289	5.800	0.584	12.400	0.733	29.000	0.861	80.000	0.949
1.500	0.302	5.900	0.588	12.900	0.740	30.200	0.865	83.000	0.951
1.600	0.314	6.100	0.595	12.920	0.741	30.500	0.867	83.200	0.951
1.700	0.326	6.200	0.598	13.000	0.742	31.000	0.868	85.000	0.952
1.800	0.337	6.400	0.605	13.100	0.743	32.000	0.872	88.000	0.954
1.900	0.348	6.600	0.611	13.700	0.751	32.900	0.875	88.600	0.954
1.960	0.354	6.700	0.614	14.000	0.755	33.000	0.876	92.000	0.956
2.000	0.358	6.800	0.617	14.300	0.758	33.600	0.878	98.500	0.959
2.100	0.368	7.000	0.623	14.900	0.765	33.700	0.878	103.600	0.962
2.200	0.377	7.100	0.626	15.000	0.766	34.000	0.879	106.000	0.963
2.300	0.387	7.300	0.632	15.200	0.768	34.700	0.881	128.600	0.971

损失金额	累计分布值	损失金额	累计分布值	损失金额	累计分布值	损失金额	累计分布值	损失金额	累计分布值
2.400	0.395	7.400	0.635	15.700	0.774	35.000	0.882	130.000	0.971
2.500	0.404	7.600	0.640	16.000	0.777	36.000	0.885	133.000	0.972
2.600	0.412	7.700	0.643	16.200	0.779	38.000	0.891	202.970	0.984
2.700	0.420	7.815	0.646	16.800	0.785	38.500	0.892	209.400	0.984
2.800	0.428	7.900	0.648	17.000	0.786	38.600	0.892	219.000	0.985
2.900	0.435	8.000	0.650	17.500	0.791	39.000	0.893	303.000	0.991
3.000	0.443	8.100	0.653	17.800	0.794	40.300	0.896	309.000	0.991
3.100	0.450	8.300	0.658	18.000	0.795	42.000	0.900	322.000	0.991
3.200	0.456	8.400	0.660	18.600	0.800	42.800	0.902	426.000	0.994
3.300	0.463	8.500	0.662	19.000	0.804	44.000	0.905	448.400	0.995
3.400	0.469	8.600	0.665	19.300	0.806	45.000	0.907	484.000	0.995
3.500	0.476	8.800	0.669	19.400	0.807	45.500	0.908	531.000	0.996
3.600	0.482	8.900	0.671	19.800	0.810	46.000	0.909	550.000	0.996
3.800	0.493	9.000	0.674	20.000	0.811	47.000	0.911	768.000	0.998

根据表 7.6 中的数据，由于本金完全保障型、本金 70%保障型和本金完全无保障型债券触发机制的参数都是灾害的实际损失，分别选取 12.9、22.1、39 三种损失程度作为触发节点。

价格洪涝灾害债券票面利率为 R，洪涝灾害发生的概率为 P，以一年期的国债利率作为无风险利率，将近 24 个月股票组合 β 值的算术平均值作为系统性风险，设当前市场的期望收益率为 10%，有

$$R_f = 2.6512\%, \quad \beta_i = 0.7713, \quad E(R_m) = 10\%$$

基于此，利用资产定价模型，对不同类型债券的票面利率进行计算。

1. 本金完全保障型债券

此种债券收益率为 0，假定因洪涝灾害造成的农业经济损失 ≥12.9 千万元时，即达到该种债券的触发条件，此时风险发生的概率为 0.26，所以

$$E(R) = R_f + (R_m - R_f) \times \beta = (1 - P_1) \times R_1 + P_1 \times 0$$

$$R_1 = \frac{R_f + (R_m - R_f) \times \beta}{1 - P_1}$$

$$R_1 = \frac{2.6512\% + (10\% - 2.6512\%) \times 0.7713}{1 - 0.26} \approx 11.24\%$$

2. 本金 70%保障型债券

该债券收益率为-30%，假定因洪涝灾害造成的农业经济损失≥22.1 千万元时，即达到该种债券的触发条件，此时风险发生的概率为 0.175，所以

$$E(R) = R_f + (R_m - R_f) \times \beta = (1 - P_2) \times R_2 + P_2 \times (-0.3)$$

$$R_2 = \frac{R_f + (R_m - R_f) \times \beta + 0.3 \times P_2}{1 - P_2}$$

$$R_2 = \frac{2.651\,2\% + (10\% - 2.651\,2\%) \times 0.771\,3 + 0.3 \times 0.175}{1 - 0.175} \approx 3.72\%$$

3. 本金完全无保障型债券

该债券收益率为-100%，假定因洪涝灾害造成的农业经济损失≥39 千万元时，即达到该种债券的触发条件，此时风险发生的概率为 0.107，所以

$$E(R) = R_f + (R_m - R_f) \times \beta = (1 - P_3) \times R_3 + P_3 \times (-1)$$

$$R_3 = \frac{R_f + (R_m - R_f) \times \beta + 0.3 \times P_3}{1 - P_3}$$

$$R_3 = \frac{2.651\,2\% + (10\% - 2.651\,2\%) \times 0.771\,3 + 0.3 \times 0.107}{1 - 0.107} \approx -2.67\%$$

（五）债券发行价格的确定

假设洪涝债券的面值为 100 元，以单一时期和两个时期的现金流贴现模型为例，分别对三种类型的洪涝债券进行定价计算。

1. 单一时期的现金流分析

单一时期三种类型债券的发行价格分别如下：

（1）本金完全保障型债券

票面利率为 11.24%，触发值为 12.9 千万元。

$$p = \frac{100 \times 0.26 + 111.24 \times (1 - 0.26)}{1 + 2.651\,2\%}$$

$$p \approx 105.520\,1$$

（2）本金 70%保障型债券

票面利率为 18.14%，触发值为 22.1 千万元。

$$p = \frac{70 \times 0.175 + 118.14 \times (1 - 0.175)}{1 + 2.651\,2\%}$$

$$p \approx 106.881\,8$$

（3）本金完全无保障型债券

票面利率为 21.3%，触发值为 39 千万元。

$$p = \frac{0 \times 0.107 + 121.3 \times (1 - 0.107)}{1 + 2.651\ 2\%}$$

$$p \approx 105.523\ 3$$

通过现金流贴现模型对单一时期不同风险的洪涝灾害债券进行定价，求得本金完全保障型、本金 70%保障型、本金完全无保障型债券的价格分别约为 105.520 1 元、106.881 8 元、105.523 3 元，相应的票面利率分别为 11.24%、18.14%、21.3%。因此，这三种债券的理论价格较为相近，但是息票率却递增，这是因为一旦风险发生，投资者将面临的本金损失越多，其要求的风险补偿收益就越高，相应的债券票面利率也就越高。

2. 两时期的现金流分析

类似地，当发行面值为 100 元的洪涝灾害债券时，两时期三种类型债券的价格分别如下：

（1）本金完全保障型债券

票面利率为 11.24%，触发值为 12.9 千万元。

第一期预期收益的现值如下：

$$p = \frac{11.24 \times (1 - 0.26)}{1 + 2.651\ 2\%} \approx 8.102\ 8$$

第二期预期收益的现值如下：

$$p = \frac{100 \times 0.26 + 111.24 \times (1 - 0.26)}{(1 + 2.651\ 2\%)^2} \approx 102.794\ 8$$

所以债券的价格如下：

$$p = 8.102\ 8 + 102.794\ 8 = 110.897\ 6$$

（2）本金 70%保障型债券

票面利率为 18.14%，触发值为 22.1 千万元。

第一期预期收益的现值如下：

$$p = \frac{18.14 \times (1 - 0.175)}{1 + 2.651\ 2\%} \approx 14.579\ 0$$

第二期预期收益的现值如下：

$$p = \frac{70 \times 0.175 + 118.14 \times (1 - 0.175)}{(1 + 2.651\ 2\%)^2} \approx 104.121\ 4$$

所以债券的价格如下：

$$p = 14.579\ 0 + 104.121\ 4 \approx 118.700\ 4$$

（3）本金完全无保障型债券

票面利率为21.3%，触发值为39千万元。

第一期预期收益的现值如下：

$$p = \frac{21.3 \times (1 - 0.107)}{1 + 2.651\ 2\%} = 18.529\ 6$$

第二期预期收益的现值如下：

$$p = \frac{0 \times 0.107 + 121.3 \times (1 - 0.107)}{(1 + 2.651\ 2\%)^2} = 102.797\ 9$$

所以债券的价格如下：

$$p = 18.529\ 6 + 102.797\ 9 = 121.327\ 5$$

因此，三种不同类型的债券价格分别为110.897 6元、118.700 4元、121.327 5元。

（六）洪涝灾害债券初步设计

针对我国常见的洪涝灾害，为了有效地进行风险管理与分散，假定对全国100亿元的洪涝灾害风险进行投保。保险公司在接受该业务后，由于单位风险的自留不能超过资本金加公积金的10%，保险公司将保额的80%进行再保险。然后再保险公司将委托SPV向风险承受能力较好的机构投资者发行到期期限为2年的本金完全保障型和本金70%保障型的洪涝灾害风险债券。只有通过储架发行[①]的方式在债券市场上筹集到本金70%保障型和本金完全保障型的债券资金分别为10千万元、9千万元。

根据历史数据，2014—2020年洪涝灾害造成的直接经济损失平均值为21.484千万元，可以认为洪涝灾害带来的农业经济损失平均为21.484千万元。根据概率分布模型求得这一损失发生的概率为0.175。因此，将洪涝灾害经济损失21.484千万元作为预定的起始损失，即触发点，然后将起始损失上浮50%，即32.226千万元，作为本金70%保障型债券的触发点，在发行期间，若洪涝灾害发生并且造成的损失≥32.226千万元时，投资者到期只能得到70%的本金，且这种情况发生的概率为0.127。当前市场上的无

---

① 储架发行是指债券发行时一次性缴纳所有法律费用、模型费用、评级费用等，但并非所有债券都在首次发行，部分"被存放在储架上"，当风险保护买方需要且市场愿意吸收额外发行债券的恰当时候再发行。

风险利率为 2.651 2%，系统性风险为 0.771 3，市场的期望收益率为 10%。通过资本资产定价模型，求得本金完全保障型债券票面利息为 10.08%，70%保障型债券票面利息为 13.89%；并根据现金流贴现模型求得两种债券的发行价格分别为 110.89 元、114.61 元。对农业洪涝灾害债券样本的初步设计如表 7.7 所示。

表 7.7　洪涝灾害债券的样本设计

债券发行人	SPV 公司
发行价格	C-1：10 千万元
	C-2：9 千万元
承包地区	全国地区
灾害类型	洪涝灾害
风险期间	两年
债息	C-1：13.89%（本金 70%保障型）
	C-2：10.08%（本金 100%保障型）
再保险	19 千万元的农业洪涝灾害保险
预计起始损失	C-1：21.484 千万元
	C-2：32.226 千万元

（七）债券的可行性分析

只有再保险的市场价格不小于其隐含价格，债券的发行才能成功（康晗彬，2013）。基于此，设 q 为再保险公司预计洪涝灾害发生的概率，r 为无风险利率，c 为债券的票息利率，L 为再保险公司支付给投保人的固定赔付金额，P_1 为再保险的市场价格，P_2 为再保险隐含价格。其中

$$P_1 = \frac{1}{1+r}qL, \ P_2 = \frac{c-r}{(1+r)(1+c)} \cdot L$$

所以，对于本金保障程度 70%的债券来说，票息为 13.89%，损失发生的概率为 0.127，所以

$$P_1 = \frac{1}{1+r}qL = 1.237\ 2, \ P_2 = \frac{c-r}{(1+r)(1+c)} \cdot L = 0.961$$

对于本金完全保障型债券，票息为 10.08%，损失发生的概率为 0.175，所以

$$P_1 = \frac{1}{1+r}qL = 1.534\ 3, \quad P_2 = \frac{c-r}{(1+r)(1+c)} \cdot L = 0.591\ 7$$

可以看出,无论是本金保障程度70%的债券还是本金完全保障型债券,其市场价格均大于隐含价格,因此理论上可以发行C-1等级与C-2等级的债券。

第四节　我国开展农业保险大灾风险证券化的相关建议

一、开展农业保险大灾风险证券化的障碍

首先,我国资本市场有待进一步完善。我国资本市场在形成后的20年间渐成体系,逐步规范化。然而,其规模目前尚小,仍存在种种问题,市场的功能也未实现最大化发挥和有效利用。其次,国内投资者的风险承受能力有限,对巨灾证券化的认知度比较低,因此投资者的数量和质量无法得到保障。再次,保险公司面临机会成本。保险公司对机制的不熟悉会加大它们的实施成本,证券发行后一旦得不到预期的发行效果,考察成本与再保险费用对保险公司来说也是一笔损失。最后,缺乏相应的数据支撑。巨灾证券化需要大量的数据作为支撑,但是目前国内并不具备充足的数据,不利于证券化的设计工作。此外,我国地理环境复杂多变,但当前的统计技术相对滞后,有关农业信息的更新速度无法与资本市场进行有效关联,导致在证券发行后无法为投资者提供充分的信息。

二、开展农业保险大灾风险证券化的相关政策建议

第一,加大政策上的支持。虽然从目前来看,我国农业大灾风险证券化仍没有步入正轨,但是作为有益的制度选择,大灾风险证券化仍是一种行之有效的风险分散工具,政府应该给予相应的税收优惠,鼓励农险公司、资本市场及第三方机构合作开发、探索农业保险大灾风险证券化产品。

第二,加快农业大灾风险证券化基础设施建设。一方面加强精算能力和数据积累能力。保险公司、农业部门及科研机构应当紧密协同配合,建立高标准的农业风险数据库,就全国各地风险发生的基本特征进行积累,为大灾证券化提供翔实的数据支持。另一方面建立顺畅、透明的监督管理机制。农业大灾风险证券化需要多部门协同发展,链条长且复杂,任何一

环出现问题都可能造成巨大的风险，因此监管是必不可少的。但是当前国内金融分业监管的格局还无法对其进行有效管控，可以尝试设立一个牵头机构对农业大灾风险证券化进行监管。

第三，建立全面、准确的信用风险评级体系。证券化需要专业的评级机构进行信用评级，而国内符合标准的专业评级机构相对较少，目前主要是依靠国外的评级机构，从长期来看，这对我国自主研发证券化产品具有一定的影响。

第八章　我国农业保险大灾风险再保险体系的构建

第一节　农业保险大灾风险再保险安排的相关理论

由于农业保险风险的特性，通常情况下承保农业保险的保险公司会做进一步的风险分散安排，其中最主要的风险分散处理方式是再保险。本节主要介绍农业再保险安排的理论基础。

一、再保险与风险管理

风险管理的主要目标是对已识别和量化的风险暴露进行积极管理，从而最小化或消除风险损失。在设计风险管理框架时，要考虑风险的性质、发生频率、预防管理成本及预期损失。班克斯（Banks，2005）指出，风险管理手段主要包括以下三大类：①损失控制，②风险融资，③风险降低。

1. 损失控制

损失控制又称风险减轻，是风险管理最基本的手段之一，该手段主要是在风险发生之前实施必要的风险防范措施，以降低风险发生的概率或风险事件发生时造成的损失程度，达到风险最小化。

2. 风险融资

风险融资主要解决的是风险因素中资金的保障性问题，主要有以下三种方式：

一是风险自留，是指风险承担主体主动或被动保留一定量的风险敞口。风险承担主体通常会建立一个内部账户来应对部分自留风险造成的损失，因此风险自留可以被视为一种损失融资方式。通常损失程度较小、发生频率高并且易于预测的风险适合采取风险自留处理。

二是风险转移，是指风险承担主体通过保险或再保险机制转移风险。当企业在约定时期内发生保险事故并造成经济损失，（再）保险公司根据合同约定对被保险人进行经济赔付。（再）保险公司通常可以将大量独立的风险汇集在一起，通过大数法则预测平均损失并加上适量的管理费用作为（再）保险公司风险转移的报酬。

作为风险转移的主要手段，（再）保险主要用于处理高损失且发生频率较低的大灾风险。其原因在于：①大灾风险通常不容易预测，并且造成的潜在影响难以估计，使用（再）保险转移大灾风险可以节约风险承担人预测和评估大灾风险的成本；②风险自留资本通常不足以应对大灾风险造成的高额损失，使用（再）保险转移大灾风险可以避免风险承担主体在自留风险资金额不足时的高额风险融资成本。

三是风险对冲。风险对冲通常发生在金融衍生品市场，用于处理标准化（再）保险安排不能解决的风险。对冲是将风险从一方（对冲方）转移给另一方（一般是金融中介机构）的机制，后者通常将风险自留或者进一步对冲。

3. 风险降低

风险降低可以分为撤出与风险分散。撤出是指部分或全部撤出可能发生风险的业务或风险地区。完全撤出是将大灾事故的发生概率控制为零的唯一途径，但是该方法要付出巨大的机会成本。风险分散是指将非相关的资产组合起来汇集成一个资金池，通过资产组合的方式降低风险的不确定性。从理论上讲，将大量独立且分布的风险资产汇集到一起可以降低期望收益的方差，从而达到降低风险的效果。

根据班克斯（Banks，2005）的风险管理理论（见图8.1），处理不同性质（发生频率和损失程度）的风险，其风险管理的手段也不相同。通常情况下，对于风险发生频率较低且损失程度小的风险，公司通常选取风险自留的方式进行管理；对于发生频率较高但损失程度较小的风险，通常采取风险自留或损失控制的方式处理；对于发生频率较低而损失程度较大的大灾风险，通常采用风险转移和风险对冲的方式进行处理；而对于发生频率较高且损失程度较大的风险，通常采取撤出的方式进行处理。

再保险是风险管理体系当中损失融资的重要组成部分，起到风险转移的作用，主要用于处理发生频率较低但损失程度较大的大灾风险。

二、农业保险大灾风险与再保险

根据班克斯（Banks，2005）的风险管理理论，再保险安排应该用于处理发生频率低并且损失程度大的大灾风险。因此，在论证农业保险大灾风险与农业再保险关系之前，首先要对农业保险大灾风险的特性进行分析。

农业保险大灾风险是指保险公司因承保农业保险业务而遭受大规模保险损失的风险。农业保险作为农业风险的管理工具，保险公司在承保后面临的大灾风险主要是风险责任的超额赔付。农业保险大灾的风险特性与其他大灾风险一致，主要体现在农业保险大灾风险事件发生频率较低，但是一旦发生，其造成的保险损失程度巨大。

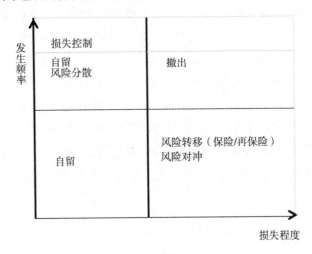

图 8.1　风险管理方法区别

2007—2019 年，我国经营农业保险业务的保险公司共有 43 家，但从业务规模来看，保费规模居前 7 位的保险公司分别为中国人民财产保险股份有限公司、中华联合财产保险股份有限公司、阳光农业相互保险公司、安华农业保险股份有限公司、国元农业保险股份有限公司、中国太平洋财产保险股份有限公司及中国人寿财产保险股份有限公司，该 7 家保险公司的业务总额占农业保险业务总规模的 89%左右（见表 8.1）。

表 8.1　各公司农业保险保费收入与占比　　　单位：百万元，%

保险公司	保费收入	占比
中国人民财产保险股份有限公司	193 461.86	48.9
中华联合财产保险股份有限公司	61 751.77	15.6
阳光农业相互保险公司	25 472.9	6.4
安华农业保险股份有限公司	21 563.46	5.5

续表

保险公司	保费收入	占比
国元农业保险股份有限公司	18 856.96	4.8
中国太平洋财产保险股份有限公司	18 524.65	4.7
中国人寿财产保险股份有限公司	14 013.47	3.5

对于农险业务最多的 7 家保险公司来说，2007—2019 年承保农险业务的保险公司简单赔付率在 59% 左右，农业保险大灾风险相对较低。根据图 8.2 可以看出，简单赔付率在 100% 的情况仅出现了 4 次：2013 年阳光农业相互保险公司的超赔率为 11%，业务损失为 2.67 亿元，占营业收入的 10%；2016 年国元农业保险股份有限公司的超赔率为 4%，业务损失为 10.6 亿元，占营业收入的 2%；2017 年安华农业保险股份有限公司的超赔率为 16%，业务损失为 3.71 亿元，占营业收入的 9%；2019 年阳光农业相互保险公司的超赔率为 34%，业务损失为 9.97 亿元，占营业收入的 27%。可以看出，农业保险大灾的损失频率较低，但是损失程度相对较高。

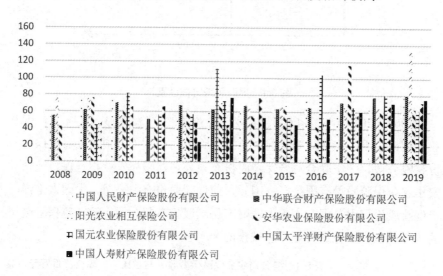

图 8.2　2008—2019 年各保险公司农险业务简单赔付率（单位：%）

资料来源：《中国保险年鉴》。

结合风险管理框架中再保险安排的理论基础和农业保险大灾的风险特性可知，在理论层面，农业再保险安排是处理农业保险大灾风险的有效手段。

第二节　我国农业再保险与约定分保关系

一、我国农业再保险的发展历史及现状

（一）我国农业再保险的发展历史

我国农业再保险起步较晚，总体来看，其发展主要经历了 3 个阶段（魏加威，2021）：分散再保阶段（2004—2014 年）；农共体主导阶段（2014—2020 年）；中农再主导阶段（2020 年至今）。

1. 分散再保阶段（2004—2013 年）

随着对政策性农业保险制度的不断探索，我国农业再保险开始酝酿发展。2005 年，原保监会发布了《再保险业务管理规定》，这是首个有关保险行业的规章制度，对培育农业再保险市场起到了重要的作用。2006 年颁布的《国务院关于保险业改革发展的若干意见》，第一次将农业再保险写入中央文件。2007 年以后，商业再保险市场不断发展，瑞士再保险公司、法国再保险公司、汉诺威再保险公司等国际再保险公司纷纷进入中国再保险市场，承接了超过 50% 的农业再保险业务。2012 年，国务院颁布了《农业保险条例》，其中明确指出要构建农业巨灾风险分散机制。一系列文件的出台使得中国农业再保险市场出现了直保公司与再保公司"零星"与"分散"的合作。

2. 农共体主导阶段（2014—2019 年）

2014 年 11 月 21 日，中国农业再保险共同体（简称"农共体"）成立，我国初步建立了农业再保险专项机制。2014 年成立初期，"农共体"成员为 23 家直保公司。到 2019 年，农共体成员已发展至 34 家。作为行业平台型组织，农共体的成立和发展在扩大行业保障能力、稳定农险体系、落实国家支农惠农政策等方面起到了重要的作用。

3. 中农再主导阶段（2020 年至今）

2019 年，中国人民银行等 5 个部门共同颁布了《关于金融服务乡村振兴的指导意见》，提出组建中国农业再保险股份有限公司（以下称为"中农再"）。同年《关于加快农业保险高质量发展的指导意见》颁布，并提出进一步增加农业再保险供给，扩大农业再保险承保能力，完善再保险体系和

分保机制。2020年9月，国家银保监会批复同意财政部等9家单位共同发起筹建中国农业再保险股份有限公司。中农再是农共体实体化的产物，按照中农再公司章程，分出公司与中农再签署合作协议，实行约定分保与市场化分保相结合的经营模式。中农再的成立将弥补我国政策性农业再保险体系主体缺失的问题，从而为我国农业保险高质量发展奠定坚实基础。

（二）我国农业再保险的发展现状

我国农业再保险市场的供给主体主要有中资再保险公司、境内外资再保险公司及境外外资再保险公司，其中中资再保险公司有中国财产再保险股份有限公司、太平再保险有限公司、前海再保险股份有限公司及人保再保险股份有限公司；境内外资再保险公司主要有慕尼黑再保险公司、瑞士再保险公司、法国再保险公司、劳合社保险有限公司等。此外，还有部分再保险业务由保险中介机构委托给境外其他再保险公司。

从农业保险保费分出率来看，近年来我国农业保险的再保险分出率大约为20%（见表8.2），与财产险中非车险业务的平均分出率差距不大，但是低于企业财产险、船舶险等特殊险种，而高于责任险、健康险、意外险等险种。当前，随着农业保险业务不断高质量推进，农业保险的保障水平提高、保障范围不断扩大，行业内的风险不断积聚，农业保险逐渐从保成本到保产量、保价格、保收入的阶段过渡，因此对农业再保险的需求也不断增加。

表8.2　2011—2017年我国农业保险分出率　　　　单位：%

年份	分出率
2011	23.58
2012	15.58
2013	17.00
2014	21.43
2015	21.50
2016	22.38
2017	20.73

此外，我国多地在积极地探索地方政府支持的农业再保险体系的构建，北京、浙江等地区以政府直接出资、保费补贴等方式向商业再保险公司购买再保险保障并由再保险公司承担相应的风险保障。

以再保险分散大灾风险的"北京模式"为例。为了分散北京农业风险、提高农业保险保障水平和保险公司的经营水平，北京市财政出资为保险公司购买农业再保险。北京市政府作为投保人，开展农业保险业务的公司为受益人，再保险责任为北京地区农业保险赔付率在160%～300%的风险。又如上海市农业保险大灾风险分散机制。2014年上海市印发了《上海市农业保险大灾（巨灾）风险分散机制暂行办法》，将政府参与农业保险大灾风险管理纳入制度安排，该制度安排主要保障承保农业保险业务的公司赔付率在90%以上的风险并对其进行分层处理：对于赔付率在90%～150%的灾害损失，由保险公司购买再保险分散；当赔付率超过150%时，由再保险赔款摊回部分及大灾风险准备金承担。

二、我国农业再保险中约定分保情况

（一）中国农业再保险共同体的约定分保规定

2014年，我国23家具有农业保险经营资质的保险公司①与中国财产再保险有限公司共同成立了农共体，初步建立了中国农业再保险专项机制。

农共体遵循市场运作的原则，充分整合国内具有农业保险经营资质主体的专业资源，旨在形成应对农业大灾风险冲击的保障体系。农共体的业务范围为成员公司经营的种植险、养殖险及森林保险的再保险业务，运行机制是通过组织成员内部相互分保的方式实现风险转移的目的。其具体的业务规则如下。

业务分出规则：成员公司自行确定分出需求并根据再保险市场确定再保险保费与条件；对于分出的每一笔业务，分出公司要将其不低于50%的份额分给农共体；每一个业务年度内，分出公司所有的分出业务要使用同一比例，首席份额和起赔点按照相应业务管理办法执行。

---

① 23家成员单位为中国人民财产保险股份有限公司、中国人寿财产保险股份有限公司、中国太平保险集团有限责任公司、中国大地财产保险股份有限公司、中国平安保险（集团）股份有限公司、中国太平洋保险（集团）股份有限公司、中华联合财产保险股份有限公司、阳光财产保险股份有限公司、永安财产保险股份有限公司、安信农业保险股份有限公司、安邦保险集团股份有限公司（现大家保险集团有限责任公司）、安华农业保险股份有限公司、阳光农业相互保险公司、华农财产保险股份有限公司、安诚财产保险股份有限公司、中煤财产保险股份有限公司、国元农业保险股份有限公司、紫金财产保险股份有限公司、泰山财产保险股份有限公司、锦泰财产保险股份有限公司、诚泰财产保险股份有限公司、中航安盟财产保险有限公司（现安盟财产保险有限公司）、北部湾财产保险股份有限公司。

业务分入规则：成员公司只能从农共体内部分出再保险业务，不得分入自己公司分出的业务；成员公司自行申报承保能力并且在一个业务周期内不得变动，在一个业务周期期满后，可重新申报承保能力，但调整幅度不能超过上一年度的 50%。

此外，管理机构的业务管理职能主要包括监督成员公司遵守业务规则；经成员公司授权代表公司做好承保、理赔、财务结算工作；审核承保能力，确定成员公司的接受份额。

2015—2019 年，农共体累计实现保费收入约 266.5 亿元，占国内农业再保险市场份额的 47.8%（见图 8.3）。作为集中经营与管理农业保险风险的平台，农共体提供风险保障超过万亿元，基本满足了农业再保险行业的保障需求；农共体运营期间，仅 2017 年简单赔付率小于 100%。同时，农共体累计支付行业赔款 292.4 亿元，综合赔付率超出直保公司约 10 个百分点。

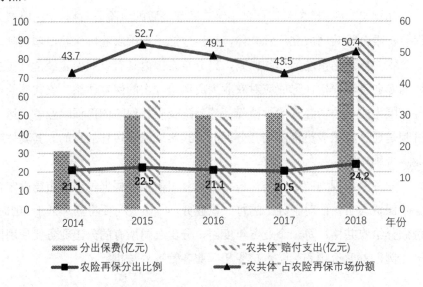

图 8.3　农共体业务及市场份额情况

资料来源：作者整理。

可以看出，农共体作为多数农险合约的首席再保人，改变了国内农业再保险市场以往过度依赖外资再保人的局面，有效维护了良性的市场竞争秩序。但从经营效果看，其中还存在一些问题：其一，治理结构缺乏强制约束性。农共体是松散的再保险专项机制，并不是独立的市场法人，对成员公司缺乏强制管控手段，容易受成员公司市场短期逐利行为的影响。其二，商业化运行机制很难化解分出公司逆向选择和道德风险的问题。农共体的多数分出需求来源于偿付能力释放、风险博弈等短期诉求，运行机制实质上还是原有的商业再保险模式。由于分入公司和分出公司之间存在信息不对称，农共体成员公司倾向于将高风险区域的业务大量分出，而将低风险区域的业务不分或少分，导致合约风险分散不均衡，从而加大了农共体的运行压力。其三，政策支持不足。由于财政补贴资金仅针对直保端，且缺乏国家财政对大灾风险的兜底机制，所有风险均由农共体成员公司承担，一旦发生全国性的农业大灾，无疑将给农共体整体经营带来较大冲击。

（二）《政策性农业保险再保险标准协议》中的约定分保规定

2020 年，财政部与农业农村部联合发布《关于加强政策性农业保险承保机构遴选管理工作的通知》，并发布了《政策性农业保险再保险标准协议》（以下简称"《标准协议》"），该协议对我国政策性农业保险再保险业务进行了规定，即保险公司以成数分保的方式进行农业保险再保险安排，具体分保规定如下：

（1）分出公司将其承担的农业保险业务按约定分保的方式和条件向中农再进行分保，分出公司根据协议约定向中农再分出保费，中农再按约定为分出公司提供再保险保障。

（2）分出公司将直接承保的各类农业保险业务按其在保单中独立承担的保险责任的 20% 向中农再办理成数分保。分保费以毛保费为基础计算，并且约定成数分保手续费参考农业保险必要的前端费用情况并结合再保险市场情况制定。

（3）建立以省、自治区、直辖市为单位的大灾超赔机制，以业务年度为核算基础，因自然灾害、意外事故、疾病等造成的单一省份（所有农业保险经营机构合并计算）单一险种（分为种植险、养殖险两类）赔付率超过 150% 的，中农再承担其 150%～200% 的损失。在该协议成数分保项下，以省（区、市）为单位，每一次事故的初步估算损失金额超过 5000 万，分出公司可根据已决赔款或预付赔款的解付金额按协议约定向中农再发出现金赔款通知书。

（4）建立盈余返还与损失调整机制。以业务年度为核算基础，如果中农再预定分保业务出现盈余时，其会将分保业务的盈余全部返还；如果出现亏损，则会下调下一年度约定的手续费和以后年度的分保盈余。

（5）该协议的业务不包含"保险+期货"业务，任何形式的再保险分入业务和转分业务，以超赔形式承保的直接业务。

（6）约定分保业务分账管理、独立核算，有必要时，中农再可以通过发行债券、向银行借款等方式进行紧急融资，并通过约定分保未来产生的盈余进行偿还。

三、农业保险大灾风险再保险与约定分保关系——约定分保的优化

（一）当前我国再保险安排存在的问题

1. 大灾超赔风险机制划分单位不合理

根据《标准协议》的规定，要求建立以省（区、市）为单位的大灾超赔风险机制。以业务年度为核算基础，当造成单一省（所有农业保险经营机构合并计算）单一险种（种植险与养殖险两类）赔付率超过150%时，由中农再承担150%～200%的赔款，这一机制安排并未充分反映保险公司对再保险的实际需求，从而产生再保险赔付错配：对于未达到赔付要求的省（区、市）来说，所在地区经营主体存在超赔的情况，但未获得再保险赔付。再保险是保险公司为了实现保险业务收支平衡与稳健经营，将承保风险转移给再保险公司的风险管理手段。一般情况下，保险公司会根据自身的承保风险进行再保险安排。然而，承保风险一方面体现在承保标的风险暴露的情况上，另一方面也体现在承保业务规模、结构及公司规模上。以省为单位的单一险种赔付率主要反映了该地区农业风险的情况，即承保标的风险暴露情况，并不能完全反映保险公司的承保风险。对于农业风险较小的地区来说，虽然农业经营主体面临的理赔风险相对较低，但是由于自身业务规模及业务结构的影响，很可能产生超赔风险。

表8.3以2016年为例，种植险与养殖险赔付率分别达到150%的省份有13个，《标准协议》规定基于中农再约定分保业务信息系统的农业保险数据，计算分省分险种的赔付率，赔付率超150%时，启动大灾超赔机制。该情况下，日本财险上海公司在2016年度农业保险保费收入为60万元，赔付支出为263万元，简单赔付率达438.3%，理论上需要再保险赔付来分散其业务的承保风险。但2016年度上海市种植险与养殖险的赔付率均未

达到 150%，该经营主体未能获得再保险赔付资格。考虑到 20% 的成数分保比例，日本财险需要向中农再支付 9.6 万元的再保险费（扣除分保手续费）①，因此对于日本财险上海公司来说，进行再保险安排增加了农业保险业务的损失。

可以看出，《标准协议》规定下的划分单位仅仅体现了地区农业风险的情况，而农业再保险作为农业保险的保险，其保障的对象为农业保险经营主体，保障的风险为农业保险经营主体的承保风险，因此大灾超赔风险机制划分单位应当为各省级农业保险经营主体的赔付率。

表 8.3　2016 年农业保险赔付率超过 150% 的省份　单位：%，千万元

险种	年份	地区	赔付率	保费收入	保费支出
种植险	2016	北京	159.51	21.37	34.08
	2016	辽宁	203.86	142.05	98.26
	2016	浙江	171.56	46.11	38.51
	2016	福建	2936.15	33.05	74.56
	2016	山东	322.53	167.99	114.81
	2016	广东	1090.13	85.10	65.69
	2016	海南	152.58	33.68	51.39
	2016	青海	159.45	10.06	16.05
养殖险	2016	山西	172.28	3.93	6.77
	2016	辽宁	292.70	38.36	46.50
	2016	浙江	197.09	38.88	30.92
	2016	福建	162.57	11.19	10.08
	2016	山东	151.97	31.12	20.72

2. 赔付标准设定过高

一方面，赔付标准设定过高表现在赔付率的设定上。《标准协议》规定的赔付率为 150%，超赔赔款=（分出公司在该省该险种签单保费-分出公司在本协议项下该省该险种分保费-分出公司其他成数再保险合同项下该省该险种分保费）×（分出公司在该省该险种的赔付率-150%）。但是这一赔

---

① 日本财险上海分公司分保支出费用为 60×0.2=12 万元；中农再支付日本财险的手续费为 12×0.2=2.4 万元；再保业务日本财险的费用支出为 12-2.4=9.6 万元。

付率设定过高,导致鲜有农险经营主体可以获得赔付。表 8.4 以 2008—2018 年为例,不考虑起赔额,在过去 11 年间能够满足《标准协议》赔付标准的省级农业保险经营主体共有 47 家,占样本总数的 2.4%。[①]

表 8.4　农业大灾保险赔付情况

年份	农业保险(含两类险种)赔付率超150%的省份	涉及的省级保险公司数量	可获得赔付的保险公司数量
2008	北京、广东、吉林	6	0
2009	广东、青海、山西、辽宁、吉林、河南、湖北、贵州、西藏	20	6
2010	山东、河南、湖北、湖南、海南、广东、贵州、山西、青海	49	11
2011	辽宁、山东	7	0
2012	浙江	14	0
2013	浙江、广东	16	5
2014	辽宁、海南	15	5
2015	辽宁、山西	17	1
2016	北京、福建、青海、广东、山东、山西、辽宁	51	6
2017	内蒙古、西藏、福建、山东、广东	36	3
2018	辽宁、福建、广东、湖北、云南	38	10

　　另一方面,赔付标准设定过高表现在起赔额的设定上。《标准协议》规定"当该协议成数分保项下以省为单位每一次事故的初步估算损失金额超过 5000 万,分出公司可根据已决赔款或预付赔款的解付金额按协议约定向中农再发出现金赔款通知书"。2008—2018 年,省级农业经营主体业务年度农业保险亏损超过 5 千万元的机构仅有 14 家,而单一事故造成 5 千万元损失的情况更加罕见(见表 8.5)。因此,过高的赔付率及起赔额的设定几乎无法触发理赔,大灾风险分散机制的作用很难显现。

---

① 2008—2018 年省级农业保险经营主体共有 1955 家,数据来自《中国保险年鉴》。

表 8.5　农业保险业务损失超过 5000 万的经营主体　单位：千万元

年份	地区	省级保险公司	承保损失
2010	辽宁	中国人民财产保险股份有限公司	13.942
2014	海南	中国人民财产保险股份有限公司	13.013
2015	大连	中国人民财产保险股份有限公司	5.007
2016	福建	中国人民财产保险股份有限公司	11.006
2016	福建	中华联合财产保险股份有限公司	5.409
2017	内蒙古	中华联合财产保险股份有限公司	21.79
2017	内蒙古	安华农业保险股份有限公司	106.159
2018	大连	中华联合财产保险股份有限公司	7.13
2010	河南	中国人民财产保险股份有限公司	19.061
2010	陕西	中国人民财产保险股份有限公司	5.865
2015	大连	中国人民财产保险股份有限公司	5.007
2016	大连	中国人民财产保险股份有限公司	7.334
2018	湖北	中国平安财产保险股份有限公司	13.075

3. 赔付方式不科学

《标准协议》规定"由分出公司在本协议期限内直接承保的各类农业保险业务（包括共同保险业务），分出公司按其在保险单中独立承担的保险责任的 20%向中农再办理成数分保"，该协议应该属于成数再保险。理论上，成数再保险规定，再保险公司按同样的比例承担分出公司的保险责任和赔款，但是从规定的赔付约定来看，该协议并未完全按照成数再保险的方式进行风险共担，而是仅承担超赔风险的 0～50%，这样的规定会导致再保险公司收取的再保险费用与其分入的风险不匹配，从而可能损害分出公司的利益。下面通过一个简单的例子比较传统成数再保险与《标准协议》规定下成数再保险的差别。

假设在某一业务年度内某一地区的某一农业保险经营主体的种植险保费收入为1000万元。该农险经营主体按不同险种（种植险与养殖险）分别按20%的成数分保比例进行再保险安排①，分保手续费为20%。假设在这一业务年度内种植险的赔付金额分为三种情况。

情况1：赔付金额为1000万元（赔偿率小于150%）；

情况2：赔付金额为1600万元（赔付率为150%～200%）；

情况3：赔付金额为2600万元（赔付率大于200%）。

在三种不同情况下，不同再保险安排所带来的分出公司承保业务收益的差异见表8.6。

表8.6　不同再保险安排下的业务收益情况　　单位：万元

情况	《标准协议》下的成数再保险	传统成数再保险	无再保险
情况1	-160	40	0
情况2	-680	-380	-600
情况3	-1360	-1240	-1600

可以看出，当保险公司办理传统的成数再保险业务时，承保农业保险业务的收益较不进行再保险安排均有所增加，但是当办理《标准协议》规定下的再保险业务时，再保险公司收取分出公司20%的保费收入，但是其承担的超赔风险仅为0～50%，这一赔付方式在降低分出公司保费收入的同时，使其还需要承担赔付率在200%以上的风险，严重损害了保险公司的利益。

（二）我国农业再保险体系的优化

1. 约定分保方式

Banks（2005）的理论指出，再保险安排主要应该用于处理发生频率低且损失程度大的大灾风险。从再保险的类型来看，由于《标准协议》使用的成数分保不存在设定风险自留额，相对而言更适合处理损失金额小且发生频率较高的农业保险风险。若采用成数分保处理农业保险大灾风险，必

---

① 假设仅向一家再保险公司分出业务。

须将除大灾风险外的低风险同时分出，因此需要支付大量的再保险费。鉴于农业大灾保险的风险特性，应使用溢额再保险或非比例再保险作为农业大灾再保险约定分保的形式。其中，最经济且简单的办法就是安排赔付率超赔再保险（停止损失再保险），这样既可以节约保费，又能保障自身不至于发生严重的损失。

2. 划分单位设定

如前文所述，以省为单位的划分方法只能体现某一地区农业风险的情况，并不能充分反映所在地区农业保险经营主体的承保风险，因此建议以省级（加上 4 个计划单列市）农业保险经营主体为单位进行投保与赔付，即当某一省级（计划单列市）农业保险经营主体在一个业务年度内的赔付率水平超过责任限额时，便启动农业再保险赔付机制。

3. 赔付率限额及再保险费率设定

在赔付率超赔再保险中，合理确定赔付率限额十分重要，因为只有分出人的赔付率超过规定的赔付限额时，再保险公司才予以赔偿。为确定赔付率限额，选取 2008—2018 年省级（计划单列市）农业保险经营主体的业务情况进行分析[①]。在此 11 年间，共有 1955 个符合要求的样本，其中有 214 个样本的农业保险简单赔付率超过 100%（见表 8.7）。这 214 个样本的赔付率平均值为 1385.60%，最大赔付率高达 106 100%，最小值为 126.09%。

表 8.7　214 个样本的统计性描述

个数	均值	标准差	最大值	最小值
214	1385.60	9018.95	106 100.00	126.09

为了选择最佳的赔付率限额及再保险率，首先将赔付率限额设定为 6 档：100%、105%、110%、115%、120%、125%，并根据不同的设定使用燃烧成本法进行再保险费率的计算。非比例再保险的复杂程度相对较高，针对非比例再保险的定价，当前还没有完全统一的方法，而超赔再保险的定价方法可以分为两类：一类是经验定价法，另一类是风险定价法。经验定价法主要分为燃烧成本定价法、分层摊收定价法和基于历史赔付率数据的随机模拟法；风险定价法在财产险的超赔定价中主要是指应用行业认可的风险曲线、巨灾风险模型等，而农业保险中少有行业认可的风险曲线，

[①] 数据来源为《中国保险年鉴》。

因此农业非比例再保险通常采用经验定价法，而赔付率超赔合同定价最常用的方法为燃烧成本定价法。

对于研究期间的样本来说，设其直保公司的总净保费收入为 $GNPI$，则

$$燃烧成本率 = \frac{在指定周期超赔再保险负担的超赔损失}{在制定周期内直接保险人的 GNPI}$$

而再保险纯保费为燃烧成本率与直保公司在再保险期间内的 $GNPI$ 的乘积。

因此，对于不同的赔付率限额，其再保险纯保费率见表 8.8。根据这一再保险设定，对于上述具有超赔风险的样本来说，计算其进行再保险安排后的农业保险大灾风险情况，结果见表 8.9。可以看出，当赔付率限额在 100%～110%，具有超赔风险的农业保险经营主体的平均损失要低于不进行再保险安排时的平均损失，再保险起到了相应的作用；而当赔付率限额大于 110% 后，进行再保险安排反而损失更大，其原因在于大多数经营主体的赔付率在 110% 以下，当赔付率限额大于 110%，很难有保险公司可以获得赔付，因此再保险不能充分地起作用。可以看出，对于赔付率超额赔付再保险来说，赔付率限额应当设定在 110% 之内。

表 8.8　再保险纯保费率计算结果

赔付率限额	100%	105%	110%	115%	120%	125%
纯保费率	1.7%	1.5%	1.3%	1.1%	1%	0.9%

表 8.9　不同限额下的农业保险大灾超赔风险

赔付率限额	赔付率超额再保险	无再保险
100%	−0.765	−5.009
105%	−2.471	−5.009
110%	−3.924	−5.009
115%	−5.117	−5.009
120%	−6.151	−5.009
125%	−7.129	−5.009

资料来源：《中国保险年鉴》。

第三节　农业保险大灾风险再保险与政府兜底

一、国际农业保险大灾风险再保险安排中的政府兜底情况

本部分主要选择了西班牙、美国、日本、法国和印度 5 个国家作为国际案例进行分析，对比各个国家农业保险大灾风险的再保险安排。其中，美国、日本、法国和印度已在本书第四章进行了全面介绍，本部分仅重点介绍政府在其中所承担的职责和地位。

（一）西班牙——"直保共保体+专业再保"模式

1. 组织模式

西班牙的农业再保险体系主要由两部分构成，一是由国内 23 家经营主体构成的直接保险共同体，另一个则是国家再保险赔偿联盟（CCS）。其中，直接保险共同体的具体经营是以股份制公司的形式存在的，即西班牙农业保险公司。参与的主体中，22 家经营机构主要通过持股份额承担相应保险责任，而 CCS 则通过行使政府职权，代表政府作为西班牙农险公司的最终再保人。类似于美国的模式，西班牙政府在整个农业再保险体系中承担着"最终兜底"的角色。CCS 作为直接保险公司的最终再保人，实质上也拥有了"中央再保险人"的定位。

2. 法律支持

西班牙的农业再保险体系的形成和成熟运作离不开完善的法律法规和制度支持，立法支持使得西班牙的农业保险和再保险的发展更为扎实和稳健。早在 1978 年，西班牙就通过议会颁布了其国内第一部农业保险的专门法案——第 87 号法案《农业保险法》。其中，以法律形式严格规范了农业保险经营机构的经营与管理、保障对象的品种、相关的制度建设和政策支持等内容。后来又继续对《农业保险法》进行了完善和补充，颁布了补充条例和具体实施规范和细则，进一步明确了各方参与主体的权利与义务。在法律的不断完善下，西班牙的农业保险与再保险行业实现了跨越式发展，农业再保险体系及农业大灾风险管理水平也快速提升。

3. 运行模式

分析西班牙的农业再保险体系可以发现，CCS 在其中发挥了巨大的作用，一方面，其作为直接保险共同体的成员之一，根据股份比例承担着约

10%的赔付责任；另一方面，CCS还肩负着为直接保险共同体提供再保险支持的职责，除了既定的分保部分，其还承担着超赔再保险的职责。具体来看，CCS的超赔再保险业务根据赔付率的不同，主要分为四个等级：当赔付率小于90%时，CCS和直接保险共同体各分担50%；当赔付率为90%～130%时，CCS的分担比例提高到80%，直接保险共同体承担20%；当赔付率为130%～160%时，CCS赔付比例提高到90%；而对于赔付率超过160%的高风险业务，赔付安排与上一层级一致，即CCS分担90%，直保共同体分担10%（具体见图8.4）。与此同时，除了"政策性"再保险安排外，商业再保险作为补充性保障，同样在西班牙再保险体系中发挥着重要作用。对于直接保险公司的风险自留责任，可以通过寻求商业再保险进行风险的有效分散。

受到CCS公司制经营模式的制约，在农业大灾高发的年份，集中大额的风险赔付极易造成保费入不敷出的情况。因此，CCS在每个经营年度都会按照规定提取大灾风险准备金，作为农业再保险赔付超过保费收入时的赔付资金储备。若出现更为极端的情况，即大灾准备金也无法覆盖农业再保险的赔付额时，会由政府部门兜底，启动紧急预案对CCS进行财政补助，以注资的方式补充其大灾准备金资金池，以稳定灾后的赔偿和修复重建工作。为此，西班牙农业主管部门每年会在预算中保留一个科目，以防范紧急预案的启动。

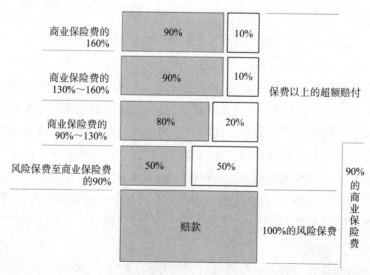

图8.4　西班牙再保险运行情况

（二）美国——"公私合作"模式

美国的农业再保险起步较早，经过多年的实践检验和完善，已经形成较为成熟的农业再保险运营和管理体系，即以政策性再保险保障和商业性再保险机构共同发挥作用的再保险模式。在第四章我们已经进行了系统介绍。美国农业再保险的具体运营主要依托 SRA 制定和颁布的行为细则和规范，明确了在"公私合作"模式下农业保险大灾风险如何在政策性再保险公司和商业再保险公司间进行分散。该模式赋予了政府"最终赔付人"的角色，在一定程度上解决了商业再保险公司参与大灾风险分散的后顾之忧，同时也使得政府与商业保险公司之间形成了利润共享、风险共担的机制，在很大程度上激活了市场的积极性。

（三）日本——"多层次共济"模式

日本的农业再保险体系可以简单地概括为一对一的"多层次共济"模式。一方面，参与日本农业再保险共济的行为主体主要包括农户、省级机构及政府；另一方面，这三类主体分别通过不同的组织机构进行再保险的参与和保障行为。具体来看，基层组织是农业共济组合，该组织具体负责与农户进行直接的业务对接；省级组织机构是农业供给联合会，该组织主要起到"上传下达"的作用，即促进政府与基层农业共济组合的沟通与交流；最终的风险保险由农林水产省承担，其作为政府机构负责兜底的风险保障。

（四）法国——"政府和社会联办互助"模式

法国农业保险采取了相互保险社与相互保险公司模式，建立了结构分明的保险组织体系。具体分析，法国农业再保险体系根据风险的高低可以分为低、中、高三个层次的保障。其中，低层风险主要通过农业保险经营机构之间的相互保险社进行分散和承担，即经营主体之间相互保险以分散风险；中层风险则由政府介入，即主要由有政府背景的相互保险公司和再保险公司进行风险分散；更高层的风险则直接由政府出面进行兜底。

（五）印度——"国家再保主导"模式

印度政府采取政府与市场共同分担的方式，建立了"成数分保为主，政府财政兜底"的大灾风险分散模式。低层风险由直接保险公司承担，中层风险由再保险承担，市场上普遍采用"成数合约+赔付率超赔"的再保合约模式（详见第四章）。

二、我国农业保险大灾风险再保险发展中关于政府角色的政策建议

1. 完善"政府引导、市场运作"的治理关系

中农再的成立标志着我国农业再保险的发展进入了崭新的阶段。作为由国家主办的再保险公司，中农再肩负着重要的使命。根据前文对不同国家农业再保险体系的分析可知，现阶段我国要进一步加强中农再承保主渠道的功能定位，同时完善补充性再保险的保障能力，激发商业性再保险和国际再保险机构的参与积极性。

同时，进一步完善运营细则和探索推出符合我国特点的标准再保险协议。构建中农再和分出公司的农业风险分担机制，通过盈余返还和亏损滚转实现分保条件的动态调整，进一步细化利润共享和损失共担机制。实践中应进一步优化约定分保与市场化分保相结合的运作机制，合理界定政府管理和商业再保险机构参与的边界问题。

2. 弥补相关领域内专有立法和规章滞后的核心短板

以《中华人民共和国农业法》《中华人民共和国保险法》《农业保险条例》及《关于加快农业保险高质量发展的指导意见》为指引，从法治化的顶层设计出发，推动制定类似于美国《农作物保险法案》的相关法律和类似于 SRA 的农业再保险操作规范，进一步明确政策性再保险与商业性再保险的关系，细化分保业务比例等内容。另一方面，通过立法从根源明确财政补贴型农业保险的业务性质，保证财政资金的惠农效率，降低经营主体对直保业务的逐利预期。

3. 细化"分保条件、差别化定价和财政补贴"的农业再保险操作

合理确定分出业务的约定分保比例，并根据商业市场情况适时调整协议内容；针对超赔合约，实行有差别的定价条件，细化分省分业务承保机制，克服直保端道德风险和逆向选择问题。依据国家政策导向，稳步推进对直保端高风险业务的补贴工作，间接促使保险公司将工作重心放在服务能力建设上，从根源上发挥农业保险正外部性的社会功能。此外，在中农再内部探索建立信息统计部门，打造农业保险大数据与涉农金融信息数据平台，为再保险精准定价提供数据基础，进一步降低逆向选择的影响。

4. 落实"再保险+大灾风险基金+紧急预案"的大灾风险分层保障体系

以"中农再+商业再保"的农业再保险运行为基础，研究制定针对全国

范围的"农业大灾风险基金管理办法",过渡好地方政府与直保公司原有风险准备金的功能。将中农再作为农业保险大灾风险准备金统筹管理平台,探索在内部设立资产管理部门,负责规划和实施大灾基金资产配置和投资运作。在各部门组织协调和政策协同下,探索构建紧急预案机制,当农业大灾风险基金无法满足赔付时,进行合理的融资安排,并给予一定的财政和税收支持,以应对超出大灾准备金保障能力的风险冲击。

5. 制定相关政策,优化农业保险大灾风险再保险实践

建议政府部门制定相关政策,进一步优化《标准协议》。为减少农业保险大灾风险再保险错配的情况发生,大灾超赔风险机制划分单位应该以省级农业保险经营主体的赔付率为基准,同时建议约定分保方式使用溢额再保险或非比例再保险,并且赔付率限额应当设定在110%以下。此外,虽然目前《标准协议》设定了盈余返还机制,但是需要扣除1%的中农再管理费用及2%的大灾超赔成本,在此情况下的保险费返还对于保险公司来说是减值的,若进一步将保费收入的投资考虑在内,目前购买农业再保险的成本较高,这很可能损害农业保险经营主体的利益,因此建议适度下调再保险管理费用和大灾超赔成本。

第九章　结论与建议

本章总结了关于我国农业保险大灾风险分散机制的研究所得出的 9 个基本结论，并由此提出完善我国农业保险大灾风险分散机制的政策建议，以期为全面推进农业保险高质量发展提供参考。

第一节　本书结论

一、完善我国农业保险大灾风险分散机制是保障国家粮食安全、推动全面乡村振兴的重要抓手

完善我国农业保险大灾风险分散机制在分散农业生产风险、保障国家粮食安全、推动乡村振兴战略、促进经济高质量发展等方面具有重要作用。近年来，农业生产面临的风险不断提高，农业生产经营全面走入高成本时代，粮食安全问题日趋突出，全面乡村振兴战略不断推进，灾后重建和损失补偿给财政造成巨大压力，而农业保险大灾风险分散机制能有效分散、转移和化解我国日益严重的农业大灾风险，促进灾后恢复重建工作，保障农民基本的生产和生活。基于此，本书认为，构建和完善我国农业保险大灾风险分散机制是发展农业、保障民生、稳定经济、促进发展的重要抓手。

二、目前我国农业保险大灾风险分散机制不健全

现阶段，我国已初步建立了中央和地方财政支持的农险大灾风险分散长效机制，形成了直接保险广覆盖、农业再保险重点发展、农业大灾准备金充足的大灾保障。但与发达国家相比，我国的农业保险大灾风险分散体系尚不成熟，政府承担的角色尚未明确，参与的方式较为单一，面临制度设计、财政压力、费率厘定、协同管理等诸多挑战，因此加快完善我国农业保险大灾风险分散机制迫在眉睫。通过梳理我国农业保险大灾风险分散机制的发展历程，以及重点介绍北京、黑龙江、江苏、上海 4 个地方农业

保险大灾风险分散机制的方案设计，分析得出现阶段我国农业保险大灾风险分散机制存在财政支持的顶层机制缺失、现有大灾风险准备金制度存在不足、农业再保险体系仍待完善等问题。结合当下宏观环境与行业发展背景，本书分别从机制缺失、农险业务增长、全球自然灾害频发、乡村振兴必然要求等方面，提出加快完善我国农险大灾分散机制的必要性，以及现阶段面临农业保险制度不完善、中央及地方财政补贴支出压力较大、支出效能低、农业保险费率的厘定缺乏精算基础、费率厘定不科学、农业保险协同配合管理存在问题等多方挑战。

三、我国农业灾害频率总体呈下降趋势但绝对水平仍处高位，灾害损失规模大、波动高

当前我国农业灾害频率总体呈下降趋势但绝对水平依旧处于高位，灾害损失规模大、波动高，具有明显的厚尾特征。首先，采用定性分析方法，对我国农业灾害及大灾规律进行基本介绍，发现我国农业灾害频率总体呈下降趋势但绝对水平依旧处于高位，灾害损失规模大、波动高；其次，从灾因方面来看，旱灾、洪灾、冷冻灾是种植业的主要灾因，且具有损失大、频率高的特点，禽流感、猪流感是养殖业的主要灾因，具有偶发性、损失大的特点；再次，利用 GIS 技术分析种养业地域分布特征，发现旱灾高发于我国北方及西南地区，洪灾则主要分布于我国季风区的大江大河沿岸，冷冻灾集中在我国北方，禽流感与猪流感则主要暴发于养殖大省，同时由于运输问题，暴发区域往往呈现片状化特征；又次，分别使用原始数据及蒙特卡罗模拟得到了全国层面和不同省份灾害损失的分布，以及 95%、99% 两个分位点的 VaR 数据，分析发现我国农业大灾损失存在明显的厚尾特征；最后，从保险赔付率来看，通过将保险赔付率分解为受益率及单位保险赔付额两个指标，发现种植业、养殖业的保险赔付情况存在差异，但总体上我国农业保险的保障水平在不断提高。

四、农业大灾风险负向作用于农业经济，农业保险有利于缓解这种不利冲击

宏观层面，农业大灾风险会导致农业产出下降，但会促进农业资本积累上升，大灾保障对于农业产出与资本积累均有显著正向作用；微观层面，大灾风险导致的损失赔偿会显著降低农险公司的利润水平。本书首先通过

理论模型、数值模拟分析了农业大灾风险的影响，发现保险可以有效缓解农业大灾的不利冲击，大灾补贴比例越高，灾损缓解效果越明显，大灾风险会导致公司利润显著下降，且下降程度与损失程度呈正相关，并且利润的影响主要集中在当期。随后进行实证分析，实证结果进一步印证了理论模型和数值模拟的相关论证。

五、提出完善我国农业保险大灾风险分散机制的总体思路、策略选择和路径安排

借鉴国内外成功的管理技术和方法，结合我国具体国情和农业保险大灾风险特点，立足于现有的金融、保险、法律发展现状，本书提出构建和完善政府主导、市场多方参与、风险共担、多层分散的多主体、多层次、多元化的农业保险大灾风险分散机制的总体思路、具体策略选择和路径安排。在参与主体方面，我国农业保险大灾风险分散机制的多主体要求农业保险的各相关利益方共摊风险，在此要求下，形成农户个人自保、保险公司承保、国内外再保险公司分保、资本市场运作、政府支持的农业保险大灾风险分散机制。在具体策略选择上，我们倡导可以选择增加风险单位，构建完善的农业再保险体系，建立国家级、省级农业保险大灾风险基金，推进农业保险大灾风险证券化，探索指数化保险，以及财政兜底、担保或贷款等6种农业保险大灾风险分散途径。在运作模式上，我们倡导农户自身承担第一层次的风险，设置5%以下的免赔率；农业保险经营机构负责承担第二层次的风险；再保险体系承担第三层次的风险，农业保险经营机构和再保险体系共同承担免赔额以上、赔付率150%以下的损失金额；省级、国家级农业大灾风险基金负责承担第四层次的风险，主要用于分散赔付率在150%~300%的风险，政府是最后的风险承担者，承担赔付率在300%以上的农业大灾风险。

六、建立中央大灾风险基金有必要性

借鉴国内外专家的观点，立足我国国情，本书认为很有必要建立中央层面的农业保险大灾风险基金。当某地区发生农业大灾风险，保险和再保险安排难以承担巨额赔付责任时，可由中央大灾风险准备金进行统一调配补偿。当前，我国中央财政在垄断财税规则制定权的同时，掌控了大部分财税资源的分配权，并且随时可以调整中央和地方的财权分配。地方财政

面临"事权"与"财权"不匹配的问题,从而导致地方政府负担较大。此外,作为公共产品的大灾农业保险缺乏市场自发提供的条件。因此,政府在管理大灾风险方面应积极履行职责,充分利用自身组织优势,做好规划和引导工作。综上考虑,本书倡导建立中央层面的农业保险大灾风险基金,该基金由政府主导、独立运作、因地制宜、分级管理、统筹使用,在某地区发生风险事件后,中央大灾风险基金进行统一调配补偿。

七、测定了中央大灾风险准备金规模,并对我国整体、地方及保险公司的大灾风险基金实施办法提出相关建议

利用全国农作物灾情数据模拟全国农作物损失的概率密度分布,对中央大灾风险准备金的规模进行测算,测算结果表明,如果建立中央大灾风险准备基金,在20年一遇的灾损水平下,承担各省当年200%以上赔付率超赔责任,准备基金规模需要430亿元;在50年一遇的灾损水平下,承担200%以上赔付率超赔责任,准备基金规模约需要530亿元。同时借鉴国外相关基金的实施办法,提出我国大灾风险基金实施办法、地方农业保险大灾风险基金实施办法及保险公司农业保险大灾风险基金实施办法的相关建议。对于我国整体大灾风险基金实施办法,参照国外成熟的大灾基金模式,我们倡导:在分散机制上,直保公司自己购买再保险的基础上,安排当地和中央大灾风险准备金进行第二层次的风险分散,其他风险融资计划作为第三层次安排;在筹资机制上,农业保险大灾风险基金来源于财政投入和税收优惠政策、会员会费的缴纳、保险公司政策性农业保险保费收入与部分经营盈余、社会捐助,以及基金的投资收益、财政紧急融资等;在管理主体上,我们倡导专门设立"全国农业保险大灾风险基金",该管理委员会委员可以由财政部、农业农村部、气象局、审计局、银保监会等相关部门的专业人员组成,其主要职责包括把握宏观经济形势及制定农业大灾基金筹资、市场投资运营和监管政策,建立并逐步完善农业大灾基金管理人的市场准入及退出机制;在管理办法上,国务院财政部门应联合农业行政部门、保险监督管理机构等尽快制定《中央农业巨灾风险基金管理办法》,对基金的管理机构与职责,办事机构的设立与职责,基金的资金来源,资金的使用范围和条件,超赔保障水平,资金拨付与回收要求,盈余资金的投资渠道,业务办理程序,检查、监督与处罚等问题作出规定;在投资管理上,倡导出台相应规定,对农业大灾基金的各项投资比例进行限制,以实

现资金增值及基金安全。对于地方农业保险大灾风险基金的实施办法，目前各地陆续出台相关政策性指导文件，专门针对农业大灾风险准备金保障的农业保险险种范围、资金来源及管理、政府财政部门与准备金的责任分担作出了详细规定。对于保险公司农业保险大灾风险基金的实施办法，我们认为应当具体从计提、使用、管理、激励与约束等方面作出详细规定。

八、巨灾债券更适合我国巨灾风险证券化，并对农业巨灾债券进行设计

参照巨灾风险证券化的国际经验，本书认为，目前我国巨灾风险证券化的发展方向适合放在巨灾债券上，进一步针对当前我国农险业务的不足之处，从结构和定价角度设计了可行的农业巨灾债券产品。当前的巨灾风险证券化产品主要有巨灾期货、巨灾期权、巨灾债券及巨灾互换，最重要的是巨灾期货与巨灾期权需要一个准确的巨灾损失相关指数，而目前国内并不存在此类指数，甚至对于该类指数的研究开发都不多，而巨灾互换的适用范围相对狭窄，对风险种类要求较高，同时还要求互换双方的风险信息透明，相对巨灾债券来说要求多且高，中国现阶段的金融市场并不完全适合，因此我们认为中国目前农业巨灾风险分散的最佳选择依然是巨灾债券。针对当前我国农险业务的不足之处，进一步从结构和定价角度设计出可行的农业巨灾债券产品。结构上，我们对农业巨灾债券的参与主体、交易关系、运行机制作出了详细规定；定价上，我们以农业生产风险中常见的洪涝灾害为研究对象，利用 CAPM 模型，计算债券的收益率、发行价格并确定初步设计，测算结果表明，单一时期下本金完全保障型、本金 70%保障型、本金完全无保障型债券的价格分别为 105.520 1 元、106.881 8 元、105.523 3 元，形成的票面利率分别为 11.24%、18.14%、21.3%；两个时期下三种不同类型的债券价格分别为 110.897 6 元、117.568 9 元、121.818 8，同时依托 2014—2020 年历史数据和当前市场上的无风险利率 2.6512%、系统性风险 0.7713、市场的期望收益率 10%。通过资本资产定价模型，求得本金完全保障型债券的票面利率为 10.08%，70%保障型债券的票面利率为 13.89%，并根据现金流贴现模型求得两种债券的发行价格分别为 110.89 元、114.61 元。此外，我们还对该债券进行了可行性分析，从结果可以看出，无论是本金保障程度 70%的债券还是本金完全保障型债券，其市场价格均大于隐含价格，因此理论上可以发行 C-1 等级与 C-2 等级的债券。

九、再保安排是处理农业大灾风险的有效手段，提出约定分保的优化方案

农业保险大灾风险的损失发生频率较低，但损失程度相对较高，在理论层面上，农业再保险安排是处理农业保险大灾风险的有效手段，本书进一步针对我国现阶段农业再保险与约定分保关系，从约定分保方式、划分单位设定、赔付率限额及再保险费率设定四方面提出优化方案，同时借鉴国际经验，提出相关政策建议。当前我国再保险体系存在大灾超赔风险机制划分单位不合理、赔付标准设定过高、赔付方式不科学等问题，为缓解上述种种问题，我们提出农业再保险体系优化方案，具体而言，在约定分保方式上，应使用溢额再保险或非比例再保险作为农业大灾再保险约定分保的形式。其中，最经济且简单的办法就是安排赔付率超赔再保险（停止损失再保险），在划分单位设定上，我们提出以省级（加上 4 个计划单列市）农业保险经营主体为单位进行投保与赔付，即当某一省级（计划单列市）农业保险经营主体在一个业务年度内的赔付率水平超过责任限额时，便启动农业再保险赔付机制，赔付率限额应当设定在 110% 以下。

第二节 本书建议

一、健全农业保险大灾风险管理法律法规体系

法律保障是根本，健全的农业保险大灾风险管理法律法规体系是保障农业保险高质量发展的重要屏障。借鉴美国、加拿大、日本等国家的做法，立足我国农业保险大灾风险分散机制现状，本书建议，应当健全农业保险大灾风险管理法律法规体系。具体而言，一是从顶层设计出发，制订"农业保险法""农业保险合同条例"等法律法规，提高全国性农业保险大灾风险分散机制方案在实践中的适用性和可操作性；二是明确各利益主体的权利和义务，切实维护投保人、保险公司等各方利益；三是以《中华人民共和国农业法》《中华人民共和国保险法》《农业保险条例》及《关于加快农业保险高质量发展的指导意见》为指引，推动完善类似于 SRA 的农业再保险操作规范，进一步明确政策性再保与商业性再保的关系，细化分保业务比例等内容；四是修订完善我国大灾基金实施办法、地方农业保险大灾基

金实施办法、保险公司农业保险大灾基金实施办法；五是建立健全农业保险大灾风险证券化相关的管理制度，包括但不限于农业保险大灾风险债券发行条件、发行规模、风险转移、测算方法、交易办法等。

二、完善农业保险大灾风险管理财政支持

农业保险大灾风险分散机制需要政府的财政支持，回看美国、加拿大、日本等国的做法，均体现出政府对农业保险大灾风险分散机制的大力支持。对比国外的先进经验，我国农业保险大灾风险分散机制相关的财政支持还需要进一步完善和改进，因此本书基于我国农业保险大灾风险分散机制的财政支持现状提出如下建议：一是改变"一刀切"的粗放式补贴方式，根据各地区和产品差异，针对用于投保农户的保费补贴制定差异化财政补贴政策，中央和地方财政支持主要向经济不发达地区和重要农产品倾斜，维护各地区农业保险均衡发展；二是根据各保险公司经营的农业保险产品的重要程度，提供差异化补贴；三是实行强制保险与自愿保险，并采取不同的补贴政策，对经济社会发展和人民生活影响较大的农产品实行强制保险，加大补贴力度，保证保险有效覆盖，而对于其他农产品，按照自愿投保、基础保障的原则，政府适当补贴，鼓励农民根据需求自愿投保；四是针对农业大灾风险证券化，建议政府提供一定的税收优惠或者减免税，鼓励保险公司积极在资本市场分散风险，同时对于农业大灾风险相关的金融衍生品的发行人、SPV、投资者等也相应实施税收优惠或减免税；五是针对农业保险大灾基金，中央和地方也应积极投入财政资金给予支持。

三、完善资本市场、金融市场，分散农业保险大灾风险

农业大灾风险证券化需要成熟、发达的资本市场和金融市场予以支撑。目前国内的资本市场和金融市场虽经快速发展后有一定规模，但仍然不够完善。与此同时，在资产市场和金融市场发行农业保险大灾风险相关的金融衍生品，需要综合运用保险、债券、期权等产品，这进一步提高了对资本市场和金融市场的要求。基于此，本书建议，不断优化我国资本市场和金融市场，提高农业保险大灾风险证券化相关金融衍生品的认知度，加强投资者教育，保障农业保险大灾风险在国内、国际资本市场的有效分散、转移，进一步纾解保险公司因农业保险大灾风险造成资金流动性较差的困境。

四、完善农业保险大灾风险管理

完善农业保险大灾风险管理，具体而言，一是监管队伍专业化，农业保险既是政策，也是保险，具有较强的专业性、技术性和政策性，需要监管者从专业角度对农业大灾风险的分散和转移、巨灾债券的发行和交易、大灾基金的管理和运用、约定分保的优化等进行合理、有效的监管；二是针对农业大灾风险证券化，因其涉及保险、审计、会计、税收、证券等多个领域，国内目前尚未能够对其进行综合有效监管，因此我们建议考虑设立牵头单位来对农业保险大灾风险证券化进行统一监管。

五、完善农业保险大灾风险管理的基础数据建设

完善农业保险大灾风险管理的基础数据建设，具体而言，一是推动建立信息共享机制，推进保险信息与财政、农业农村、林业和草原等部门实现数据共享，推动完善全国农业保险信息平台和数据管理系统，加强农业基础数据、灾害风险数据、业务经营数据积累，提高农业保险信息化水平；二是推动农业保险信息化，探索建立农业灾害监测系统，对灾害预防、受灾监测与灾后评估进行全覆盖，减少因信息不对称所产生的一系列问题；三是加快农业信息的更新速度，以适应资本市场瞬息万变的要求，为投资者提供充分信息，保障投资活动顺利进行。

六、增强农业保险大灾风险管理中政府的主导作用

农业保险是具有正外部效应的准公共产品，需要政府的支持和引导，尤其在我国保险市场相对于发达国家（如美国、加拿大、日本等）而言仍然不够成熟，如果仅仅依靠市场机制，容易导致市场失灵，不利于我国农业保险高质量发展。因此本书建议，在农业保险大灾风险管理中，应充分发挥政府的主导作用，坚持"政府引导、市场运作"的治理体系，采取财政支持下的政府主导与市场结合的共同参与模式。

七、落实"再保险+大灾风险基金+紧急预案"的农业大灾风险分层分散体系

落实"再保险+大灾风险基金+紧急预案"的大灾风险分层分散体系，以"中农再+商业再保"的农业再保险运行为基础，研究制定针对全国范围

的《农业大灾风险基金管理办法》，过渡好地方政府与直保公司原有风险准备金的功能。将中农再作为农业保险大灾风险准备金统筹管理平台，探索在其内部设立资产管理部门，负责规划和实施大灾基金资产配置和投资运作。在各部门组织协调和政策协同下，探索构建紧急预案机制，当农业大灾风险基金无法满足赔付时，进行合理的融资安排，并给予一定的财政和税收支持，以应对超出大灾准备金保障能力的风险冲击。

附件 1：《农业保险大灾风险准备金管理办法》

第一章　总则

第一条　为进一步完善农业保险大灾风险分散机制，规范农业保险大灾风险准备金（以下简称大灾准备金）管理，促进农业保险持续健康发展，根据《农业保险条例》《金融企业财务规则》及中央财政农业保险保费补贴政策等相关规定，制定本办法。

第二条　本办法所称大灾准备金，是指农业保险经办机构（以下简称保险机构）根据有关法律法规和本办法规定，在经营农业保险过程中，为增强风险抵御能力、应对农业大灾风险专门计提的准备金。

第三条　本办法适用于各级财政按规定给予保费补贴的种植业、养殖业、林业等农业保险业务（以下简称农业保险）。

第四条　大灾准备金的管理遵循以下原则：

（一）独立运作。保险机构根据本办法规定自主计提、使用和管理大灾准备金，对其实行专户管理、独立核算。

（二）因地制宜。保险机构根据本办法规定，结合不同区域风险特征、当地农业保险工作实际和自身风险管控能力等，合理确定大灾准备金的计提比例。

（三）分级管理。保险机构总部与经营农业保险的省级分支机构（以下简称相关省级分支机构），根据本办法规定，计提、使用和管理大灾准备金，并依法接受相关部门的监督。

（四）统筹使用。保险机构计提的大灾准备金可以在本机构农业保险各险种之间、相关省级分支机构之间统筹使用，专门用于弥补农业大灾风险损失。

第二章　大灾准备金的计提

第五条　保险机构应当根据本办法规定，分别按照农业保险保费收入和超额承保利润的一定比例，计提大灾准备金（以下分别简称保费准备金和利润准备金），逐年滚存。

第六条　保险机构应当按照相关规定，公平、合理拟订农业保险条款与费率，结合风险损失、经营状况等建立健全费率调整机制。

保险机构农业保险实现承保盈利，且承保利润率连续 3 年高于财产险行业承保利润率，原则上应当适当降低农业保险盈利险种的保险费率，省级财政部门应当依法予以监督。

本办法所称承保利润率为"1-综合成本率"。其中，财产险行业综合成本率以行业监管部门发布数据为准，保险机构综合成本率以经审计的数据为准。

第七条　保险机构计提保费准备金，应当分别以种植业、养殖业、森林等大类险种（以下简称大类险种）的保费收入为计提基础。

保险机构总部经营农业保险的，参照所在地省级分支机构计提保费准备金。

本办法所称保费收入为自留保费，即保险业务收入减去分出保费的净额（按照国内企业会计准则）。

第八条　保险机构计提保费准备金的比例，由保险机构按照《农业保险大灾风险准备金计提比例表》（见附件）规定的区间范围，在听取省级财政等有关部门意见的基础上，结合农业灾害风险水平、风险损失数据、农业保险经营状况等因素合理确定。计提比例一旦确定，原则上应当保持 3 年以上有效。期间，如因特殊情况须调整计提比例，应当由保险机构总部商相关省级财政部门同意后，自下一年度进行调整。

第九条　保险机构计提保费准备金，滚存余额达到当年农业保险自留保费的，可以暂停计提。

第十条　保险机构经营农业保险实现年度及累计承保盈利，且满足以下条件的，其总部应当在依法提取法定公积金、一般（风险）准备金后，从年度净利润中计提利润准备金，计提标准为超额承保利润的 75%（如不足超额承保利润的 75%，则全额计提），不得将其用于分红、转增资本：

（一）保险机构农业保险的整体承保利润率超过其自身财产险业务承保利润率，且农业保险综合赔付率低于 70%；

（二）专业农业保险机构的整体承保利润率超过其自身与财产险行业承保利润率的均值，且其综合赔付率低于 70%；

（三）前两款中，保险机构自身财产险业务承保利润率、专业农业保险机构自身与财产险行业承保利润率的均值为负的，按照其近 3 年的均值（如近3年均值为负或不足3年则按0确定），计算应当计提的利润准备金。

其中，财产险行业综合赔付率以行业监管部门发布数据为准，保险机构综合赔付率以经审计的数据为准。

第十一条 保险机构应当按照相关规定，及时足额计提大灾准备金，并在年度财务报表中予以反映，逐年滚存，逐步积累应对农业大灾风险的能力。

第三章 大灾准备金的使用

第十二条 大灾准备金专项用于弥补农业大灾风险损失，可以在农业保险各大类险种之间统筹使用。

保险机构使用大灾准备金，应当履行内部相关程序。

第十三条 保险机构应当以农业保险大类险种的综合赔付率，作为使用大灾准备金的触发标准。

第十四条 当出现以下情形时，保险机构可以使用大灾准备金：

（一）保险机构相关省级分支机构或总部，其当年6月末、12月末的农业保险大类险种综合赔付率超过75%（具体由保险机构结合实际确定，以下简称大灾赔付率），且已决赔案中至少有1次赔案的事故年度已报告赔付率不低于大灾赔付率，可以在再保险的基础上，使用本机构本地区的保费准备金。

（二）根据前款规定不足以支付赔款的，保险机构总部可以动用利润准备金；仍不足的，可以通过统筹其各省级分支机构大灾准备金，以及其他方式支付赔款。

本办法所称事故年度已报告赔付率=（已决赔款+已发生已报告赔案的估损金额）/已赚保费。

第十五条 大灾准备金的使用额度，以农业保险大类险种实际赔付率超过大灾赔付率部分对应的再保后已发生赔款为限。

保险机构应当采取有效措施，及时足额支付应赔偿的保险金，不得违规封顶赔付。

本办法所称再保后已发生赔款=已决赔款-摊回分保赔款。

第四章 大灾准备金的管理

第十六条 保险机构应当按照专户管理、独立核算的原则，加强大灾准备金管理。

第十七条 保险机构当期计提的保费准备金，在成本中列支，计入当期损益。

保险机构计提的利润准备金，在所有者权益项下列示。财务处理参照《金融企业财务规则》相关准备金规定执行。

第十八条 保险机构应当根据保险资金运用的有关规定，按照其内部投资管理制度，审慎开展大灾准备金的资金运用，资金运用收益纳入大灾准备金专户管理。

第十九条 保险机构应当与有关方面加强防灾防损，通过再保险等方式，多渠道分散农业大灾风险。

第二十条 保险机构计提大灾准备金，按税收法律及其有关规定享受税前扣除政策。

第二十一条 保险机构不再经营农业保险的，可以将以前年度计提的保费准备金作为损益逐年转回，并按照国家税收政策补缴企业所得税。对利润准备金，可以转入一般（风险）准备金，按照相关规定使用。

第二十二条 各级财政、行业监管部门依法对大灾准备金的计提、管理、使用等实施监督。

第二十三条 保险机构应当按规定及时足额计提大灾准备金，并于每年 5 月底之前，将上年度大灾准备金的计提、使用、管理等情况报告同级财政部门、行业监管部门。省级财政部门应当于每年 6 月底之前，将本地区保险机构大灾准备金的计提、使用、管理等情况报告财政部。

第五章　附则

第二十四条 保险机构应当根据本办法规定，制定、完善大灾准备金管理实施细则，并报同级财政部门。

第二十五条 鼓励地方政府通过多种形式，防范和分散农业大灾风险。

第二十六条 非公司制的农业互助保险组织的大灾准备金管理办法另行制定。

第二十七条 本办法自 2014 年 1 月 1 日起施行。财政部此前发布的有关规定与本办法不一致的，以本办法为准。

保险机构在本办法生效之前计提的大灾准备金，按照本办法规定管理和使用。

附件 2：农业保险大灾风险准备金计提比例表

根据《农业保险大灾风险准备金管理办法》规定，结合各地区种植业、养殖业、森林等农业保险工作情况，依据相关经验数据和保险精算原理，保险机构应当按照农业保险保费收入的一定比例计提保费准备金，具体比例区间如下。

序号	地区	保费准备金计提比例区间		
		种植业保险	养殖业保险	森林保险
1	北京	6%~8%	3%~4%	4%~6%
2	天津	2%~4%	3%~4%	4%~6%
3	河北	4%~6%	2%~3%	4%~6%
4	山西	4%~6%	3%~4%	6%~8%
5	内蒙古	6%~8%	2%~3%	8%~10%
6	辽宁	6%~8%	3%~4%	6%~8%
7	吉林	6%~8%	3%~4%	8%~10%
8	黑龙江	6%~8%	2%~3%	8%~10%
9	上海	4%~6%	1%~2%	4%~6%
10	江苏	2%~4%	2%~3%	4%~6%
11	浙江	4%~6%	3%~4%	8%~10%
12	安徽	6%~8%	2%~3%	4%~6%
13	福建	4%~6%	3%~4%	8%~10%
14	江西	6%~8%	2%~3%	8%~10%
15	山东	6%~8%	3%~4%	6%~8%
16	河南	4%~6%	3%~4%	4%~6%
17	湖北	6%~8%	3%~4%	6%~8%
18	湖南	6%~8%	2%~3%	8%~10%
19	广东	4%~6%	3%~4%	6%~8%
20	广西	4%~6%	3%~4%	8%~10%
21	海南	6%~8%	3%~4%	8%~10%

序号	地区	保费准备金计提比例区间		
		种植业保险	养殖业保险	森林保险
22	重庆	2%～4%	2%～3%	6%～8%
23	四川	4%～6%	2%～3%	6%～8%
24	贵州	6%～8%	3%～4%	8%～10%
25	云南	6%～8%	3%～4%	8%～10%
26	西藏	4%～6%	1%～2%	6%～8%
27	陕西	6%～8%	3%～4%	6%～8%
28	甘肃	2%～4%	1%～2%	6%～8%
29	青海	6%～8%	2%～3%	6%～8%
30	宁夏	2%～4%	1%～2%	4%～6%
31	新疆	6%～8%	1%～2%	6%～8%

参考文献

一、中文文献

[1] 白美兰，郝润全，高建峰，等. 内蒙古地区极端气候事件分布特征及对农业影响评估[J]. 干旱地区农业研究，2009，27（2）：21-27.

[2] 白玉培. 以再保险为基础的我国农业保险巨灾风险分散机制构建研究[J]. 农业经济，2016（7）：96-98.

[3] 包璐璐，江生忠. 农业保险巨灾风险分散模式的比较与选择[J]. 保险研究，2019（8）：36-51.

[4] 卜庆国. 农业巨灾保险国际典型模式的比较研究[J]. 世界农业，2017（5）：84-90.

[5] 巢文，邹辉文. 基于 POT 模型的巨灾损失 VaR 和 CVaR 估计[J]. 北京化工大学学报（社会科学版），2020（2）：6.

[6] 陈国进，晁江锋，武晓利，等. 罕见灾难风险和中国宏观经济波动[J]. 经济研究，2014，49（8）：13.

[7] 陈昊坚. 海关大监管体系下的查验管理中心运作模式研究[D]. 厦门：厦门大学，2014.

[8] 陈利. 基于经济学视角的农业巨灾效应分析[J]. 经济与管理，2012，26（2）：80-85.

[9] 陈利，谢家智. 农业巨灾的成灾机理与金融效应分析[J]. 经济与管理，2012，26（6）：5-11.

[10] 陈利，杨珂. 国际农业巨灾保险运行机制的比较与借鉴[J]. 农村经济，2013（4）：126-129.

[11] 陈利. 农业巨灾保险运行机制研究[D]. 重庆：西南大学，2014.

[12] 陈平，陶建平，赵玮. 基于风险区划的农作物区域产量保险费率厘定研究——以湖北中稻县级区域产量保险为例[J]. 自然灾害学报，2013（2）：10.

[13] 陈盛伟，宋宇宁，孙乐. 我国农业干旱巨灾再保险风险区划研

究[J]. 甘肃金融，2020（4）：56-61.

[14] 陈盛伟，张宪省. 农业气象干旱指数保险产品设计的理论框架[J].农业技术经济，2014（12）：32-38.

[15] 陈新建，陶建平. 基于风险区划的水稻区域产量保险费率研究[J].华中农业大学学报（社会科学版），2008（4）：4.

[16] 程丽媛. 发展我国农业巨灾保险的思考[J]. 产业与科技论坛，2014，13（13）：6-7.

[17] 崔亨贵. 以农业再保险为基础的农业风险分散机制构建[D]. 天津：天津师范大学，2022.

[18] 戴秋红. 我国农业保险巨灾风险分散机制研究[D]. 长沙：中南林业科技大学，2013.

[19] 邓国取，康淑娟，刘建宁，等. 共生合作视角的农业保险企业农业巨灾风险分散行为——基于72家农业保险企业营销服务部或代办处的研究[J]. 保险研究，2013（12）：87-97.

[20] 丁文广，魏银丽，仙昀让，等. 气候灾害对干旱区农业的影响及对策研究——以甘肃省为例[J]. 干旱区资源与环境，2012，26（5）：35-40.

[21] 丁少群，李植. 建立农业保险巨灾风险分散机制的迫切性与发展路径[J]. 中国保险，2019（2）：23-29.

[22] 范丽萍. 国内外政策性农业保险巨灾风险分散机制研究述评[J].世界农业，2013（9）：58-62.

[23] 范丽萍. OECD典型国家农业巨灾风险管理制度研究[D]. 北京：中国农业科学院，2015.

[24] 范玲. 供给侧结构性改革背景下的农业保险发展对策研究[J]. 求是学刊，2018，45（3）：64-73.

[25] 方伶俐，徐锦晋. 国际农业保险巨灾风险分散的有效方式及启示[J]. 山东农业工程学院学报，2018，35（9）：1-6.

[26] 冯文丽，苏晓鹏. 构建我国多元化农业巨灾风险承担体系[J]. 保险研究，2014（5）：31-37.

[27] 冯文丽，苏晓鹏. 论乡村振兴战略中的农业保险发展[J]. 农村金融研究，2019（4）：14-18.

[28] 冯晓晶. 内蒙古地区主要气候灾害分布特征及其对农业影响评估[D]. 兰州：兰州大学，2008.

[29] 高彦彬. 中国农业保险经营模式研究[D]. 咸阳：西北农林科技大学，2006.

[30] 古力努尔. 巨灾风险及其分散机制研究[D]. 乌鲁木齐：新疆大学，2009.

[31] 郭莎莎. 山西省农业保险大灾风险分层分散机制研究[D]. 太原：山西财经大学，2021.

[32] 韩锦绵，马晓强. 农业巨灾风险管理的国际经验及其借鉴[J]. 改革，2008（8）：85-89.

[33] 韩司南. 农业巨灾风险分析与保险费率厘定研究[D]. 北京：中国农业科学院，2008.

[34] 郝演苏. 关于建立我国农业巨灾保险体系的思考[J]. 农村金融研究，2010（6）：5-12.

[35] 何霖. 日本巨灾保险之进程与启示[J]. 灾害学，2013（2）：127-130.

[36] 何小伟，刘佳琪，肖宇澄. 我国农业再保险体系的完善研究[J]. 中国保险，2016（10）：28-32.

[37] 何小伟，王克. 农业保险大灾风险分散机制的财政支持依据及路径选择——以吉林、安徽、四川三省为例[J]. 农业经济问题，2013，34（10）：36-40，110-111.

[38] 洪宇. 云南省农业保险巨灾风险分散制度改革创新研究[D]. 昆明：云南财经大学，2015.

[39] 胡盈. 我国天气指数保险需求的影响因素研究[D]. 哈尔滨：东北农业大学，2016.

[40] 黄少安，郭冬梅，吴江. 种粮直接补贴政策效应评估[J]. 中国农村经济，2019（1）：15.

[41] 黄毅，邓志英. 区域异质性：自然灾害、农业增长与农民收入——基于31个省市自治区2006—2015年面板数据[J]. 灾害学，2018，33（2）：5.

[42] 黄颖. 我国农业保险大灾风险分散机制的实践和路径选择[J]. 信阳农林学院学报，2015，25（3）：57-59.

[43] 黄英君，史智才. 农业巨灾风险管理的比较制度分析：一个文献研究[J]. 保险研究，2011（5）：117-127.

[44] 黄英君，史智才. 农业巨灾保险机制研究述评[J]. 经济学动态，2012（3）：135-140.

[45] 黄英君. 政府诱导型农业大灾风险分散机制研究——基于政企农三方行为主体的创新设计[J]. 经济社会体制比较，2019（3）：126-138.

[46] 贾美芹. 略论我国自然灾害对宏观经济增长的影响——基于内生经济增长理论视角[J]. 经济问题，2013.

[47] 江生忠，费清. 日本共济制农业保险制度探析[J]. 现代日本经济，2018，220（4）：27-38.

[48] 孔磊. 中国政策性农业保险巨灾风险分散模式的构建[D]. 上海：华东师范大学，2015.

[49] 李长健，罗洁. 农业保险的证券化制度研究[J]. 金融理论与实践，2009，364（11）：97-100.

[50] 李德民. 农业巨灾风险分散机制探析[J]. 农业与技术，2015，35（19）：160-161.

[51] 李立松，付磊. 借鉴欧盟经验建立我国农业保险大灾风险分散机制[J]. 上海保险，2015（5）：30-33.

[52] 李琴英，黄伟洁. 河南省玉米区域产量保险费率厘定实证研究[J]. 保险研究，2018（2）：17.

[53] 李琴英. 对我国农业保险及其风险分散机制的若干思考[J]. 金融理论与实践，2007，338（9）：71-73.

[54] 李琪琪. 由"农业财政大灾指数保险"引发的对我国农业大灾风险的证券化的思考[J]. 科技经济市场，2017（8）：101-102.

[55] 李琼，单言，王硕，等. 美国农业再保险体系运行模式及启示[J]. 保险理论与实践，2018（9）：85-105.

[56] 李翔，周诚，高肖俭，等. 我国灾害经济统计评估系统及其指标体系的研究[J]. 自然灾害学报，1993（1）：5-15.

[57] 李彦，陈盛伟. 农业巨灾风险基金制度研究述评[J]. 东岳论丛，2015，36（5）：81-86.

[58] 李植. 财政支持的农业保险巨灾风险分散方式研究[D]. 成都：西南财经大学，2020.

[59] 罗瑛，郭风华. 海南省农业保险大灾风险分散机制研究[J]. 海南金融，2015（2）：39-42.

[60] 梁瑞. 粮食安全战略下我国种业保险制度探索与政策优化研究[D]. 石家庄：河北经贸大学，2022.

[61] 刘克春. 粮食生产补贴政策对农户粮食种植决策行为的影响与作用机理分析——以江西省为例[J]. 中国农村经济，2010（2）：10.

[62] 刘睿. 中国巨灾保险立法问题研究[D]. 秦皇岛：燕山大学，2021.

[63] 刘乃郗，韩一军，梁超. 我国农业保险证券化产品开发的可行性研究——以一个玉米产量险为例[J]. 金融理论与实践，2015，427（2）：71-75.

[64] 刘玚. 巨灾保险的金融创新及对中国的借鉴意义[J]. 上海保险，2001（12）：44-45.

[65] 林家欣. 我国农业保险大灾风险分散机制研究[J]. 行政事业资产与财务，2018（6）：35-36.

[66] 罗金炎，徐飞，李燕，等. 福建省台风灾害损失分布分析[J]. 沈阳师范大学学报（自然科学版），2020，38（5）：5.

[67] 吕晓英，李先德. 美国农业再保险制度及其对中国建立农业大灾风险分散体系的借鉴[J]. 世界农业，2014（10）：1-4，6，8.

[68] 麻吉亮，孔维升，朱铁辉. 农业灾害的特征、影响以及防灾减灾抗灾机制——基于文献综述视角[J]. 中国农业大学学报（社会科学版），2020，37（5）：8.

[69] 马丽华. 国外农业保险巨灾风险分散模式及其启示[J]. 世界农业，2017（4）：91-96.

[70] 蒲应奚，吕晓英. 加拿大农业巨灾风险分散体系及启示[J]. 世界农业，2015（9）：97-101.

[71] 钱加荣，赵芝俊. 现行模式下我国农业补贴政策的作用机制及其对粮食生产的影响[J]. 农业技术经济，2015（10）：7.

[72] 邱波，朱一鸿，郑龙龙. 我国农业巨灾风险基金的功能、逻辑及政策选择[J]. 农村经济，2014（10）：82-85.

[73] 邱波. 农业巨灾保险基金筹资特征研究——基于政府性与灾害性基金视角[J]. 财会通讯，2016（29）：15-19.

[74] 邱波. 农业巨灾风险基金筹资研究[J]. 金融理论与实践，2016（4）：102-106.

[75] 屈波. 关于农业保险大灾风险分散机制的思考[J]. 人民论坛，

2015（14）：81-83.

[76] 邵全权，王博，柏龙飞. 风险冲击、保险保障与中国宏观经济波动[J]. 金融研究，2017（6）：16.

[77] 邵全权，张孟娇. 风险对经济增长的影响研究[J]. 保险研究，2016（8）：15.

[78] 邵腾伟，冉光和. 基于 POT-GPD 损失分布的农业自然灾害 VAR 估算[J]. 统计研究，2011，28（7）：5.

[79] 时天阳. 河北省农业保险大灾风险分散机制优化研究[D]. 石家庄：河北经贸大学，2022.

[80] 时天阳. 国外农业保险大灾风险分散机制的思考与启示[J]. 中国保险，2021（8）：61-64.

[81] 宋宇宁. 农业巨灾再保险研究综述[J]. 时代金融，2020（8）：25-27，30.

[82] 孙香玉，吴冠宇，张耀启. 传统农业保险与天气指数保险需求：替代还是互补?——以新疆棉花农业保险为例[J]. 南京农业大学学报（社会科学版），2016，16（5）：116-126，157.

[83] 汤爱平，谢礼立，陶夏新，等. 自然灾害的概念、等级[J]. 自然灾害学报，1999，8（3）：5.

[84] 唐湘玲，吕新，欧阳异能，等. 1978—2014 年新疆农作物受极端气候事件影响的灾情变化趋势分析[J]. 中国农学通报，2017，33（3）：143-148.

[85] 田华，张岳. 巨灾风险管理中的政府责任边界分析[J]. 保险研究，2007（12）：55-57.

[86] 田玲，吴亚玲，沈祥成. 基于 CVaR 的地震巨灾保险基金规模测算[J]. 经济评论，2016（4）：10.

[87] 田玲，姚鹏. 我国巨灾保险基金规模研究——以地震风险为例[J]. 保险研究，2013（4）：9.

[88] 田星昱. 我国巨灾再保险及证券化应用研究[D]. 昆明：云南财经大学，2014.

[89] 庹国柱. 农业保险需要建立大灾风险管理制度[J]. 上海保险，2013（1）：17-19，41.

[90] 庹国柱. 试论中农再建立的意义[J]. 保险理论与实践，2020（9）：

1-7.

[91] 庹国柱，王克，张峭，等. 中国农业保险大灾风险分散制度及大灾风险基金规模研究[J]. 保险研究，2013（6）：3-15.

[92] 庹国柱，朱俊生. 农业保险巨灾风险分散制度的比较与选择[J]. 保险研究，2010（9）：47-53.

[93] 王超，杜金向. 乡村振兴视角下我国农业保险大灾风险分散研究[J]. 时代经贸，2020（23）：60-61.

[94] 王奥枫，陈世恒，唐湘玲. 极端气候事件对1978—2017年广西农作物的灾损影响[J]. 中国农学通报，2021，37（14）：106-115.

[95] 王彬. 农业保险大灾风险分散体系探究[J]. 长江大学学报（社会科学版），2016，39（12）：48-51.

[96] 王德宝. 我国农业保险巨灾风险分散机制研究[D]. 北京：首都经济贸易大学，2011.

[97] 王立冬. 建立云南农业巨灾风险保障基金问题研究[D]. 昆明：云南财经大学，2016.

[98] 汪丽萍. 天气指数保险及创新产品的比较研究[J]. 保险研究，2016（10）：81-88.

[99] 王梅欣. 设立我国农业巨灾保险基金的设想[D]. 石家庄：河北经贸大学，2012.

[100] 王铭. 农业保险大灾风险分散机制的法国经验[J]. 现代经济信息，2017（21）：286-287.

[101] 王烨. 农业大灾风险分散机制待建立[J]. 农村. 农业. 农民（B版），2013（12）：4.

[102] 王野田，李琼，单言，等. 印度农业再保险体系运行模式及其启示[J]. 保险研究，2019（1）：45-57.

[103] 魏加威，杨汭华. 我国农业再保险体系建设：国际经验与启示[J]. 当代经济管理，2021，43（9）：89-97.

[104] 温波. 中国保险业务创新问题研究[D]. 天津：天津财经大学，2004.

[105] 闻岳春，王小青. 我国农业巨灾风险管理的现状及模式选择[J]. 金融理论与实践，2012（1）：16-22.

[106] 吴静. 农业再保险制度国内外研究综述及启示[J]. 农村. 农业.

农民（A 版），2022（11）：26-28.

[107] 吴小平. 江苏省农业保险大灾风险分散机制构建研究[J]. 金融纵横，2019（3）：54-63.

[108] 夏逊敏. 政策性农业保险风险分散研究[D]. 宁波：宁波大学，2012.

[109] 肖文韫. 湖南省农业保险巨灾风险分散机制的完善研究[D]. 长沙：中南林业科技大学，2019.

[110] 肖宇谷，杨晓波，齐纪元. 我国农业保险大灾风险的空间分散效应测度与应用研究[J]. 保险研究，2022（7）：58-68.

[111] 徐静. 我国农业保险市场化运营的法律规制研究[D]. 重庆：西南政法大学，2013.

[112] 徐静雅. 我国农业保险大灾风险分散研究[D]. 南京：南京农业大学，2015.

[113] 徐煊溢. 巨灾保险证券化分析及其产品设计——以浙江省农业洪涝灾害为例[J]. 浙江金融，2013（2）：72-76.

[114] 严万全. 小议农业大灾风险分散机制与再保险制度安排[J]. 上海保险，2014（6）：18-21.

[115] 杨晶. 我国农业保险大灾风险分散机制建立的研究[J]. 时代金融，2014（18）：221.

[116] 杨柳，苏娟. 我国农业保险大灾风险分散机制分析[J]. 现代营销（下旬刊），2017（6）：173.

[117] 杨琳苹，胡伟辉. 国外巨灾保险风险证券化的经验与启示[J]. 上海保险，2016（8）：46-49.

[118] 杨铁良. 法国农业互助保险制度经验与借鉴[J]. 世界农业，2017（1）：169-172.

[119] 姚壬元. 巨灾风险证券化研究[J]. 中南财经政法大学学报，2004（5）：102-108，144.

[120] 马颖超. 洪涝巨灾损失分摊机制构建研究[D]. 焦作：河南理工大学，2018.

[121] 余春婷. 江苏省农业保险公司战略管理[J]. 市场周刊（理论研究），2014（7）：91-92.

[122] 袁浩天. 美国与加拿大的农业巨灾风险分散方式及启示[J]. 中

国保险，2020（11）：60-64.

[123] 翟宇佳. 海南省热带农业巨灾保险基金的构建研究[D]. 海口：海南大学，2019.

[124] 赵妤，赵元凤. 农业大灾风险的科学管理——基于文献研究的风险评估原理、方法与研究展望[J]. 农村金融研究，2021（7）：26-34.

[125] 赵鹏. 我国农业保险大灾风险分散机制研究[D]. 济南：山东财经大学，2015.

[126] 张长利. 农业巨灾风险管理中的国家责任[J]. 保险研究，2014（3）：101-107，115.

[127] 张长利. 农业巨灾风险基金制度比较研究[J]. 农村经济，2013（4）：122-125.

[128] 张芳洁，刘凯凯，柏士林. 政策性农业保险中投保农户道德风险的博弈分析[J]. 西北农林科技大学学报（社会科学版），2013，13（4）：82-87.

[129] 张浩. 构建与完善我国巨灾保险制度研究[D]. 乌鲁木齐：新疆财经大学，2011.

[130] 张洪涛，黄薇. 巨灾风险管理——中国发展巨灾债券的构想[J]. 保险研究，2006（2）：33-36.

[131] 张峭，李越，王克. 农业风险评估与管理概论[M]. 天津：南开大学出版社，2019.

[132] 张峭，王克. 我国农业自然灾害风险评估与区划[J]. 中国农业资源与区划，2011，32（3）：5.

[133] 张峭，王克，李越，等. 中国农业保险保障发展的成效、问题和建议[J]. 农业展望，2022，18（1）：40-47.

[134] 张卫星，史培军，周洪建. 巨灾定义与划分标准研究——基于近年来全球典型灾害案例的分析[J]. 灾害学，2013，28（1）：15-22.

[135] 张晓丽. 关于建立农业巨灾风险分散体系的思考[J]. 财会研究，2015（3）：72-74.

[136] 张旭. 农业保险巨灾风险分散机制研究[D]. 成都：西南财经大学，2011.

[137] 赵晨. 以再保险为基础的农业保险巨灾风险分散机制研究[D]. 成都：西南财经大学，2012.

[138] 赵山. 以再保险为核心的巨灾和农业保险体系研究[J]. 保险研究，2007（12）：50-54.

[139] 赵逸轩. 关于巨灾风险证券化的探讨[J]. 上海保险，2010（12）：29-31，40.

[140] 赵玉洁. 甘肃省农业保险大灾风险分散机制构建研究[D]. 兰州：兰州财经大学，2020.

[141] 郑军，李敏. 农业保险大灾风险分散机制与乡村振兴的耦合协调发展研究[J]. 电子科技大学学报（社科版），2020，22（6）：21-31.

[142] 郑军，刘丽. 农业巨灾保险机制的研究述评[J]. 重庆工商大学学报（社会科学版），2014，31（4）：41-47.

[143] 郑军，汪运娣. 农业巨灾风险保障体系构建的研究述评[J]. 保险研究，2015（3）：62-70.

[144] 郑伟，郑豪，贾若，等. 农业保险大灾风险分散体系的评估框架及其在国际比较中的应用[J]. 农业经济问题，2019（9）：121-133.

[145] 中原农业保险公司加拿大农业保险考察团. 加拿大农业保险制度发展模式（中）[J]. 保险理论与实践，2016（6）：107-123.

[146] 周佰成，白雪，李佐智. 部分国家发展农业巨灾保险的启示[J]. 经济纵横，2012（3）：28，85-87.

[147] 诸宁. 探析国际巨灾保险市场的风险证券化[J]. 中国国情国力，2014，257（6）：66-68.

[148] 朱俊生. 国外不同农业保险模式下巨灾风险分散制度及其比较[J]. 世界农业，2013（10）：6-10.

[149] 朱俊生. 农业保险高质量发展助力乡村振兴[J]. 中国金融，2022（18）：35-37.

[150] 朱哲文. 建立农业保险大灾风险基金的对策思考[J]. 中国财政，2022（3）：57-59.

[151] 卓志，王伟哲. 巨灾风险厚尾分布：POT 模型及其应用[J]. 保险研究，2011（8）：7.

[152] 邹加怡. 完善财政支持的农业大灾风险分散机制 加快推进农业保险高质量发展[J]. 中国财政，2020（21）：4-5.

二、英文文献

[1] Adams, Gary. Do "Decoupled" Payments Affect U. S. Crop Area?

Preliminary Evidence from 1997-2000[J]. American Journal of Agricultural Economics, 2001, 83(5) : 1190-1195.

[2] Aggarwal, Pushkar. Prediction for National Catastrophe Fund[J]. Natural Hazards, 2012, 60(2).

[3] Aghion P, LJungqvist L, Howitt P, et al. Endogenous Growth Theory[M]. Cambridge: MIT Press, 1998.

[4] Banks E. Catastrophic Risk: Analysis and Management[J]. John Wiley & Sons, 2005.

[5] Barnett B J, Barrett C B, Skees J R. Poverty Traps and Index-based Risk Transfer Products[J]. World Dev, 2008, 36 (10): 1766-1785.

[6] Barry J. Barnett. Poverty Traps and Index-Based Risk Transfer Products[J]. World Development, 2007, 36(10).

[7] Carlo Cafiero, Fabian Capitanio, Antonio Cioffi, et al. Risk and Crisis Management in the Reformed European Agricultural Policy[J]. Canadian Journal of Agricultural Economics/Revue Canadienne Dagroeconomie, 2007, 55(4).

[8] Christina H Paxson. Using Weather Variability to Estimate the Response of Savings to Transitory Income in Thailand[J]. The American Economic Review, 1992, 82(1).

[9] Colin M Lewis. The Political Economy of Large Natural Disasters With Special Reference to Developing Countries[J]. Journal of Latin American Studies, 1994, 26(1).

[10] Cummins J David. Should the Government Provide Insurance for Catastrophes?[J]. Review, 2006, 88(4).

[11] Eltazarov Sarvarbek, BoboJonov Ihtiyor, Kuhn Lena, et al. Mapping Weather Risk – A Multi-indicator Analysis of Satellite-based Weather Data for Agricultural Index Insurance Development in Semi-arid and Arid Zones of Central Asia[J]. Climate Services, 2021, 23.

[12] Erhard Kremer. More on the Probable Maximum Loss[J]. Blätter der DGVFM, 2008, 21(3).

[13] Fisher E, Hellin J, Greatrex H, et al. Index Insurance and Climate Risk Management: Addressing Social Equity[J]. Dev. Policy Rev, 2019, 37(5): 581-602.

[14] Gollier C. Some Aspects of the Economics of Catastrophe Risk Insurance[J]. Cesifo Working Paper, 2005(2).

[15] Goodwin B K, Ker A P. Nonparametric Estimation of Crop Yield Distributions: Implications for Rating Group-risk Crop Insurance Contracts[J]. American Journal of Agricultural Economics, 1998, 80(1): 139-153.

[16] Gourio F. Disaster Risk and Business Cycles[J]. American Economic Review, 2012, 102(6): 2734-2766.

[17] Hazell P B R, Hess U. Drought Insurance for Agricultural Development and Food Security in Dryland Areas. [J]. Food Security, 2010, 2(4).

[18] Jensen N, Barrett C, Jensen N, et al. Featured Article Agricultural Index Insurance for Development, 2017.

[19] Ker A P, Goodwin B K. Nonparametric Estimation of Crop Insurance Rates Revisited[J]. American Journal of Agricultural Economics, 2000, 82(2): 463-478.

[20] Khan Nasir Abbas, Gong Zaiwu, Shah Ashfaq Ahmad, et al. Formal Institutions' Role in Managing Catastrophic Risks in Agriculture in Pakistan: Implications for Effective Risk Governance[J]. International Journal of Disaster Risk Reduction, 2021, 65.

[21] K M Mehedi Adnan, Liu Ying, Swati Anindita Sarker, et al. Simultaneous Adoption of Risk Management Strategies to Manage the Catastrophic Risk of Maize Farmers in Bangladesh[J]. Geo Journal, 2020, 86(Prepublish).

[22] Masiza Wonga, Chirima Johannes George, Hamandawana Hamisai, et al. Linking Agricultural Index Insurance with Factors That Influence Maize Yield in Rain-Fed Smallholder Farming Systems[J]. Sustainability, 2021, 13(9).

[23] Michael Carter, Alain de Janvry, Elisabeth Sadoulet, et al. Index Insurance for Developing Country Agriculture: A Reassessment[J]. Annual Review of Resource Economics, 2017, 9(1).

[24] Noy I, Nualsri A. What Do Exogenous Shocks Tell Us about Growth Theories?[R]. Working Paper, 2007.

[25] Okuyama Y. Economics of Natural Disasters: A Critical Review[R]. Working Paper, 2003.

[26] Raza Ullah, Damien Jourdain, Ganesh P Shivakoti, et al. Managing Catastrophic Risks in Agriculture: Simultaneous Adoption of Diversification and Precautionary Savings[J]. International Journal of Disaster Risk Reduction, 2015, 12.

[27] Raddatz C. Are External Shocks Responsible for The Instability of Output in Low Income Countries?[J]. Journal of Development Economics, 2005, 84(1): 155-187.

[28] Sckokai P, Antón J. The Degree of Decoupling of Area Payments for Arable Crops in The European Union[J]. American Journal of Agricultural Economics, 2005, 87(5): 1220-1228.

[29] Tang H , Takigawa M , Liu G , et al. A ProJection of Ozone-induced Wheat Production Loss in China and India for The Years 2000 and 2020 with Exposure-based and Flux-based Approaches. [J]. Glob Chang Biol, 2013, 19(9): 2739-2752.

[30] The Insurance of Lower Probability Events[J]. The Journal of Risk and Insurance, 1999, 66(1).

[31] Turvey C G, Zhao J. Parametric and Nonparametric Crop Yield Distributions and Theireffects on All-risk Crop Insurance Premiums[R]. 1999.

[32] World Bank. Drought: Management and Mitigation Assessment for Central Asia and the Caucasus[J]. Regional and Country Profiles and Strategies, 2005.

[33] Young C E, Westcott P C. How Decoupled is U. S. Agricultural Support for MaJor Crops?[J]. American Journal of Agricultural Economics, 2000, 82(3).

[34] Yuri M Ermoliev, Tatiana Y Ermolieva, Gordon J MacDonald, et al. A System Approach to Management of Catastrophic Risks[J]. European Journal of Operational Research, 2000, 122(2).